近代幼兒教育思潮

（第三版）

魏美惠　著

作者簡介

魏美惠

學歷

美國西密西根大學幼教碩士

美國維吉尼亞大學教育心理學博士

曾任

國立臺中教育大學幼兒教育學系主任

現任

國立臺中教育大學幼兒教育學系教授

作者序

　　在人生各個階段的學習中以幼兒階段的學習最為重要。以往國人常常忽略幼兒教育的重要性，主要原因在於我們並不將這階段的學習視為正規教育的一環。近年來，由於種種因素幼兒教育日益受到重視。我們常會質疑到底什麼樣的學習環境才能啟發兒童各種潛能，培養出健康、快樂的下一代？而歐、美的幼教理念是否適用於臺灣？這些都是我們所關心的話題。

　　本書旨在探討幼兒教育演進的軌跡，剖析近數十年來影響幼教發展的因素及臺灣的幼教生態；同時介紹歐、美及中國一些主要幼教思想潮流。筆者認為歷代幼教先驅所提出各種不同的幼教理念及見解都直接推動了幼兒教育的發展。因為他們的耕耘才能使幼兒教育的發展得以延續，兒童的地位也提升為備受尊重的獨立個體，幼兒教育才能成為一專門的研究領域。

　　本書是我在 19 年前撰寫，並於 9 年前修訂成第二版。然而，在過去幾年當中，國內幼兒教育在相關政策的擬訂上有了重大的突破，其中「幼托整合」，《幼兒教育及照顧法》及「幼兒園教保活動課程暫行大綱」等的修訂與實施，在臺灣幼兒教育發展史上更具有相當的時代意義。此外，臺灣幼教市場走向，例如美語及才藝教學的盛行；幼兒教育在臺灣都會地區及鄉鎮地區發展上的差異等等，近幾年都有所改變，因此這本書有再修訂的必要。在本書修訂版即將完成的前夕，我特別要感謝這十幾年來在幼教界一起打拚的夥伴們及我生命中最重要的家人。期待這本書對幼教界能有些許的貢獻。

魏美惠 謹識

2014 年 1 月 20 日

目次

1 社會變遷與我國幼教發展

一、前言

近年來，我國幼兒教育蓬勃發展，不僅幼兒園如雨後春筍般的成立，政府相關單位也對幼教日益關切，實施多年的幼兒教育券之發放、幼教專家入園輔導及輔幼計畫等種種政策，可以看出政府對幼兒教育的重視。尤其，爭議已久的幼托整合於2012年1月1日正式上路後，隨著《幼兒教育及照顧法》的實施及「幼兒園教保活動課程暫行大綱」的正式頒布（教育部，2012），國內幼兒教育邁向一個新的里程碑。

此外，教育研究機構開始重視幼兒發展階段的重要性，除了廣泛吸收歐、美國家的幼教理論外，對於與幼兒相關議題的研究日益增多，提供幼教現場教師實務上的參考依據。然而，就在我們急欲大刀闊斧，大步邁前推動國內幼兒教育改革的同時，幼教從業人員卻有著力不從心的感覺。幼兒園辦校的動機及家長們不同的需求，無形中使得幼教服務人員無法發揮所長，加上少子化的衝擊及理念溝通的困難，導致幼教師資的流失。

本章將依序探討近數十年來影響我國幼教發展的因素，我們將從社會變遷的角度，包括家庭結構的改變、資訊傳播事業的發達、各國幼教理論的傳入及政府幼教政策的施行等方向進行剖

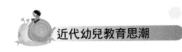

析。同時，我國在推動幼教發展所遇到的困難及幼教師所面臨的困境等種種問題也將在本章逐一加以探討。

二、影響我國幼教發展的因素

臺灣自光復以來，已從一個封建農業為主的社會，成功的蛻變成以工商業為主導的新興社會。對於生長在這一代的子女可能難以想像剛光復後的年代，臺灣落後貧窮的景象。臺灣經濟成長創造了世界奇蹟，在亞洲只有少數國家可以並駕齊驅，當然在這三、四十年來，無可避免的臺灣經歷了一連串急遽的社會變遷，連帶的影響臺灣的幼教發展。近年來隨著經濟不景氣，家庭結構的變遷，貧富差距擴大，加上新臺灣之子及少子化現象等問題，讓國內幼兒教育機構呈現高度競爭的景象。以下將針對影響臺灣幼教發展的因素加以探討。

（一）家庭結構的改變及婦女就業率的提高

臺灣在光復以前，甚至到了 1960 年代，家庭的結構仍以大家庭為主，三代同堂或四代同堂的生活方式比比皆是，但是到了 1980 年代，臺灣的家庭結構以核心家庭（小家庭）居多。這種現象雖然以都市地區最為普遍，但由於臺灣的工商發展並不侷限於都市，而是普遍於各個鄉鎮地區萌芽，因此即使較鄉鎮的地方小家庭的比率較低，但小家庭卻也成為年輕一輩所追求的生活方式。

臺灣由於家庭結構的改變及生活品質普遍的提高，因此負擔一個家庭經濟的開銷往往必須靠兩份薪水，這種情況促使了婦女

就業率的提高。當然婦女就業率的提高除了現實的經濟訴求之外，婦女意識的覺醒也是一個主要的因素。傳統上，女性地位往往依附於男性之下，婦女除了教育程度較低之外，經濟上也沒有獨立自主權，婦女地位普遍被貶抑。這種現象到了 1980 年代為之改觀，時下的婦女們除了走出家庭，參與就業市場，尋求經濟獨立之外，同時也開始思考自己的存在價值，追求自我實現及肯定的機會。這除了深受歐美國家女性主義運動的影響外，1980年代以後民風開放，人本思想的衝擊，婦女教育程度普遍的提高及經濟結構的改變等種種因素都促使婦女就業率的提升。

（二）少子化與老人化社會趨勢

　　近幾年來臺灣少子化現象極其嚴重，尤其在 2005 年、2006年出生率更是創歷史新低。因此，在未來的幾年，不只幼教市場勢將面臨極大的衝擊，培育幼教師資的高等學府，也會面臨到師資供過於求或招生不易的窘境。依據內政部戶政司（2007）的統計資料，我國近十年來人口出生數呈現逐年遞減的狀況，從1996 年總出生人數 325,545 人，減少到 2006 年總人口出生數204,459 人，總計出生數減少了 12 萬多人。根據全球人口趨勢報告指出，臺灣已經成為全球生育率最低的國家之一，統計顯示平均每位臺灣婦女只生一個小孩（Population Reference Bureau, 2012）。臺灣政府若無採取有效措施，依據行政院經濟發展委員會的推估資料顯示，到 2031 年人口自然成長率將出現負成長的情況。

　　現代人生育觀念的改變，沒有意願養兒育女的「頂客族」愈來愈多，導致家庭成員的減少。年輕一代晚婚、不婚，甚至離婚

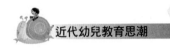

的增加已形成一種趨勢，這些因素皆是造成少子化的原因之一（林昭禎，2010）。許多年輕人結婚後考慮到須面對昂貴的子女教育費用及為人父母的種種壓力，會考慮減少生育，或選擇不生小孩（施宜煌，2008）。然而，臺灣目前所面臨的不只是少子化的現象，由於醫學科技的進步，現代人較以往重視養生保健觀念，國人平均壽命延長。這種「老人化、少子化」的現象在臺灣尤其明顯，與國際上其他國家相比較，不難看出臺灣老年人口正急速的增加。

臺灣近幾年來的離婚率幾乎凌駕歐美國家，高離婚率的結果導致許多的單親家庭及單親子女的產生。不論是小家庭或單親家庭，他們原本的家庭及社會支援就較少，尤其在婦女參與就業市場之後，照顧幼兒的責任自然就落在一般幼兒園上。加上這一代的父母親普遍不願多生子女，抱著重質不重量的觀念及基於「孩子，我要你比我更好」的心態，促使幼兒教育受到極大的重視，也同樣的帶動幼兒教育的發展。

（三）臺灣家庭的變遷及新臺灣之子的處境

無可否認的，臺灣進入工商業資本主義社會以後，在社會高度競爭、老年人口及單親家庭日益增多的情況下，許多父母無法兼負起照顧子女及家中長輩的責任，因此1990年代以後「泰勞」及「菲傭」對我們而言就不再陌生。這種現象所產生的問題之一，就是很多人以申請照顧家中老人家的名義申請外勞，實際上是讓外勞照顧家中的幼兒，而自己怠於負起教養子女的責任。這種現象不僅對傳統孝道的維繫有相當負面的影響，而且這些由菲傭或泰勞所看護的孩子在生活習性及價值觀上，難免會受到外

來文化的影響，而衍生出許多的子女教養問題。

我們知道臺灣在 1970、1980 年代經濟蓬勃發展，但 1990 年代以來經濟衰退，人民的失業率提高，其中主要因素之一在於一般民眾鄙視勞動，不願加入勞動市場。政府為了因應勞動市場的需求，促進經濟發展及推動重大工程建設的需要，乃開放外籍勞工來臺工作。行政院勞工委員會（2004）於 1989 年開放核准外籍勞工，而於 1990 年正式引進，外籍勞工來自的國家，包括菲律賓、印尼、泰國、馬來西亞以及近年開放的越南。

尤其是 1990 年以來大陸及東南亞文化對臺灣的影響更是不容小覷，「外勞」、「外配」、「大陸新娘」、「新住民」或是「新臺灣之子」等等都在在顯示臺灣文化正在進行另一次的洗禮。隨著新住民人數的激增，臺灣儼然成了多元文化的大熔爐。根據內政部的統計資料發現，在 2003 年註冊結婚新人當中，新娘來自中國大陸或東南亞地區占了 28%；之後幾年外籍新娘的熱潮雖有所消退，但內政部 2005 年的統計數據顯示，至 2005 年底止，在臺灣的外籍與大陸配偶人數約達 33.8 萬人，其中大陸及港澳地區配偶占 63.9%；來自東南亞國家的外籍配偶則占 36.1%。內政部所進行的一份資料顯示從 1987 年 1 月至 2007 年 2 月，在臺灣的外籍配偶以女性為主，女性有 128,812 人，男性有 14,603 人（內政部戶政司，2007）。根據內政部統計，自 1998 年累計至 2011 年底，每百對結婚對數有 20.78 對為外籍或大陸港澳地區配偶，同期每百名新生嬰兒亦有 9.71 名生母為外籍、大陸港澳地區人士（經濟日報，2012）。外籍配偶所因而衍生的最直接問題應該是子女的教育問題，而學齡前的幼兒教育首當其衝。然而，不同的文化及語言上的不利條件讓他們在面對子女教養問題時倍感

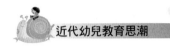

艱辛（劉千嘉，2003）。同樣的，許多幼教老師在面對外配子女的教養問題時也浮現出不少問題。因此，在幼教師資的養成過程中，如何增長幼教師的多元文化素養值得相關單位重視。

（四）資訊傳播事業的發達

臺灣經濟蓬勃的發展，帶動了資訊傳播事業的發達，尤其在1970年代以後，政治上反對黨的力量漸漸突顯出來，直至1987年解嚴及1988年開放報禁以來，臺灣的資訊、傳播事業更是達到了前所未有的巔峰狀態。這種現象也相對的鼓勵出版事業的新興，於是幼教刊物、坊間商業機構所編製的幼兒園教材及如何教育子女等與幼教相關的書籍充斥整個市場。除此之外，為兒童設計的教學光碟及電腦遊戲軟體也是琳瑯滿目，處處可見。在這個資訊快速變遷的時代，科技、網際網路的發達深深影響每一個人的生活，隨之而來是價值觀的改變，我們漸漸習慣快速、便利的生活方式，對事情缺乏耐心。在資訊媒體充斥的情況下，我們也逐漸喪失與自然接觸的機會，無形中限制了孩子的生活空間。

我們都知道資訊媒體及網際網路的發達創造了孩子不一樣的童年。電視及電腦網際網路是資訊傳播媒體中最具影響力的工具，它改變兒童的學習過程，從傳統的家庭教育→ 學校教育→社會教育，到今日的家庭教育（資訊教育）→ 學校教育（資訊教育）→社會教育（資訊教育）。尤其是近年來幼兒很早就接觸到科技產品，從網路上獲取知識的同時，亦常導致對於線上遊戲及網路成癮的現象。根據國家通訊傳播委員會委託國內學者對全國民眾所進行的調查結果顯示，國人平均每日收看電視的時間為三小時十分鐘（卓美玲、管中祥、彭賢恩、許玉雪，2013）。此

外，兒童福利聯盟文教基金會在 2010 年的一份關於台灣親子休閒育樂狀況調查報告，針對家有 12 歲以下小朋友的家長進行調查，發現孩子在週末最常從事的休閒活動前三名為看電視、騎腳踏車、打電動／上網。上述之調查結果充分顯示這一代孩子深受電視、電腦及其他 3C 產品的影響。

《天下雜誌特刊》中有一篇文章〈電視傷害，你想不到的大〉，作者從國外許多的研究發現中，去論述電視對兒童所造成的傷害，並呼籲我們重視電視對兒童的負面影響。研究發現，當我們在看電視時，腦中會散發出具有催眠作用的「阿法波」（alpha waves），不只對腦部發展有害，會降低孩子的思考能力及想像力，同時會使得孩子們學習的專注力減低。知名的兒童學家 Pearce 認為，孩子在成長的過程當中需要養分滋養，才能健康成長，而電視會剝奪孩子腦部吸收養分的機會，且會傷害未來的學習能力（吳韻儀，1999）。

在許多的幼兒園裡，電視及電腦已成為學校輔助教學的視聽設備，一部製作嚴謹且能配合兒童身心發展的好節目，不只可以增進新知、輔助教學，同時也可達到娛樂效果。雖然兒童從電視及電腦可以得到很多不同的資訊，增加他們的世界觀，但嚴格說起來，電視對於兒童的影響是弊多於利，它直接影響到兒童的身心健全發展，對於一個視網膜神經尚未完全發育成熟的兒童而言，長期觀看電視或使用電腦，對眼睛及耳朵都易造成傷害。電視對兒童造成最大的傷害在於心理層面，我們都知道兒童階段缺少獨立思考判斷的能力，往往他們在觀看電視時會照單全收，不經過濾的學習。根據另一份調查研究顯示，「看電視」已經是時下臺灣兒童最經常性的休閒娛樂，超過半數兒童在晚間九點半以

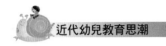

後仍在看電視，一成的孩子持續看到11點（梁欣怡，2000）。觀看過多電視對幼兒有負面的影響，研究發現卡通節目充滿暴力及不當行為的示範，常會傳達性別刻板印象，不利於幼兒正確行為及價值觀的建立（黃怡嘉、魏美惠，2010）。另一項研究也顯示網路遊戲使用時間越長者越有攻擊傾向、人際關係與自尊較差、身心較不健康（馮嘉玉，2003；謝龍卿，2003）。

　　兒童們長期觀看暴力影片較易產生攻擊性行為，影響到身心健全的發展，同時長時間看電視相對的減少了與友伴相處的機會，對於兒童的情性發展有負面的影響。父母親對於兒童觀看的節目必須加以選擇，以防止兒童偏差行為的產生。資訊傳播媒體的發達固然促使臺灣幼教事業的新興，但水能載舟亦能覆舟，不當的坊間教材及電視節目卻也可能阻礙臺灣的幼教發展。

（五）各國幼教理論的傳入

　　臺灣由於早期受日本的統治，因此在二次大戰前臺灣的幼兒教育可以說是依照日本的模式發展。在幼教方面，不論是臺灣或中國都深受日本的影響。臺灣在1930、1940年代的知識份子到海外留學也以日本及中國大陸居多，二次大戰後前往歐、美留學的人數漸漸增加，而歐、美許多的幼兒發展理論也漸漸傳入臺灣。

　　1970年代以前，雖然歐、美的幼教理論相繼傳入臺灣，但當時的臺灣社會民風保守，加上日本長期以來對臺灣幼教界有著根深蒂固的影響，因此當時的幼教界仍擺脫不了日本的濃厚色彩，只有少數的教會學校對幼兒的教養態度持較美式的作法。

　　1980年代是臺灣幼教界的一大轉捩點，由於經濟上穩定成

長，家庭結構改變及資訊傳播媒體的發達，促使人們對於幼兒教育的重視，於是各國幼教理念相繼傳入。歐、美幼教學者專家的研究結果證實了幼兒階段的重要性，例如：美國學者布魯姆（Bloom）的研究明確指出，我們的智力發育在八歲以前即完成了80%，他認為四歲以前是智力發展的關鍵期（Bloom, 1964）。義大利的教育家蒙特梭利（Montessori, 1973）也指出兒童在五歲以前是語言、感官、肢體協調、社會情性等發展的重要階段，一但錯過了這些敏感期，日後很難加以補救。認知泰斗皮亞傑（Piaget）的智能發展階段論強調，智能的增長必須是內在心智成熟與外在環境交互作用的結果。心理分析學家佛洛依德（Freud, 1961）則主張個體日後人格的健全發展與否取決於許多的童年經驗，他認為我們的人格發展在四、五歲時即已定型。蘇聯著名的教育家維高斯基（Vygotsky, 1978）主張智能發展的「近側發展區」，認為在成人與兒童的互動過程中，由成人運用各種策略為兒童搭建起一個學習的鷹架，以幫助兒童發展潛能。美國智力學者迦納（Gardner）的「多元智能理論」（multiple intelligence）提供了幼兒完整學習的一個方向（Gardner, 2000）。其他如福祿貝爾（Frobel）、杜威（Dewey, 1958）等多人都強調幼兒階段的學習對日後有深遠的影響。

　　幼兒研究證實了幼兒階段發展的重要性，人本教育的理念提升幼兒的地位，而世界各國不同的幼教理念，包括福祿貝爾的恩物、蒙特梭利教學法、情意教學、啟發式創造力教學、幼兒完整學習等不同的理念刺激臺灣幼教朝多元化的方向發展。皮亞傑的認知發展理論剖析兒童智力發展的不同階段，以及知識獲取的途徑，提供幼教界在課程規劃上及教材選擇上的一個方向，將臺灣

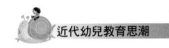

的幼教帶入一個專業的領域。令人惋惜的是，臺灣的幼教發展深受歐、美及日本的影響，但卻極少發展出具本土文化教學特色的課程。近年來，國內一些幼教學者專家試圖在幼兒主題課程活動中，融入具臺灣本土地方色彩的主題教學活動，豐富幼兒的學習經驗。

（六）美語教學對專業幼教的衝擊

近年來幼教界普遍受到最大的衝擊，莫過於美語（註：以下美語包括英語）教學充斥幼教市場，這除了受民風開放，網際網路、世界地球村的經濟型態及我國加入WTO（世界貿易組織）的影響之外，民間的英語補習班充斥及政府有意將美語教學納入國小課程，也是助長美語教學在幼教機構盛行的主要因素。

當然無可否認的，幼兒階段對於語文學習與吸收的能力較強，適度的教授各種語言都是值得鼓勵的，但近幾年來國人過度強調美語的學習，確實為幼教帶來相當大的困擾。國立臺中教育大學陳淑琴（2002）指出：「社會大眾對美語學習的迷思，以及美語業者和媒體的推波助瀾，幼兒美語教學已經氾濫到不可收拾的地步。」許多幼托機構將美語視為教學重點，反而忽略學前教育的重點在於培養一個完整的幼兒（whole child），啟發各種學習潛能、增加生活自理能力、培養幼兒主動探索的學習精神，增加與人相處及解決問題的能力等等。畢竟，幼兒教育是基礎教育，過度的重視美語教學除了會造成幼兒對於文化認同的迷失外，對於進入國小之後的適應問題也會令人憂慮。無論如何，國內正規的教學環境還是以中文教學為主，幼兒階段以美語教學為主將會增加幼小銜接上的困難。

　　況且，那些外籍老師擁有多少的幼教專業知能也是另一種隱憂。李桂蘭教授（2002）指出國內教授英文的外籍老師專業素養不足，除了不會寫教案外，班級經營的能力也不佳，與中籍老師無法互相分工及尊重，因此常有衝突產生。公立幼教機構為了順應潮流，但又受限於幼教法規及經費的問題，而由家長會聘用鐘點性的英語教師，有些老師提供的英語教學品質不佳，反而抹煞了幼兒對語文學習的興趣。國內標榜「全美語」教學的機構，多半是以補習班立案，不只學費昂貴，師資也良莠不齊，幼兒們在上課時只能用美語交談，因此在互動及交談的層次上無法深入。相較於一般優質幼托機構，活動規劃中不會限制幼兒只能用英文交談，幼兒間的互動交流頻繁，較能豐富孩子的學習經驗。

　　教育事業是良心事業，經營教育事業的人或從事教職的人必須比一般家長更懂教育才是。無可否認的，很多學校只要有外國人或是標榜雙語教學或全美語的，幾乎在招生上都不會有問題，美語教學似乎已成為臺灣幼兒教育的共同趨勢，但完全以美語教學為導向的幼兒學校難免會誤導家長的教育方向，且對於專業幼教師的養成有負面的影響。專業的幼教師只能當助教老師，而由外文系畢業沒有幼教背景的老師當主教。這種現象除了造成專業幼教老師的流失之外，也連帶的阻礙了幼兒教育的專業成長（魏美惠，2002）。

三、幼教相關政策的實施

　　臺灣近幾年來在幼教相關政策的擬訂上有了重大的突破，其中「幼托整合」，《幼兒教育及照顧法》及「幼兒園教保活動課

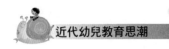

程暫行大綱」等的修訂與實施，在臺灣幼兒教育發展史上更具有相當的時代意義。

（一）幼托整合

1. 意義與歷程

　　國內先前幼兒教育機構主要分為托兒所及幼稚園，托兒所招收對象為零至六歲幼兒，由縣市政府社會局及內政部負責監管。幼稚園招生對象以四到六歲幼兒為主，與托兒所部分重疊，屬於縣市政府教育局及教育部所監管。由於幼托教育機構定位不明，因此衍生出許多的問題及行政資源的浪費，加上社會大眾對於幼兒托育品質的期待，因此托兒所與幼稚園之間的矛盾及功能整合之需求勢在必行（游美貴、李文懿，2012）。事實上，兩種幼兒教育機構的師資培訓管道、幼兒園的設備標準不同，學習內容及教保品質也不一樣，但大多數私立幼稚園皆有招收三歲幼童（小班），甚至二歲幼童（小小班或幼幼班），且他們所聘用的老師有很多並不是來自幼稚園師資培訓機構，而是來自培訓托兒所師資的保育員。上述這些種種矛盾與爭議延續許久，幼托整合有實際上的需要。

　　有鑑於幼托整合必要性，當時的行政院長蕭萬長於 1997 年行政院會中，首次提出需研議「幼托整合」政策的必要性；於 2001 年 2 月由教育部與內政部協商後成立「幼托整合推動委員會」；2005 年教育部成立「幼托整合專案諮詢委員會」，經歷多次會議廣納各方意見，之後歷經 14 年的推動，研擬出幼托整合政策之母法《幼兒教育及照顧法》，直到 2011 年 6 月 10 日立法院三讀通過，並於同年的 6 月 29 日由總統宣布，幼托整合正式上

路（教育部，2011b；簡宏江，2011）。

2. 目標

　　幼托整合有其時代意義，然而要完成幼托整合卻是一件深具挑戰的議題，其中所要克服的困難及可能產生的影響涵蓋不同層面。相關單位包括教育部與內政部，經過多次協調與溝通，同時廣納各界意見後提出「幼托整合四大目標」（張翠娥，2012；教育部，2003），包括：

　　1.讓幼兒享有同等的幼托品質。

　　2.因應現代社會與家庭之托育需求。

　　3.確保合格教保服務人員之基本合法權益。

　　4.整合運用國家資源，健全學前教保機構。

（二）《幼兒教育及照顧法》

　　《幼兒教育及照顧法》為幼托整合的母法，由於與幼教相關的子法相當多，經過多年的審議與修訂，終於在2012年通過公布實施，並於2013年陸續完成修訂。《幼兒教育及照顧法》的實施對象包含二歲以上至入國民小學前之幼兒，其主要目的為保障幼兒接受適當教育及照顧之權利，確立幼兒教育及照顧方針，健全幼兒教育及照顧體系，以促進身心健全發展。幼托整合後，除了將「幼稚園」名稱統一改為「幼兒園」，將幼教相關從業人員以「幼兒教保服務人員」統稱之，且對於取得幼兒園園長、幼兒園教師、教保員及助理教保員者，都有相關資格上的規定（如表1-1所示）。

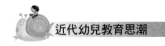

表 1-1　幼托整合後在職人員職稱轉換一覽表

整合後職稱	條文	資格或限制
幼兒園園長（主任）	第三章第 19 條	同時具備下列三要件： 1. 具幼兒園教師或教保員資格。 2. 在幼兒園（含本法施行前之幼稚園及托兒所）擔任幼兒園教師或教保員五年以上。 3. 具備幼兒園園長專業訓練及格。
幼兒園教師	第三章第 20 條	幼兒園教師應依師資培育法規定取得幼兒園教師資格。幼兒園教師資格於師資培育法相關規定未修正前，適用幼稚園教師資格之規定。
幼兒園教保員	第三章第 21 條	教保員除本法另有規定外，應具備下列資格之一： 1. 國內專科以上學校或經教育部認可之國外專科以上學校幼兒教育、幼兒保育相關系、所、學位學程、科畢業。 2. 國內專科以上學校或經教育部認可之國外專科以上學校非幼兒教育、幼兒保育相關系、所、學位學程、科畢業，並修畢幼兒教育、幼兒保育輔系或教保學程。 前項相關系、所、學位學程、科、輔系及學分學程之認定標準，由中央主管機關定之。
幼兒園助理教保員	第三章第 22 條	助理教保員除本法另有規定外，應具國內高級中等學校幼兒保育相關學程、科畢業之資格。 前項相關學程及科之認定標準，由中央主管機關定之。

資料來源：教育部（2012）。

　　幼托整合後，由教育部及教育局統一管理幼教相關業務，權

責清楚能有效提升行政績效。筆者將幼托整合後幼兒園所依據之法令、主管機關、收托年齡、師生比例、師資等項目整理如表1-2所示（林佩蓉、陳淑琦，2003；林錦蓮，2011；教育部，2012）。

表1-2　幼托整合後幼兒園之相關法令規定

名稱	幼兒園
法令依據	幼兒教育及照顧法
宗旨	保障幼兒接受適當教育及照顧之權利，確立幼兒教育及照顧方針，健全幼兒教育及照顧體系，以促進其身心健全發展。
主管機關	1. 中央：教育部。 2. 縣（市）政府：教育局。
收托年齡	1. 幼兒園二歲以上未滿三歲幼兒，每班以16人為限，且不得與其他年齡幼兒混齡。 2. 三歲以上至入國民小學前幼兒，每班以30人為限。
師生比例	1. 二歲～未滿三歲：八人以下應置一名教保服務人員，九人以上者應置二名。 2. 三歲～入國民小學前幼兒：15人以下應置一名教保服務人員，16人以上應置二名。 3. 五歲～入國民小學前幼兒每班應有一位以上之幼兒園教師。
師資	教保服務人員包含園長（主任）、幼教師、教保員及助理教保員。

資料來源：教育部（2012）。

（三）「幼兒園教保活動課程暫行大綱」

　　幼托整合之前國內幼稚園在教學活動的規劃上，皆以1987

年公布的「幼稚園課程標準」為主，隨著幼托整合的實施，「幼兒園教保活動課程暫行大綱」已由教育部頒布生效（教育部，2012）。有鑑於幼教新課綱對於提升優質幼教的重要性，教育部委請國內多位知名幼教專家學者進行新課綱內容、實施原則及課程目標的擬訂，同時在多家幼兒園進行新課綱的實驗，以避免造成老師及幼兒園的恐慌，減少實施後可能產生的困擾。為了順利推行幼教新課綱，由教育部招集各大專院校幼兒教育學系教授參加幼兒園教保活動課程大綱的講習後，擔任新課綱種子老師，協助教育部推廣幼教新課綱，增進幼教從業人員對於幼教新課綱的認識與推動。

幼兒園教保活動課程大綱之修訂乃是配合世界課程發展的趨勢，強調社會文化的重要及多元學習能力的激發。新課綱總綱副召集人幸曼玲教授指出，新課綱以培養各領域能力為前提，而不在於知識的傳播，讓幼兒學習到在多元文化社會下須具備的各項生活能力。新課綱不以學科知識做為領域劃分的方式，以幼兒成為「全人」的「發展」領域出發，其宗旨在於保障幼兒受教的權利，促使幼兒的人格及潛能獲得最大的發展，培養覺知辨識、表達溝通、關懷合作、推理賞析、想像創造、自主管理等幼兒的六大能力。

新課綱分為身體動作與健康、認知、語文、社會、情緒和美感六領域，乃是根據幼教發展的理念，從建構論及社會建構的觀點出發，以兒童為中心，透過自由遊戲統整各領域的學習，試圖打破教師在上面教，幼兒在下面學的學習方式，以統整課程取代分科學習，落實新課綱中「以幼兒為學習主體」、「自由遊戲」的精神。老師從活動的參與過程中引導幼兒，增長他們的問題解

決能力。同時加入社會期待和文化期待，避免幼兒教育淪為小學教育的準備階段。新課綱的內容重視幼兒健康性格及終身學習態度的養成，試圖從六大學習領域的活動規劃及相關學習評量指標中去營造一個優質的幼兒學習環境，奠定終身學習的基礎。同時，培養幼兒包容的態度，在面對多元文化社會時，能以包容的心，接納和欣賞不同的文化（幼兒園教保活動課程大綱研編小組，2012）。

（四）幼教相關輔助計畫

近數十年來，由於國內幼教的發展深受國人的關切，社會大眾所期待的是一個高品質專業的幼教機構。然而，幼兒權益的保障需要家長、國家、社會共同努力建立一套更完善、健全的體系。1990 年代以來，政府推出相關幼教政策，例如：2000 至 2011 年所推出的幼兒教育券，及 2003 年起針對中低收入戶幼兒就讀幼兒園補助，及 2005 年起所實施的原住民幼兒就讀幼兒園補助計畫等等。此外，為減輕家長的經濟負擔，同時仿效美國「提前就學計畫」（The Project of Head Start），以早期介入的方式協助因文化不利之幼兒獲得優質的教育，實施「五歲幼兒免學費教育計畫」。此計畫的實施採免學費而非義務教育的方式進行，提供滿五足歲之學齡前幼兒就學補助（教育部，2011a）。以 102 學年度補助五歲幼兒免學費教育計畫為例，整理如表 1-3 所示。

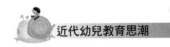

表1-3　102學年免學費教育計畫補助彙整表

實施對象		補助項目及額度 （分上下學期撥付）	
		學費補助	弱勢加額補助
公立幼兒園	低收入戶	全額補助	約兩萬元
	中低收入戶	全額補助	約兩萬元
	家戶年所得50萬元以下	全額補助	約兩萬元
	家戶年所得逾50萬元至70萬元以下	全額補助	最高一萬兩千元
	家戶年所得逾70萬元	全額補助	無
私立合作幼兒園	低收入戶	最高三萬元	最高三萬元
	中低收入戶	最高三萬元	最高三萬元
	家戶年所得30萬元以下	最高三萬元	最高三萬元
	家戶年所得逾30萬元至50萬元以下	最高三萬元	最高兩萬元
	家戶年所得逾50萬元至70萬元以下	最高三萬元	最高一萬元
	家戶年所得逾70萬元	最高三萬元	無
備註欄	1. 102學年度之五歲幼兒係指2007年9月2日至2008年9月1日間出生者。 2. 本計畫補助項目，不包括交通代辦費、學生團體保險及家長會費等。 3. 家戶擁有第三筆（含）以上不動產且其公告現值總額逾650萬元，或家戶年利息所得超過10萬元者，不論其家戶年所得數額為何，均不得請弱勢加額補助。		

資料來源：教育部100年8月24日臺國（三）字第1000122827B函。

　　「五歲幼兒免學費教育計畫」目的在於減輕家長的經濟負擔，取代了實施多年的幼兒教育券，同樣是以補助大班幼兒為主，少數縣市政府，例如臺南市會對學齡前幼兒的補助款向下延伸，同樣補助中小班幼兒，只是金額較少。「五歲幼兒免學費教育計畫」中對於就讀公立幼兒園的幼兒採全額補助，而就讀私立

幼兒園的幼兒每學期補助學費 15,000 元為上限，兩學期共 30,000 元。由於政府以補助學費，即每學期的註冊費為主，因此多數私立幼兒園即使註冊費未達 15,000 元，也會以調降月費增加註冊費的方式，來爭取來自政府較多的補助款，以提升幼兒園的競爭力。這些接受政府補助的幼兒園以「合作園所」稱之，它們在接受政府學費補助的同時，需配合政府所推廣的政策，例如幼兒園學費凍漲政策。

（五）幼兒教育美語學習政策

近十年來國人深受美語學習風行的浪潮衝擊，美語教學成為幼兒教育不可或缺的課程，且對於美語的學習有日益提早的趨勢，嚴重的影響幼兒教育的生態環境。在國內幼兒教育學者專家的極力反對下，政府開始重視幼兒園美語教學的相關議題。根據教育部 2004 年 10 月發布的「學齡前幼兒英語教育政策說帖」指出，教育部針對幼兒英語學習的方向有「一個前提、兩個堅持、三種主張、四項作法」，其具體內容如下。

1. 一個前提

以「保護學齡前幼兒身心發展之最大利益」為前提，基於依法行政、尊重專業及衡量與本政策攸關的重要關係人之利益下，研擬出適切可行的幼兒英語教育政策。

2. 兩個堅持

(1)堅持依法行政，推動幼兒園正常化教學

就法令規章而言，依據幼稚教育法第三條規定，幼稚教育之實施，應以健康教育、生活教育及倫理教育為主，並與家庭密切配合，達成維護兒童身心健康、養成兒童良好習慣、充實兒童生

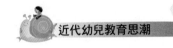

活經驗、增進兒童倫理觀念、培養兒童合群習性等目標。

(2)堅持尊重專業，以學術研究為後盾

就學理研究而論，依據大腦神經科學、語言學、英語教育的相關研究發現，第二語言或外語學習的關鍵期假說並不成立，而在英語是外語的環境下，幼兒學得快、忘得也快，愈早學習並不保證英語能力就一定好。反而是認知發展較成熟的青少年學習外語會比幼兒有效率得多，先掌握本國語文的讀寫能力和語言規則對於學習外語會有所幫助。另依據幼兒教育的相關研究發現，在「全英語」、「No Chinese」的環境下，由於語言的隔閡，幼兒不僅易產生偏食學習、學習內容的深度與廣度會受限，還可能出現一些溝通障礙、情緒困擾、價值觀扭曲與文化認同的問題，甚至影響中文能力的發展。

3. 三種主張

(1)語言學習順序應為先母語、再國語、後英語

目前教育部的規劃是學齡前幼兒，及國小一、二年級兒童的語言學習重點在於母語及國語能力的培養，當本國語文的基礎穩固後，再開始正式學習外語，而從九十四學年度起，英語課程將正式從國小三年級開始實施。

(2)幼兒接觸英語應以「促進文化學習與國際了解」而非「培養流利的英語能力」為目標

學齡前幼兒的英語教育政策將採「選修」而非「必修」的立場，我們反對幼兒園實施「全英語」、「No Chinese」的教學，或安排幼兒整個早上或從早到晚學英語；但在不影響正常教學的情況下，採「融入式」教學、以「促進文化學習與國際了解」為目標者，或在課後安排英語才藝課程，以聆聽歌謠、說故事、玩

遊戲等適合幼兒學習的方式，讓幼兒有機會接觸英語者，則不在禁止之列。

(3)幼兒園不可聘任外籍老師教授英語教學活動

　　學齡前幼兒需要在「與他關係親密、讓他有安全感」的大人照顧下學習與發展，而這絕非大多數未受幼教專業訓練、無合格幼教師證照、流動率高、將自己定位為「教英語」的外籍老師所能適任的；外籍老師在幼兒園任教，完全不符合現行就業服務法第四十六條之相關規定。如果幼兒園要提供幼兒接觸或學習英語的機會，應由持有合格幼兒園教師證照的本國籍老師擔任較為適切。

　　上述這些法規的頒布雖然其意甚佳，但由於國內幼兒園以私立的居多，自主性高，政府對於這些私立幼兒園也只能從旁加以輔導，並未能有效地加以管理。可以說，許多幼兒園為求生存，造成幼兒教育相關法規流於形式，無法落實。

四、幼兒教師所面臨的困境

　　優良的幼教師資是提升幼教品質的首要條件。1990年代以來政府對於幼兒教育師資的培育日益重視，除了透過國內幾所教育大學的幼兒教育學系負責培育幼教師資外，也在多所技職體系的大專院校開放幼兒教育學程的相關課程。同時，經由師資培育機構課程的規劃與檢視，配合實習制度及幼教師檢定，提升幼教師資的專業品質，並開放多元途徑協助非專業的幼教老師以在職進修的管道取得合格幼教師的資格。然而，私立幼兒園的教保服務人員流動率過大，主要原因為薪資少、福利不足、工作時間長，

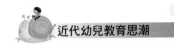

此外教學理念不合及社會地位低也導致幼教師資的流失。

（一）社會地位差

幼教老師不受尊重，社會上給與的評價也不高，這種現象由來已久，原因之一在於早期的臺灣幼教並沒有多大的發展空間，尤其在戰後，各種建設都剛起步，臺灣的幼教一直停留在保育、看護的功能。幼教老師不需要任何的專業知識，只需要看好孩子即可，相當於保姆的功能，這種根深蒂固的觀念影響現代人對於幼教老師的定位。此外，國內有很多幼教老師並未接受過任何專業訓練，這種不合格幼教師資充斥市場的情形，也深深影響到一般人對於幼教老師的評價。

（二）工作壓力大

幼教老師不只工作時間長，工作性質繁瑣，責任重之外，來自園方、家長等各方面的不同要求也造成了他們工作上一股巨大的壓力。幼教老師除了必須負責學童的安全之外，也需要敏銳的觀察力及專業知識，例如：一位幼師正在安撫一個鬧情緒的孩子，另一個孩子又將點心翻倒了，還有些孩子正拿著他們作品等待老師的欣賞，老師的眼睛還得注意到其他的小朋友，這其中所投注的精神及體力不是一般人所能體會。加上幼教老師不只要負責教室的布置，準備學習教材，與家長保持聯絡，參與學校的各項活動之外，有時還得兼行政工作，如果再因教學理念與園方不合或是無法滿足家長的各種需求時，或是孩子們之間的爭吵、意外有點擦傷時，老師往往一味的受到指責，這些都會帶給老師很大的心理壓力。

（三）工作待遇低、沒有保障

臺灣目前的幼兒園仍然以私立幼兒園為主，而這些幼兒園絕大部分是以營利為目的。在這種前提之下，園方往往會超收學生造成老師工作量的增加，而給與的工作薪資與老師所付出的往往不成比例。這種現象並不只存在於臺灣的幼教界，美國許多私立幼教機構，例如：日托中心（Day Care Center）的保育員也只有給付接近於最低工資待遇的薪水給老師，和我國情況一樣，私立幼兒園教師享有的工作福利相當有限，因此，多數幼教系畢業的學生會以考上公立幼兒園為目標。幼托整合後，公立幼兒園所招收的幼兒年齡層下降，各縣市政府經由教師甄試的方式大量招收幼教師及教保員，導致私立幼兒園出現教師荒的現象。

簡言之，幼教老師在面臨工作壓力大、薪資待遇差，及不受社會尊重的種種不利環境下，紛紛報考公立幼兒園，考不上就轉行，導致私立幼兒園師資流動率高，所聘用的幼教師資也良莠不齊。

五、結論

臺灣幼兒出生率的下降，少子化的社會現象及家庭結構改變，使得幼兒教育受到嚴重的衝擊，私立幼兒園更陷入激烈競爭或面臨關閉窘境（施宏彥，2005）。傳播事業的發達深深地影響國內幼兒教育發展的走向。雖然無可否認的它們對幼教發展有其不可抹滅的正面效益，例如：促進兒童的認知發展或提供父母養育子女的相關知識等等，但是過於依賴資訊及傳播媒體的結果不禁使我們懷疑，到底是誰在教育我們的下一代？是教師、父母親

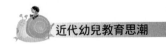

還是電視、報章雜誌？這是值得我們省思的問題。

近年來，臺灣幼兒教育重大的突破在於爭議多年的「幼托整合」，《幼兒教育及照顧法》及「幼兒園教保活動課程暫行大綱」終於正式實施。雖然可以想像未來仍有許多需要逐一面對及解決的困境。然而，從實施過程中政府各部門間的協商、公聽會及在「幼兒園教保活動課程暫行大綱」實施前所進行的諸多實驗計畫，可以看出政府對於這些措施的謹慎態度。此外，政府為了減輕家長的負擔，除了針對中低收入戶及弱勢族群之子女就讀幼兒園進行補助外，也以擴大補助的方式實施「五歲幼兒免學費教育計畫」，希望藉由種種措施提升幼教品質，緩和在臺灣日益形成的貧富差距之現象。

值得肯定的是，臺灣近年來在各方的努力下，幼兒教育的發展可圈可點，已成為亞洲地區爭相學習的典範。這可以從每年由中國大陸、香港、馬來西亞等國家至臺灣就讀大學幼兒教育學系或參加短期幼教研習營人數驟增的情況得知。雖然如此，政府仍需要重視社會上許多來自弱勢族群，像是單親家庭、外籍新娘、隔代教養、低社經地位等等家庭的孩子，他們擁有的資源少之又少。隨著幼兒教育學系及研究所的成立，將幼教師資提升到大學及碩士學歷，但政府亦須重視幼教師資流失的問題，以免造成人力資源的浪費。如果政府未將教育視為一個國家發展的關鍵所在，不將錢用在教育上，將來定會為此付出相當大的社會成本。教育是百年大計，不能要求立竿見影、馬上見效，而幼兒教育是人一生奠定基礎的階段，期待我們的社會能帶給孩子一個真正快樂的童年，造就孩子快樂的人生。

參考文獻

◖中文部分

內政部戶政司（2007）。2013 年 7 月 28 日，取自 http://www.moi.gov.tw/stat/

幼兒園教保活動課程大綱研編小組（2012）。2013 年 8 月 26 日，取自 http://www.wunan.com.tw/www2/download/2B18--101

行政院勞工委員會職訓局（2008）。**97 年外籍勞工運用及管理調查**。2008 年 10 月 2 日，取自 http://www.evta.gov.tw/content/list.asp? mfunc_id=14&func_id=60

吳韻儀（1999）。電視傷害，你想不到的大。**天下雜誌**，27，60-64。

李桂蘭（2002）。幼兒園幼兒美語學習的相關因素。載於**幼兒美語學習在幼稚園的定位研討會匯整報告書**。臺中市：國立臺中師範學院。

林佩蓉、陳淑琦（2003）。**幼兒教育**。新北市：國立空中大學。

林昭禎（2010）。**多面向考量化解低生育率問題**。2013 年 6 月 24 日，取自 http://www.npf.org.tw/post/1/7970

林錦蓮（2011）。**托兒所經營者因應幼托整合政策之研究**。中國文化大學碩士論文，未出版，臺北市。

施宏彥（2005）。強化幼兒教育政策減緩少子化衝擊之研究。**嘉南學報**，31，476-492。

施宜煌（2008）。少子化趨勢下臺灣幼兒教育的因應之道。**研習資訊**，25（4），105-110。

張翠娥（2012）。王子與公主結婚後，從此就過著幸福快樂的日

子？！幼托整合後的問題預見與解決策略省思。**臺灣教育評論月刊**，1（3），40-44。

教育部（2003）。**幼托整合政策規劃專案報告附件──幼托整合推動委員會會議紀錄**。2012 年 11 月 18 日，取自 http://www.edu.tw/content.aspx? site_content_sn=1288

教育部（2011a）。**5 歲幼兒免學費教育計畫**。臺北市：教育部。

教育部（2011b）。100 年 8 月 24 日臺國（三）字第 1000122827B 函。

教育部（2012）。**教育部公告：預告「幼兒就讀公私立幼兒園補助辦法」草案**。臺北市：教育部。

梁欣怡（2000，11 月 20 日）。兒盟發起監看，要揪電視爛節目。**民生報**，A1 版。

陳淑琴（2002）。幼兒外語學習的相關因素。載於**幼兒美語學習在幼稚園的定位研討會匯整報告書**。臺中市：國立臺中師範學院。

游美貴、李文懿（2012）。**幼兒教保政策與法令**（第五版）。臺北市：華騰。

馮嘉玉（2003）。**國中生電玩遊戲使用經驗、成癮傾向及其自覺健康狀況之研究**。國立臺灣師範大學碩士論文，未出版，臺北市。

黃怡嘉、魏美惠（2010）。電視卡通內容適切性之研究──以三部卡通為例。**資訊科學應用期刊**，6（1），39-64。

經濟日報（2012，5 月 13 日）。2013 年 7 月 30 日，取自 http://udn.com/NEWS/BREAKINGNEWS/BREAKINGNEWS1/7089576.shtml

劉千嘉（2003）。**大陸新娘的臺灣經驗：一個社會學的觀點**。國
　　立中山大學碩士論文，未出版，高雄市。

謝龍卿（2003）。**青少年生活壓力、網路成癮與攻擊行為及相關
　　因素之研究**。國立彰化師範大學碩士論文，未出版，彰化
　　市。

簡宏江（2011）。幼托整合政策衝突之研究。**育達科大學報**，
　　26，127-154。

魏美惠（2002）。剖析臺灣幼兒教育的生態環境。**國立臺中師院
　　幼兒教育年刊**，14，113-124。

魏美惠、賴怡君、莊世潔（2004）。資訊媒體對兒童創造性人格
　　傾向之相關研究。載於國立嘉義大學藝術人與學院舉辦之
　　「第二屆創意開發」學術研討會論文集（頁133-156），嘉
　　義縣。

英文部分

Bloom, B. S. (1964). *Stability and change in human characteristics.*
New York, NY: John Wiley & Sons.

Dewey, J. (1958). *Philosophy of education.* Littlefield, IA: Adams and
Co. Ames.

Freud, S. (1961). *Beyond the pleasure principle.* New York, NY: W. W.
Noron.

Gardner, H. (2000). *Intelligence reframed: Multiple intelligence for the
21st century.* New York, NY: Big Apple Tuttle-Mori Agency.

Montessori, M. (1973). *The absorbent mind* (2nd revised ed.) (C. A.
Claremont, Trans.). India: Kalalshetra.

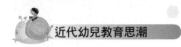

Population Reference Bureau (2012). *2012 world population date sheet.* Retrieved October 25, 2013, from http://www.prb.org/pdf12/2012-population-data-sheet_eng.pdf

Vygotsky, L. S. (1978). *Mind in socicty: The development of higher psychological process.* Cambridge. MA: Harvard University Press.

2 臺灣幼兒教育的生態環境

一、前言

　　近年來，臺灣經濟型態及家庭結構的快速變遷，直接牽動臺灣整體的幼教市場，而婦女就業率的提高及雙薪家庭的必要性，也突顯出臺灣幼兒教育的重要性。加上近幾年來網際網路的發達，國人與歐美國家的交流較為頻繁，因此對於幼兒教育的認知也慢慢受到歐美國家的影響。

　　此外，政府針對學齡前大班幼童實施不同種類的教育補助，除了鼓勵幼童提早入學外，也希望在經濟不景氣的年代裡能減輕家長們的經濟負擔。隨著臺灣經濟的不景氣，許多企業界人士轉戰文教市場，加上少子化及現在的父母對教育的重視，讓國內幼教界出現前所未有的高度競爭，各式各樣的幼教機構如雨後春筍般的出現。國人已漸漸認同幼兒教育不再只有讓孩子寫寫字、吃吃點心、唱唱兒歌或是哄孩子而已，不論家長或幼兒園的經營者都對幼兒教育的專業性有所期望。值得重視的是，這股幼教熱潮雖然喚起國人對幼教的重視，但卻也在臺灣幼教界掀起許多的困擾，而幼教人的專業地位也遲遲沒有得到應有的尊重。在這一章裡，除了將對臺灣目前的幼教生態環境，包括城鄉色彩的差異及公私立幼兒園不同環境的探究外，對於我國幼教發展的瓶頸也有

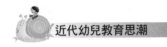

所討論。

二、城鄉色彩差異濃厚的幼教生態

臺灣雖然小，但整體的幼教生態卻有著濃厚的城鄉色彩差異。我們可以看到都會型的幼兒園以「開放教育」下的「主題教學」及「方案課程」為主，強調幼兒須從遊戲中學習。以臺中市為例，臺中市的父母對於開放教育的主張接受度較高，家長會喜歡活潑開放的教育方式，且大部分的家長並不會堅持學校一定得教幼兒寫字。當然這種現象也會有區域性的不同，許多家長會要求幼兒園能做好幼小銜接的工作，我們可以看到鄉鎮地區多數的幼兒園仍以傳統教學為導向，愈鄉鎮地區這種現象就愈明顯（魏美惠，2005a）。

基本上，鄉鎮地區許多的家長對於滿足幼兒需求的開放教育精神及從遊戲中學習的幼教理念難以認同，園方在市場的需求及學校的課程走向上，無可避免的就會以教寫字、珠心算或紙筆測驗的傳統教學為主，教室內除了課本及現成的坊間教材外，並沒有提供可以吸引孩子學習興趣的角落布置。在傳統教學裡，老師教學以灌輸、背誦為主的現象比比皆是。以下將針對幾個幼教議題在城鄉所造成的差異進行探究。

（一）不合格教師在鄉鎮地區較為普遍

近幾年來幼兒教育受到國人極大的重視，我們所期待的是一個高品質專業的幼教機構。有鑑於此，國內各教育大學增開幼兒教育學系及各種進修的管道，主要目的在於提高幼教師資的素

質，增加合格教師的比例。可惜的是，目前在鄉鎮地區合格的幼教老師還是嚴重的缺乏，愈是鄉下地區，情況更為明顯。值得肯定的是，十多年前未立案幼兒園比例極高，且多數私立的幼兒園師資仍以高中、高職程度居多（廖鳳瑞，1998），這種現象已隨著政府實施「幼兒教育券」及「五歲幼兒免學費教育計畫」等相關補助計畫而獲得改善，原因在於政府以直接撥款給合格立案的幼兒園或所謂的合作園所，家長要獲得補助須讓幼兒至立案的幼兒園就讀。

　　然而，多數幼兒教育學系畢業的合格幼教師鮮少願意至鄉鎮地區的私立幼兒園任教，原因在於薪資少及福利差。值得一提的是，一位專業幼教老師不願意到鄉下教書，並不全然是薪水及居住不便的因素，而是園方的教學方向和家長的訴求與自己所學的幼教理念有所衝突。加上，幼托整合後公立幼兒園由於招收幼兒年齡下降，因而甄選聘用許多的教保員，雖然其薪資及福利比不上幼教師，但仍比多數私立幼兒園的薪資福利佳，造成許多私立幼兒園聘不到合格優質的幼教老師，因此不合格幼教師在鄉鎮地區仍普遍存在。

　　隨著不合格幼教師的問題延伸而來的就是，教師缺乏課程設計及教案編寫的能力，且缺乏對幼兒認知發展的相關專業知識。在這種情況下會出現兩種現象，有一種幼兒園會完全採用現成的坊間教材及整組配套好的教具。坊間教材結構性強，強調孩子立即性的學習成果，較能符合家長的需求。另一種幼兒園的老師則自己去摸索，以現成的紙筆、書寫作業為教學的主軸。美國學者 Bredekamp 與 Copple（1997）認為，這種坊間教材包括數字卡、練習簿、讀本……等重視訓練及反覆練習的活動，缺乏較高層次

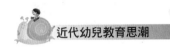

的思考活動，對幼兒的心智發展不見得有益，過於依賴坊間教材可以說是一種不當的教育方式（洪毓瑛譯，2000）。

（二）才藝教學充斥幼托機構

　　幼兒教育的重點在於培養幼兒健康性格及良好學習態度，因此情意教學及感性課程是幼兒的學習重點。然而，國內目前的幼教界有甚多的「才藝教學」普遍存在於鄉鎮或都會地區的幼托機構，過多的才藝教學已成為專業幼教發展的一大隱憂。很多幼兒園會以較低的薪資去聘用非專業的幼教老師，再搭配各種的才藝老師，這些才藝老師的優點在於可以豐富孩子的學習經驗，但他們都屬於從外面聘來的「鐘點老師」，也就是教多少時間就拿多少鐘點費，他們通常無法對孩子整體性的發展有所了解，也不需要對孩子的情性發展負責。研究顯示，在一個以才藝教學為導向的學校，往往孩子的情性發展較為負向，太多的才藝教學容易讓家長或老師把重點放在教學成果的呈現上，反而容易忽略幼兒教育的重點應在於良好學習態度的養成與正向情性發展及健康性格的培塑。

　　德國教育學者史代納（Steiner, 1973）認為現代的教育過於物質化，往往以成果為導向，表面上似乎學習到很多的才藝，但內心卻倍感空虛（引自簡楚瑛，2003）。一個過於重視才藝教學的幼兒園裡可能很難有專業的幼教師，因為一位專業的幼教師往往不願意只負責將孩子帶到不同教室上才藝，只需看孩子吃飯、睡覺、上廁所，或是在全美語教室裡當助教老師。才藝教學在都會地區及鄉鎮地區有所不同，都會地區所重視的才藝教學會以生活化的美語、幼兒體能、美術、音樂教學為主，鄉鎮地區則較以智

識化的美語教學及珠心算為主。在激烈的競爭環境下，很多都會地區大型的私立幼兒園會有自己專任的美語、電腦或藝術創作的老師。這種聘用專任的藝能科老師在鄉鎮地區或在小型的幼托機構則較不普遍，主要原因在於經費上的考量。況且，多數的幼托機構對於才藝教學都採取額外收費的原則，而才藝教學的時段基本上都安排在幼童上課的時段之內，算是雙重收費的作法，其合法性及公平性受到質疑，即使不違法也不能算是優質的幼教機構。

（三）硬體設備及教學資源的落差

近幾年來由於經濟不景氣及臺灣產業外移的情況下，許多投資者開始轉戰文教市場，其中衝擊最大的莫過於補教界及幼教界。在少子化的衝擊下幼教市場競爭劇烈。我們可以發現在都會地區新成立的大型幼兒園，在硬體設備及環境的規劃上都經由專人設計，力求滿足孩子不同的需求。這些經營者在園所的規劃及環境的設備上都不惜投下重資，學校的各個角落光線充足、空氣流通，有不同的專用藝能教室，戶外有各種配合幼兒發展需求的遊樂設施，教室內有多種學習角落的布置，提供幼兒操作的玩具也相當豐富。這些大型的園所在管理上講究企業化的經營方式，特別重視行銷、包裝，有專人負責不同的工作，包括園長、教學主任、行政或會計等等。這些設備新穎的幼托學校儼然成了五星級的高級休閒中心，耗費的資金動輒數千萬。

都會地區許多較老舊的學校或是設備較差、環境不佳的園所也在競爭激烈的前提下，尋求改建或增加設備以提升自己園所的競爭力。相對於這種都會豪華型的幼兒園，普遍存在於鄉鎮地區

則是較老舊的幼兒園,這些老舊的幼托機構不只設備簡陋、光線不足、通風不良,教室內除了課桌椅及書櫃外,鮮少有提供孩子操作的教具或是學習角落的布置,戶外提供孩子遊戲的設施也明顯不足。當然並不是都會地區的幼教機構就較新穎或鄉鎮地區就較為簡陋,近幾年來許多鄉鎮地區也吸引了來自都會地區的經營者,而他們也在設備上願意投下鉅資以吸引家長。不論如何,鄉鎮地區的學校在設備、師資及課程上的確與都會地區有所差別,這是目前臺灣幼教界普遍存在的一種現象。

同樣的差異也出現在公、私立幼兒園。在臺灣,一般公立幼兒園大都附屬於國民小學,只有少數幾家幼兒園屬於市政府所管轄。一般而言,國內的公立幼兒園,不論在整體環境的規劃及遊樂器材的設備上,往往比不上近幾年剛成立的私立幼兒園。新成立的幼兒園在園所的規劃及環境的設備上都不惜投下重資,況且公立幼兒園常會受到國小部學童的干擾,畢竟他們必須資源共享,尤其是在下課時間,國小學童的吵雜聲有別於一般有獨立空間的私立幼兒園。

不過有一種現象是不容抹滅的,雖然大部分公立幼兒園的教室較為老舊,但教室卻相當的寬敞,且提供孩子操作的教具也頗為豐富。反而是有些設備新穎,建築外觀亮麗的幼兒園,在教室內部所提供幼兒使用的建構性教具明顯缺乏,尤其是把幼教經營得像補習班的一些幼兒園,有很多並未以幼兒園立案,他們會以補習班立案但卻變相經營招收幼兒部的學童。另有些頗負盛名的美語幼兒學校也有此現象,我們可以發現它們的教室內沒有任何的中文圖書或兒童讀物,也沒有提供幼兒從事戲劇扮演的娃娃角、學習區或供幼兒建構思維的建構性教具,在教室的周圍很少

有幼兒的作品呈現。這種學習的環境對一個發展上蓄勢待發的幼童而言是相當不足的。

　　當然以專業幼教的角度來看，並不是大型、設備新穎的幼兒園就較好。事實上，我們往往會發現許多優質的幼教機構是屬於精緻型設備簡樸的小學校，可以讓我們感受到一股人文及幼教專業的氣息，包括幼教語言、教學情境的布置、理念的傳達、老師的特質、班級經營的技巧與幼兒的互動等等。這些訊息可以讓我們感受到幼兒園在辦學時所費的心血，這與學校規模的大小無關。有些大型的幼兒園投資巨大的資金在硬體的設施後，反而對老師的福利及薪資不夠大方。其實一間幼兒園是否能永續經營，是否能成為一所優質的幼托機構，與幼兒園的師資陣容及老師的投入與否有絕對的關係（魏美惠，2002）。

（四）「全美語」或「雙語教學」的幼兒學校過於普遍

　　近年來美語教學充斥幼教市場的現象，普遍存在於臺灣都會及鄉鎮地區的幼托機構。我們可以從幼托機構所取的名字看出端倪，例如「柏克萊雙語幼兒學校」、「華盛頓美語幼兒學園」或者「迪士尼幼稚園」等等（顧能莉，2002）。一般而言，都會地區會聘用專任的外籍或有外文背景本國籍的美語教師，而鄉鎮地區則以配合美語機構提供的鐘點性美語教師居多。

　　事實上，優質的幼教指的是能提供幼兒完整學習的經驗，我們極少看到幼兒園裡有安排「臺語」、「客語」或「原住民」等母語的課程，多數的幼兒園都把美語列為重點課程。有些學校是完全以美語教學為導向，他們頗能抓住家長的心理，讓家長們對幼兒美語趨之若鶩。雖然這些以「全美語教學」或「雙語教學」

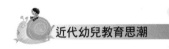

為號召的幼兒學校，常常會誤導家長的教育方向，但他們在招生上卻無往不利。有些幼兒學校實施「全美語」或開設「全美語班」，並且聘用外籍教師授課，標榜著「No Chinese」的教學方式，這不禁讓人懷疑，我們的民族自信心在哪裡？又我們的幼教目標為何？

這種過度重視美語教學的現象普遍存在於臺灣的幼教界，甚至讓公立幼兒園的老師倍感壓力，有很多家長因為公立幼兒園沒有教美語而選擇到私立幼兒園就讀。公立幼兒園的老師如果遵守幼教法規，不教寫字也不外聘才藝及美語老師，就須面對日益流失學童的事實，他們除了必須面對教學上兩難的情境，有時候也不得不採取因應政策，免得自己的學校招生不足而受到減班或裁撤的命運。

根據教育部公布的一項調查研究指出，學齡前學英語的孩子，國中成績未必較好，這項研究的調查對象為臺灣地區國小五、六年級及國中七、八年級學生，採分層比例抽樣，以問卷調查及英語、國語能力評量方式進行，共計有 12,627 位學生參與此研究。研究分析顯示，提早於幼兒園階段學習英語與進小學後才學英語的學生，在後續英語、國語能力及學業總體表現並無太大差異，且小學以前就學英語者，在國小高年級與國中七、八年級的英語成績都不會比進小學後才學英語者出色。此研究進一步指出，在國中英語成績第一名的學生（中小學英語成績優異組），曾就讀全美語或中英雙語幼兒園的學生比例占22%，就讀普通幼兒園卻占54%。總之，這項研究結果並不支持提早於幼兒階段就急著學習英語的想法，家長在選擇讓幼兒進入全美語或雙語學校就讀者需謹慎考慮，以免花大錢之後反而讓孩子輸在起跑點（中

國時報，2005）。

　　不可否認的，幼兒美語教學嚴重的影響專業幼教師的地位，一位專業的幼教老師必須具備有專業的知識及素養，包括將自己既有的知識應用於教學上，配合孩子發展上的需要去設計教案，同時考量到孩子本身的個別差異性，啟發孩子的學習動機，引導他們主動探索的學習精神，培養正確的學習觀念及有效的處理班上的秩序及孩子各種行為問題等等。近幾年來經營有聲有色的一些美語幼兒學校，通常都會聘用外籍老師或是國內外語系畢業的學生充當幼教老師，他們不只沒有修過幼教的專業課程，更沒有經過幼教師實習階段的專業養成，他們能提供的幼教專業品質令人擔憂。然而，這股兒童美語風潮卻已深深的影響臺灣都會及鄉鎮地區的幼教生態。

三、臺灣公、私立幼兒教育機構的比較

　　目前臺灣的幼教生態仍以私立幼兒園占多數，整體說來，私立幼兒園的城鄉色彩差異比公立幼兒機構還明顯，公立的幼教機構不論在師資、教學內容、教學方式及教保內涵上並不會有太多的城鄉差異，主要原因在於公立的幼教機構有一貫的任用標準及薪資福利制度，且師資也來自專業的幼教培訓機構，然而私立的幼教機構則會因不同的區域而出現濃厚的城鄉差異性。

　　無可避免的，公立幼教機構的確在「薪資福利制度」上比私立幼托機構更有保障，條件更優渥。除此之外，在工作量上，私立幼教機構除了必須自己設計教案負責教學之外，很多的老師早晚必須隨車、打掃環境、週末排班，甚至必須承擔招生的壓力；

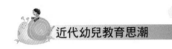

在福利上，公私立幼教機構更有明顯的差距，公立幼兒園和國中小學的休假制度一樣，除了有寒暑假之外，還有固定的事假、病假，而私立的幼托機構雖然也有差假，但的確比公立的幼教機構少了許多。根據yes123求職網（2013）的一項報告顯示，私立幼兒園教師的薪資因工作年資及區域性而有所不同（如表2-1所示）。

表2-1　臺灣地區北中南私立幼兒園教師薪資一覽表

（單位：新臺幣／元）

相關工作經驗	北臺灣	中臺灣	南臺灣
無工作經驗	22,000〜25,000	21,000〜24,000	21,000〜24,000
2年以下	24,000〜26,000	22,000〜25,000	22,000〜25,000
3〜5年	30,000〜31,000	29,000〜30,000	29,000〜30,000
6〜9年	31,000〜33,000	30,000〜31,000	30,000〜31,000

註：以上薪資包含月薪與津貼。
資料來源：yes123求職網（2013）。

　　2012年幼托整合政策實施後，當年全臺首度聘用了一千多位教保員（1111教職網，2012），2013年各縣市政府持續增聘教保員。這些教保員受勞基法保障，屬於不定期契約，但不得隨意解聘，其薪資福利雖比不上公立幼兒園的幼教師，但卻較多數的私立幼兒園優惠。

　　私立幼兒園教師工時長、工作量大，許多具合格證的幼教師會以考上公職為生涯規劃中的主要目標，因此公幼教師甄選時，總是造成激烈的競爭，每年夏天私立幼兒園都會流失不少優秀教師，這種現象難免引起許多私立幼兒園的困擾（王為國，2011；

廖鳳瑞，1998）。公立的幼教機構由於給與幼教老師的福利、薪資待遇及工作保障較高，因此他們對幼教的認同度較高。但是否公立幼教機構就比私立的幼兒機構提供更優質的教保內涵呢？的確許多公立的幼教機構能提供相當水準的幼教品質，但卻也有許多服務於私立幼兒園的教師也能在幼教的專業領域裡追求成長。

　　都會地區的幼教蓬勃發展，許多家長之所以會選擇公立的幼教機構，主要的考量點在於經濟層面，私立幼教機構的收費的確比公立高出許多，原因在於政府對於公立幼托機構的補助較多，而私立幼教機構的所有支出都必須從家長的學費支付，政府給的補助相當有限。雖然，近年來政府施行「五歲幼兒免學費教育計畫」，讓念私立幼兒園家長獲得補助，然這項政策只針對大班幼兒家長進行補助，私立幼兒園須自負虧盈，承擔招生的壓力，因此他們在教學上須求新求變，教師也不斷的自我成長以配合時代的趨勢及家長的要求。

　　事實上，許多私立幼兒園經營的有聲有色，不論在幼兒環境的規劃、課程內容及教學模式上都能突破傳統，給人煥然一新的感覺，也因此吸引了許多家長的青睞。私立幼兒園的教師在沒有保護傘的情況下必須力爭上游，有時反而在專業幼教能力的養成上會有傑出的表現，他們除了追求幼教專業成長的動機較強外，也能與家長保持良好的互動關係。但無可否認的，私立幼教機構普遍存在不合格教師的現象，導致師資素質參差不齊。

四、我國幼教發展的瓶頸

　　雖然我國幼兒教育的發展備受肯定，然而就在我們全心投入

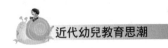

專業幼教推廣的同時，卻遇到許多困難。以下將從幼兒教育理念和教育方法、課程設計和教材選擇、幼教人員理念和家長訴求的衝突、親職教育實施的困難、幼教師資及教育行政等問題做逐一的探討。

（一）教育理念和教育方法

綜觀整個幼兒教育史的演進，我們可以發現不同的社會背景會產生不同的教育思想和教育主張，其中最大的轉變莫過於幼兒地位從以往以「成人為本位」到今日以「兒童為本位」的重大轉變。我國的幼教從 1952 年到 1959 年盛行由陳鶴琴校長所提出的「五指教學法」，將課程分為健康、社會、科學、藝術、語文五項。1960 年至 1967 年依循由張雪門所創的「行為課程教學法」，強調依據幼兒生活經驗、興趣與能力，擬定活動單元以配合實際教材與實際行為的教學方式。1970、1980 年代則採行「大單元教學法」、「蒙特梭利教學法」、「福祿貝爾教學法」及「皮亞傑教學法」……等等（盧美貴、陳伯璋，1991）。尤其是 1990 年代以後，幼教激烈的競爭市場，使得幼教課程更加多元，此時強調兒童主動學習及自動探索的「發現學習法」，及重視遊戲中學習的「主題方案課程」受到肯定。此外，多元智能（multiple intelligence）理論也在臺灣萌芽，於是乎強調啟發幼兒不同學習潛能，以遊戲統整各學習領域的教學方式也成為一種新的趨勢。

然而，這些不同的幼教主張雖然在臺灣形成一種百花齊放、百鳥爭鳴的情況，促進了臺灣幼教的發展，但卻不禁令幼教專業人員愕然失笑，也讓家長們眼花撩亂、無所適從。各種不同教學

法的倡行，有些人將之比喻為「一陣風」，甚至有人譏為「一陣瘋」，尤其是近幾年最為瘋狂的幼兒美語教學。令人擔憂的是許多幼兒園的負責人或教師對於自己園所的教學方法之理論根基並不清楚，無法掌握其教育精神和理念，更遑論教學法的落實了。許多幼兒園為了因應市場的趨勢，迎合家長的需求，實施「美語教學」及「主題課程」，這種魚目混珠，引進歐、美教學法的作法往往虛有其表，阻礙幼教的發展。

（二）課程設計和教材選擇

優質的幼教課程應涵蓋哪些課程？依據我國先行之「幼稚園課程標準」，幼教課程分為六大領域，即健康、遊戲、音樂、工作、語文及常識。2013 年所頒布開始實施的「幼兒園教保活動課程暫行大綱」分為身體動作與健康、認知、語言、社會、情緒和美感六領域，強調幼兒園、家庭與社區網絡的合作關係，透過社會文化活動課程，以培養幼兒對在地文化的投入與認同，關懷自己的周遭環境，愛護大自然。這些目標皆可經由不同的教學模式，包括單元教學、蒙特梭利教學法、方案課程、高瞻課程等種種的教學法去達成。儘管不同的教學模式會有不同的理念及不同的堅持，但基本上這些被廣泛接受的教學模式都擁有開放教育的精神，多以啟發幼兒多元智能為導向。換言之，優質的幼兒課程必須以啟發幼兒各種學習潛能，培養積極正向的人生觀，主動探索的學習精神，為將來的生活做好準備。

儘管各個幼教機構強調不同的教學法，例如：「蒙特梭利教學法」、「福祿貝爾教學法」及「方案主題課程」等等。但往往我們所看到的只是「蒙特梭利教具」或是福氏的「恩物」，真正

能掌握蒙式教育哲學或福氏教育精神的卻微乎其微。尤其是近年來國內較為盛行的「主題教學」與「方案課程」，常常教師為配合園方順應潮流的需求進行課程改變，但多數教師並不了解主題教學的精神，也不知如何實施主題教學，因此他們無法落實主題教學的精髓。

況且，多半的幼兒園都採用坊間所編製的現成教材，而這些教材的內容往往未能配合幼兒的發展及個別需求。國內學者高敬文（1990）在評估坊間編製的教材時指出，有些認知教材內容太深，超越了幼兒認知發展階段。坊間教材之所以會在幼教市場上廣泛的被使用，主要的因素在於國內幼教界仍有很多不合格的幼教師，這些未受過專業訓練的教師往往缺乏課程設計及教案編寫的能力。此外，有些合格幼教師對於幼教的認同及使命感不足，他們不願花費較多的時間和精力在課程設計上。高敬文（1990）並指出：「有些教師認為採用坊間教材，教師就可以省力，不必多費心思了。由於課程設計的能力不足，加上教師因循怠惰，才造成坊間教材充斥幼兒園的情形。」

除此之外，家長的訴求也是原因之一。坊間教材多有一定量的「成果」呈現，非常符合家長「不要讓孩子輸在起跑點上」的急切心理。事實上，許多優質的幼兒園，課程教材都由教師親自設計，家長也能認同學校經營的理念，這些家長非常關心孩子，願意充實幼教知識且調整教養態度。但仍有許多的幼兒園為迎合家長的需求而採用坊間教材，甚至中小班就以讀、寫、算為主要的教學內容，這種不合宜的課程設計阻礙了臺灣幼教的專業發展。

（三）教保服務人員理念和家長訴求的衝突

照理講幼兒教育會比其他階段的教育內涵更具彈性，但這個看起來相對自由的教育，卻受到相當大的牽制（鄭婉妮，2001；魏美惠，2002，2005）。往往一個幼兒園的課程走向無法以幼兒發展上的需求去設計課程，反倒是家長的需求及市場的導向成了幼教從業人員在規劃課程時的一個考量要素。所謂的「幼教理念」淪為空談，許多幼教從業人員會發現往往愈有理念的幼兒園經營起來愈是辛苦。

幼教是一種專業，但卻不被視為專業。幼教工作人員在和家長接觸時，常會被視為保姆，人人可以勝任，有許多家長認為幼教老師只是帶孩子，當過媽媽的都懂。在這種專業被否定的情況下，和家長的溝通是一種不平衡的溝通，家長的期望往往變成不合理的要求，常常會左右園方辦學的方向，甚至會干涉教師的教學方式，這對教師而言也造成一種巨大的壓力。舉例來說，對一個有理念的幼教師而言，當他在進行藝術課程時，會希望從課程中去提升幼兒的美感，引導孩子感受藝術，讓音樂陶冶其性情，讓繪畫成為孩子的語言，但多數的家長可能只希望看到孩子立即性的成果，這種家長在溝通上是很困難的。

幼兒教育既然是一種專業的領域，那麼它就不是人人所具備的常識而已，幼教老師如何將正確的幼教理念傳達給每一位家長，是需要長期努力與溝通。幼教人員往往遇到最大的挑戰並不是如何進行課程教學，也不是班級經營技巧的提升，基本上，這些專業知能教師可以透由專業養成過程及經驗的累積逐一加以克服。但是，當家長與幼兒教師在教養態度及理念的溝通上有所衝

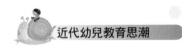
突時，要教育家長則相當困難。當然這種衝突對幼教的發展而言，可以說是一種危機，也可能是一種契機，端靠幼教老師如何去宣導，與家長之間達成共識（Katz, 1989）。

（四）親職教育實施的困難

親職（parenting）是父母在養育子女的過程中，隨著子女的成長而調整其親職角色（莊小玲、汪正青、黃秀梨，2010）。親職教育是經由教育的途徑，使為人父母者能更加明瞭如何為人父母。它是一種終身不輟的教育，其主要目的在於協助父母親了解子女發展中的各種需求，幫助父母親建立正確的教養態度及與子女之間良好的溝通技巧。親職教育之所以會日益受到重視，主要原因在於當今社會及家庭結構的變遷，職業婦女增多，離婚率及單親子女日益增加，加上現今社會的誘因甚多，許多兒童由於成長過程中，情性及人格無法得到正常的發展，造成許多心理問題，甚至在行為上產生偏差或適應不良。事實上，目前臺灣的社會普遍存在一種現象，那就是「生而不養，養而不教，教而不當」的問題。尤其是單親家庭，除了有較大的經濟負擔外，對於子女的疏忽，也較易產生不快樂的下一代。

重視親職教育的家長，會有較高的親職效能，他們關心孩子的學習經驗，會給予孩子較多的協助，也會積極參與子女的各項活動（王雅慧，2009）。親職效能感較低的家長，往往對於孩子的學習參與度較低，對於園方所舉辦的活動，尤其親職講座幾乎都不會參與（孫麗卿，2010）。由於國內並沒有任何特定機構負責親職教育的規劃與施行，在幼兒園這個階段的親職教育往往必須由各個幼兒園自行負責加以宣導。整體而言，國內在幼兒階段

對於親職教育的推廣成效不彰，雖然政府會主動提供相關的經費聘請專家學者入園推廣正確的教養理念，但成果往往不盡理想，尤其是公立幼兒園的家長對於親職講座的參與力極低，因此在親職教育的推廣上更顯困難。我們都知道幼兒園教師工作負荷相當大，無法全心投入參與園方舉辦的親職活動。況且，願意來參加親職活動的父母多半是很關心子女的教養問題，會適時調整自己的教養態度，願意和子女一起成長的父母，他們是一群較易溝通的父母。相反的，愈是迫切需要溝通的父母，對於園方所舉辦的親職活動表現得愈是冷漠，他們極少參與園方所舉辦的親職活動。親職教育實施的困難，導致學校老師及家長間理念溝通不易，父母親無法建立正確的教養態度，而許多優良老師在教學上也受限於園方及家長的意見，無法有充分的自主權，影響了幼教品質。

（五）教保服務人員素質參差不齊

近年來隨著少子化及相關政策的實施，不合格幼教師或教保員充斥的現象獲得些許的改善，然而類似「南投幼兒園半數沒有正式合格教師」，「臺中市有超過六成幼兒教師不合格」的相關報導，卻也反映目前幼教師資良莠不齊之現象（國立教育廣播電臺，2012）。有些人會質疑是否合格的幼教老師一定是優良的幼教老師？學歷是否是評斷幼教師資素質的標準？事實上，許多優良的教師雖然本身不是合格的幼教師，但卻隨時吸取幼教新知充實自己，累積許多的教學經驗，在工作上勝任愉快。雖然如此，我們可以肯定的一點是，雖然合格教師並不等於是優良的教師，但合格的教師中存在較高比率的優良教師。但是一位教保服務人

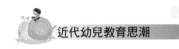

員是否接受過幼兒教育相關的專業訓練相當重要，並非擁有大專學歷的人都懂得幼兒心理及班級經營，都能勝任成為優良的幼教老師。

每一位幼教老師都必須受過專業的訓練，充分了解幼兒發展的各種現象，能從幼兒行為的表現中去進行觀察，從中去掌握教學要訣，進而促進兒童的認知發展。當然，在鄉鎮的區域，有很多家長仍存有一種觀念，他們較重視老師的教學經驗甚於正確的幼教理念，因而傾向於選擇年紀稍大些，或是已為人母的老師。他們對於那些未婚、教育理念較新的合格幼教師抱持著不信任的態度。

（六）教保服務人員的流失與不適任教師的處理

根據教育部 2010 年統計，計有 87 所學校設有幼教相關系所，就讀幼兒教育系所學生人數為 4,374 人，幼兒保育系所更達 12,453 人（教育部，2010），以此推算每年畢業生約為 4,000 人，已超過幼兒園的人才需求。雖然少子化及幼教師資培育機構的飽和現象，可能會造成幼教師供過於求的情況；然而，幼教師的流失率卻相當高，這也是造成幼教品質無法提升的主要原因。多數幼兒園在生存壓力的競爭下，教師常處於低薪高工時的困境，園所無法營造優質的幼教工作情境。加上多數家長對子女有「不要輸在起點上」的迷思，園方為招攬幼生，不惜以揠苗助長方式過度重視學習成果及填鴨式的教學，導致幼教淪為國小先修班（段慧瑩，2011；魏美惠，2005）。

此外，國內幼兒教育機構仍存在許多不適任及不合格的幼教師，尤其是鄉鎮地區合格的幼教老師還是相當的缺乏。不諱言

的，即使在公立幼兒園也常出現教學態度及專業能力不佳或行為有違倫常，但學校卻沒有處理的不適任教師。根據教育部2007年的統計顯示，全國各級學校總計有27萬餘名教師，在過去八年，僅有288位不適任教師被解聘、停聘或不續聘，高達17個縣市對不適任教師處理案件僅個位數。目前各級學校針對不適任教師的審議，多由教評會負責，其中教師的比率又占過半席次，與會的教育行政人員代表也多具備教師身分，而家長代表僅占一席，不免讓人產生「官官相護」的質疑。如此一來，不適任教師不會因而退出教學現場，學生的受教品質也一再受到腐蝕。長久以來，校方對於不適任教師處理，往往採取漠視的態度，遇到家長抗議時，行政人員及教師多半會避重就輕（洪若審，2006；陳康宜，2005；趙曉美，2003；瞿德淵，2003）。

（七）公幼與私幼的落差太大，製造矛盾

幼教職場工作壓力大、薪資低、工時長，導致幼教師資的流失。我們需要建立合法合宜的幼教職場，提升幼教從業人員的專業素養。然而，多數幼教系學生一心只想參加幼教師甄試，以進入公立幼兒園服務，較少有學生願意到私立幼兒園去實習或任教，主要原因在於公私立幼兒園間薪資待遇及其他福利存在很大的差距。同樣是合格幼教師卻有如此大的差別待遇，讓許多考不上公幼的學生寧可選擇其他的工作，造成人力資源的浪費，這種現象亟待解決。

根據2008年一項以評鑑績優與中大型幼托機構所做的基本勞動檢查，發現竟然高達三分之二不符規定（教保服務行動聯盟，2010）。隨著國內少子化現象，幼兒園在高度競爭下引發劣

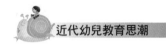

幣逐良幣，外行人領導內行人的現象普遍存在。國家未來應配合幼托整合計畫的實施，對於公私立幼教老師的薪資福利，需研擬出相關的改善政策，藉以獎勵優質的幼教師在公平競爭的前提下，樂於從事教學的工作。尤其是須在幼教從業人員的專業資格認定及證照的更換上，應有一套更新的作法，讓在私立幼兒園認真教學的幼教師之薪資與福利能縮短與公幼教師的落差。同時，亦不應讓在公立幼兒園教學不力或不適任的教師無法可管，政府應努力建立「保優汰劣」之退場機制（段慧瑩，2011；魏美惠，2005）。

五、我國當前幼兒教育師資培育政策評析

　　幼兒教育的發展與國家整體的經濟脈動及社會結構變遷有著密不可分的關係。九〇年代以來，我國政府對於幼兒教育師資的培育日益重視，除了由國內幾所教育大學的幼兒教育學系負責培育幼教師資外，也在多所技職體系大專院校開放幼兒教育學程或相關課程。政府冀望經由師資培育機構課程的規劃與檢視，配合實習制度及幼教師檢定，以提升幼教師資的專業品質。然而，我國高等幼教師資課程及師資培育的方式仍須加以檢討，且配合世界潮流趨勢及國家整體發展方向，擬定出可行的解決方案。

（一）高等幼教師資課程的檢討

　　目前國內幼教師資培訓機構對於幼教師的養成過程中，明顯地缺乏提升幼教師正向情性特質或增加幼教師社會智能的相關課程。在所有專業課程的規劃上對於幼教師人格養成之情意課程，

包括自我成長、生命教育、人際關係與溝通、社會智能與心靈提升的課程科目，占了一位專業幼教師所需修畢138個學分數中不超過10%的學分，且上述所列舉出的這些課程幾乎皆為選修課程。由此可知，現今專業幼教老師的養成階段重視教學方法、教學技巧、教育理論基礎等學科之專門及專業知識，反而忽略了幼教師情性方面的陶冶，人格及心靈層次的提升（魏美惠，2005）。

國內目前正在進行幼兒教育新課綱的修訂與實驗階段。幼兒教育新課綱主要分為六大學習領域，包括認知、語文、社會、情緒、美感、身體動作與健康，強調從幼兒發展的觀點來營造豐富多元的學習經驗。尤其，新課綱在實施的層面上特別側重於課程規劃的統整性、完整性、延續性及趣味性。幼教師對於課程規劃及實施的能力須加強外，在檢視課程完整性時的觀察力、反省思考能力尤其重要。因此，幼教師資培育機構對於幼教師多元能力的養成更是刻不容緩。

值得肯定的是，近年來隨著教育部對國內高等教育機構的評鑑，讓國內幼教師資培育機構重新檢視課程的適切性。以臺中教育大學幼教系為例，在課程規劃上不只重視學生之基本素養與核心能力，並參考幼教業者的需求，依據教育目標逐一擬訂對應之核心能力，以達到「培養優質幼兒教育人才」之設立宗旨（如表2-2所示）。

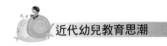

表2-2　臺中教育大學幼教系教育目標與基本素養、核心能力對應表

教育目標	基本素養與核心能力
A.培養學生具備幼兒教育之專業知能	A1. 了解幼兒生理及心理發展之特色。 A2. 提升幼兒行為觀察、輔導與能力評估之能力。 A3. 增進幼教課程規劃及活動設計之能力。 A4. 具備班級經營、教學及研究之能力。 A5. 了解幼教思想潮流及發展趨勢。
B.培養學生多元能力及人文素養	B1. 具備完成團隊任務及溝通協調合作之能力。 B2. 了解幼教專業倫理與社會責任執行能力。 B3. 培養學生具備表達、反省與批判能力。 B4. 培養學生良好生活規範與文化素養。
C.培養學生國際視野及科技應用的能力	C1. 增進科技運用及融入教學之能力。 C2. 了解各國幼教發展現況及趨勢。

（二）教師檢定與實習制度的檢討

　　依據目前國內對於幼教師資培育的規定，幼教師資生完成幼教專門及專業課程後，需至幼兒園實習半年，方可參加幼教師資格檢定，通過檢定者才能獲得幼教師合格證，據此方有資格甄選幼教師一職。這從制度層面上來看誠屬適切，然在實施的層面上有檢視與修正的必要，其中對於幼教系或幼保系學生所前往實習的機構及實習教師應建立適當的篩選機制，避免弊端的產生，例如有些實習學校的實習老師讓實習生直接帶班，或違反實習守則的情事發生，甚至指導老師本身也出現不適當的行為。國內目前高等教育師資培育中心多數讓各師資培育學系自主性作業，由帶

實習課的教授與學生共同決定實習學校，對於實習幼兒園之實習教師並未有篩選的機制，此作法有檢討改進的必要（張碧如，2010）。

　　教師檢定的目的在於提升幼教師的素質，然而紙筆測驗的方式只能做到部分層面的控管，無法真正檢核出教師的教學能力或篩選出品性優良的優質教師。此外，學生在實習半年後，馬上參加教師檢定會減少實質的實習效益。實習的主要目的是增長教學及班級經營上的實務經驗，然而多數學生會擔憂教師檢定的結果，由於檢定於實習後舉行，且檢定的內容與教育實習的內容無關，可能造成實習學生無法專心實習的後遺症。多數公立幼兒園能讓學生準時下班，且提供教師甄試的相關資訊，甚至幫助實習生準備教師甄試的情境，導致學生會選擇公立幼兒園實習。基於此，教檢的時機及考試的方式及內容都須加以檢討。建議教育部成立專責單位規劃，並廣徵大眾意見，確實檢討目前師資培育問題，共同研商可行的改善方向，以做為制度改革的參考。

六、我國幼教師資養成面臨困境的解決方案

　　幼兒教育的目標在於提供一個優質的幼教環境，讓幼兒能在健康幸福的環境下成長。針對上述幼兒師資培育所面臨的問題與挑戰，筆者邀請國內多位幼教界專家學者及幼教現場工作者，以焦點座談的方式凝聚共識，提出下列具體之目標與行動方案。

（一）幼教師資課程的檢討、規劃與整合

　　為有效提升幼教師資配合世界潮流趨勢，針對國內幼教生態

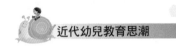

所面臨的挑戰提出下列的發展策略及可行的行動方案。同時，為配合「幼兒園教保活動課程綱要」之修訂，提升幼教從業人員對於新課綱學習領域的專業知能，考量幼托整合下適度強化嬰幼兒專業課程的必要性，同時順應臺灣多元文化及新生代所欠缺的能力，包括社會智能、批判省思、創意思考變通能力及問題解決能力等，宜重新檢討幼教課程內容的適切性，發展一套較完整的幼教師資課程內容。建議以校內、校際、區域性、全國性的方式進行討論，達成共識，並請幼教系及幼保系相關人員共同參與課程規劃，具體作法包括凝聚共識修訂目前幼教系所之課程內容：

　　1.內容的修訂：加強嬰幼兒專業課程，強化多元文化、人際溝通、情意課程、生命人文關懷、品格教育課程、服務課程、專業倫理、創造力、EQ、批判省思能力等相關課程，並將部分課程納入幼教師專業課程，以提升幼教師之人文素養及社會智能。

　　2.學分數的修訂：目前幼教師培生除了需修讀教育專門課程及通識課程外，需同時修讀26個幼教專業課程及4個實習學分，才具備師培生之資格。建議對於大學非相關科系學生，應該修讀40個幼教專業課程之學分，比照國小和特教一樣。

（二）建構一個公平合理的幼教師資考核及給薪機制

　　教師檢定的目的在於提升幼教師的素質，然而紙筆測驗的方式無法真正檢核出教師的教學能力或篩選出品性優良的幼教師。此外，在實習的過程中常會發現許多幼教現場存在許多不適任教師，他們成為學生實習中的實習指導老師並不恰當。這些不適任教師如果是服務於公立幼兒園，校方往往無法可管，對幼童及實習生皆會造成傷害。基於上述之理由，宜發展出一套整合教師檢

定、實習、優良園所及優良幼兒教師檢核給薪之機制，擬定一個縮減公、私立幼兒園教師福利與薪資差距之可行方案。建議擬訂一個以考試及實習表現為教師檢定共同標準之計畫。具體的作法包括：

1. 教師檢定採雙軌制

(1)幼教系學生的幼教師檢定：建議分兩階段進行，幼教師資生修習相關幼教師資課程後，即進行檢定考（第一階段筆試全國統一），通過教檢才進入績優幼兒園實習。師資生需在通過幼教專業評鑑之幼兒園或符合優良教師資格之幼兒園實習，半年後共同舉辦教學觀摩，由五位教授及指導老師共同成立團隊，進行實習生教學演示之認證後，方可取得幼教師資格。

(2)在職生回學校修學分者之幼教師檢定：宜分兩階段進行，修習相關幼教師資課程後即進行檢定考（第一階段筆試全國統一）。接著，需提供幼教現場工作的經驗證明，才可參加教師聯合教學演示認證（已有工作經驗不須辭掉工作再去實習），內容包含口試、試教、個人 Portfolio 書面審查等。

2. 以專業評鑑績優園所或個人評鑑績優之幼教師為實習之對象

(1)幼兒園「基礎評鑑」由縣市政府主動針對管轄內的幼兒園進行評鑑，重點不在比較優劣或篩選出優良的幼兒園，因此只要是認真經營的幼兒園皆能通過「基礎評鑑」。有別於基礎評鑑，「專業評鑑」由幼兒園主動向縣市政府提出，縣市政府負責邀請專家學者至園進行評鑑，評鑑委員會以較高標準檢視幼兒園，通過的園所可獲縣市政府頒發「幼教專業評鑑認證」。建議未來針對幼教系學生前往實習的園所應該規定以通過「幼教專業評鑑認證」之幼兒園為主。

(2)建立幼教師個人評鑑及分級制：由教師自行提出申請後，依據相關之指標進行檢視，落實幼教師分級制，據此建立不同的薪資獎勵制度或政府補助公、私幼教師薪水之依據。除了可鼓勵優質幼教師留在幼教職場外，亦可藉此消極懲罰不適任教師。建議政府依據教師之個人評鑑結果加以分級，並在薪資上加以區分，依據幼教師分級制之審核標準，任職於私立幼兒園之優良幼教師，可依其等級向政府申請津貼或補助款，以縮減公私立幼兒園教師薪資上之落差。

(3)學生選擇實習學校及實習老師之機制：為提升師資生實習之實質效益，營造良好之學習楷模，需建立實習幼兒園篩選機制，除了建議學生需在通過「幼教專業評鑑認證」之幼兒園實習，或在教師分級制下具有「優良教師」資格之班級實習。如此亦可間接鼓勵園所主動參與「幼教專業評鑑」，營造優質的幼兒學習環境。

總之，幼兒是人生關鍵的發展階段（Bloom, 1964; Montessori, 1972），而幼兒教育更是百年大計，不可能立竿見影，需要政府主管機關、師資培育學校、幼兒園、家長與學生共同合作長期經營。毫無疑問，優質的幼教環境需要政府相關單位從政策層面著手。政府在擬定相關幼教政策時，不只應從幼兒學習本位出發，同時須考量幼教專業師資的培訓。政府及幼教學者專家應共同研擬出一個公平、合理的幼兒園教師獎懲機制，避免優良幼教師的流失，也可制約不適任教師，共同為營造優質的幼教環境而努力（魏美惠、林珮伃，2013）。

七、結語

　　21世紀以來，臺灣社會不斷朝向多元、開放的方向發展，隨著政府對幼兒相關政策的推行，再再顯示幼兒教育的重要。然而，幼兒園教師卻一直無法建立起專業的地位，主要的因素在於有太多不合格的幼教老師。當然，我們這裡所指的合格幼教老師並不單憑一張合格證書認定，但必須承認的是有很多人，尤其是鄉鎮地區多數的父母，至今仍存有一種錯誤的觀念，那就是幼教老師人人皆可勝任。這種不正確的認知阻礙了幼教發展，亦貶抑了幼教老師的專業地位，幼教老師無法建立應有的尊重及認同。

　　一位優良的幼教老師不只必須具備幼教的專業知識，同時需具備教案編寫、說故事及帶動唱、美勞等能力，同時亦需懂得臨機應變，才能應付幼童們千變萬化、層出不窮的問題。近年來國內在開放教育思潮的影響下，會以遊戲學習去統整幼兒的學習經驗，重視幼兒完整學習，這種理念及教學模式，空有教學經驗是不足的。幼教老師已從傳統以教學為主的角色到今日所扮演的一位觀察者、輔導者、引導者的角色，他們的主要責任並不在於給與孩子多少，而是必須啟發孩子的學習興趣，培養孩子主動探索的學習精神。這種教學的型態，愈突顯出幼教專業知能的重要性，不懂得幼兒發展的教師很難客觀的對幼兒進行觀察及輔導。

　　一般說來，優良的幼教老師較願意留在都市發展，這除了待遇上較優渥外，提供老師進修的機會也較多，這種情況往往造成了城市與鄉鎮之間幼兒教育教學品質明顯的差異。目前鄉鎮許多的幼兒園仍維持傳統單向灌輸性的教學方式，課程的設計偏重於

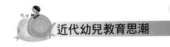

背誦、習字及算術等課業上的學習,幾乎成為國小先修班的型態,無法落實遊戲中學習的教育目標,這種城鄉差異是臺灣幼教界的一大特色。此外,私立幼兒園在激烈的競爭環境下,朝向企業化,講究廣告包裝的行銷策略,抹煞了幼教精緻的教育內涵。在薪資福利及工作的保障上,私立幼兒園顯然比不上公立幼兒園,這種情況造成了私立幼兒園幼教師極高的流動率,上述種種現象值得政府相關單位重視。

參考文獻

中文部分

1111教職網（2012）。取自 http://teacher.1111.com.tw/

2010年全國托育政策建言（2010，11月5日）。**教育及保育服務行動聯盟的說帖**。2013年7月28日，取自 http://www.taiece-union.org.tw

yes123求職網（2013）。取自 http://www.yes123.com.tw/admin/advantage/result.asp?w_code=2_1015_0002_0001

中國時報（2005，3月4日）。**學齡前學英語，國中成績未必較好**。2013年7月28日，取自 http://0rz.net/510dM

王為國（2011）。幼托整合面臨的問題。**臺灣教育評論月刊，1**（1），52-53。

王雅慧（2009）。**國小低年級學童父母參與親職效能感課程成效之研究**。國立嘉義大學碩士論文，未出版，嘉義市。

林佩蓉（2009）。選幼兒園／公幼與私幼，最大不同在哪裡？**親子天下特刊**。

段慧瑩（2011）。我國幼兒教育之議題與興革。載於**我國百年教育回顧與展望**（頁105-120）。新北市：國家教育研究院。

洪若審（2006）。**國民小學教師與家長對不適任教師的意見調查**。國立嘉義大學碩士論文，未出版，嘉義市。

洪毓瑛（譯）（2000）。**幼教綠皮書：符合孩子身心發展的專業幼教**。新竹市：和英。

孫麗卿（2010）。幼兒園實施親職教育問題檢討：以社會系統理論觀點論述。**教師之友，51**（1），19-29。

高敬文（1990）。**我國幼稚園教材之分析與評估**。屏東市：國立屏東師範學院專題研究報告。

國立教育廣播電臺（2012，6月11日）。2013年6月29日，取自 http://tw.news.yahoo.com/南投幼兒園半數沒有正式合格教師

張碧如（2010）。幼兒教育。載於國立教育資料館（主編），**中華民國98年教育年報**（頁47-92）。臺北市：國立教育資料館。

教育部（2010）。2011年1月14日，取自 http://140.111.1.192/human-affair/importance/920325-1.htm

莊小玲、汪正青、黃秀梨（2010）。概念分析：親職。**嘉基護理**，10（1），8-14。

陳康宜（2005，1月15日）。教部公布教師法民調了解教師及民眾期許。**國語日報**，2版。

彭信偵（2011）。小小新鮮人，談幼兒的第一次上學。**幼教資訊**，248，8-12。

廖鳳瑞（1998）。幼教師的薪資福利。**幼教資訊**，88，2-6。

趙曉美（2003，4月9日）。**由維護學生的學習權談處理不適任教師的心理障礙與突破**。2005年1月4日，取自 http://www.hre.edu.tw/report/new/articles/articles-20030409-01.doc

鄭婉妮（2001）。尋回臺灣本土價值的幼兒教育。**幼教資訊**，101，13-15。

盧美貴、陳伯璋（1991）。**開放教育**。臺北市：五南。

瞿德淵（2003）。淺談如何增進國小新進教師的人權基本素養。**師資培育機構人權教育課程規劃研討會專刊**，75-80。

簡楚瑛（2003）。**幼教課程模式：理論取向與實務經驗**（第二

版）。臺北市：心理。

魏美惠（2002）。九十年度彰化縣私立幼稚園評鑑結果分析研究。**國教輔導**，41（3），19-21。

魏美惠（2005）。幼兒教育思想與潮流：從傳統到開放。**幼兒教育年刊**，17，101-119。

魏美惠、林佩仔（2013）。我國當前幼兒教育師資政策評析與改善方案。**臺灣教育評論月刊**，2（6），144-149。

顧能莉（2002）。**界定幼兒美語學習在幼教課程的定位**。幼兒美語學習在幼稚園的定位研討會匯整報告書。臺中市：國立臺中師範學院。

英文部分

Bloom, B. S. (1964). *Stability and change in human characteristics.* New York, NY: John Wiley & Sons.

Bredekamp, S., & Copple, C. (1997). *Developmentally appropriate practice in early childhood programs.* Washington, DC: The National Association for the Education of Young Children.

Katz, L. G. (1989). *Pedagogical issues in early children education.* Unpubilshed document.

Montessori, M. (1972). *Spontaneous activity in education* (F. Simmonds, Trans.). New York, NY: Schocken Books.

Steiner, R. (1973). *The education of the child* (27th ed.). New Delhi, India: The Rudolf Steiner Education Society.

3 從歷史的觀點探討西方幼兒教育演進的軌跡

一、前言

幼兒教育在歐美許多國家中指的是零到八歲的教育。在美國，幼兒教育包含零到三歲的嬰兒期（infancy）教育、三到四歲的托兒所（nursery school）教育、四到五歲的幼兒園預備（pre-kindergarten，簡稱 pre-k）教育、五到六歲的幼兒園（kindergarten），以及六到八歲的小學一、二年級學校教育。我國則偏向以零到六歲為學齡前兒童受教育的認定標準（盧美貴，1988）。廣義的幼兒教育應包括家庭教育及學校教育，狹義的幼兒教育則專指幼兒在幼教機構，如托嬰中心及幼兒園所受的教育而言。本文所採用的定義，以幼兒在幼教機構所受的正式教育為主。

近代幼兒教育的發展可溯源自 1837 年，福祿貝爾在德國創立的第一所幼兒學校，迄今已有一百七十多年的歷史。這期間歷經多項重大社會變遷，例如：產業革命、第一次和第二次世界大戰、人類征服太空、嬰兒潮、家庭結構改變等等，為因應不同的社會環境需要，各種幼兒教育發展的理論如雨後春筍競相萌放。從福祿貝爾的幼教原理到杜威的實證主義、史金納（Skinner）和

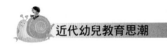

桑戴克（Throndike）的行為科學理論、佛洛依德的心理分析學派、艾瑞克森（Erikson）的幼兒發展理論、皮亞傑的認知發展理論，到最近綜合各家學理統整出的幼兒發展與環境互動理論等等。這些幼教思潮分分合合，由統合到紛亂，再由紛亂到統合，再再顯示幼教理論的蓬勃發展。本章將從歷史的觀點，探討在各國不同的社會背景影響下所發展出來的幼兒教育，進而歸納出幼兒教育未來的發展趨勢。

二、福祿貝爾以前的幼兒教育

幼兒教育的發展，在西方最早可以追溯到西元前三、四世紀的柏拉圖（Plato）和亞里斯多德（Aristotle），在東方則可考據到孔、孟、荀諸聖（盧美貴，1988）。然而真正影響近代幼教發展蔚為風氣者，首推 17 世紀的康米紐斯（Comenius）和 18 世紀的盧梭（Rousseau）。康氏著有《幼兒學校》（The School of Infancy）一書，他在書中提出許多教養六歲以下幼兒的建議，他以不辭辛勞充滿愛心的園丁來比喻父母的角色，強調家庭教育的重要（Sadler, 1969）。

盧梭是自然主義創始者。盧氏的教育哲學可以從他的醒世鉅作《愛彌兒》（Emile）略窺一二，他深信人生而自由，本性善良，卻往往為社會和傳統所縛。盧氏深深痛恨這些使人遠離自然的繁文縟節，他認為凡是自然皆為美好。因此盧氏對幼兒教育的指示，在於引導幼兒於自由與快樂之間獲得完美的平衡。自由是免於社會傳統的束縛，快樂則來自幼兒逐漸了解並掌控周遭環境的成就感。

　　盧梭主張幼兒時期是孩子理性的睡眠期，教育孩子應以感性教育為主。他認為我們應該當「自然人」不要當「社會人」，因為人在社會化的過程中會喪失自然純真的本性。盧梭主張消極的教育方式，我們應該讓孩子發現自然界的法則及因果關係，讓孩子為自己的行為負責，成人對孩子過多的約束及叮嚀只會妨礙孩子的成長。因此，他所主張的消極教育方式其實具有正面積極的教育意義。

　　18世紀的歐洲，崇尚浮華，社會風氣一片奢靡，盧梭的自由主義就像一股清泉，歐洲人莫不聞風披靡。盧氏主張人生而自由的觀念，深深打動了歐洲人的心，也為後來的法國大革命埋下伏筆。他主張人性本善的理念，更是成為新舊幼兒教育的分水嶺（林玉体，1990）。自16世紀以來，清教徒的「原罪論」使得人們深信人性本惡，唯有透過嚴峻的教育才能匡正，以鞭打體罰幼兒在當時的歐洲相當盛行，不但不被禁止，還被視為可藉此將依附在幼兒體內的魔鬼驅趕出來。在16世紀畫家筆下的幼兒通常只是縮小的成人（Cleverley & Phillips, 1986），他們大都有張表情成熟的小臉，身材比例也是依照成人的比例，連衣帽的樣式也和成人一樣，而在一起的成人，也必然將幼兒以離自己身體遠遠的方式抱著幼兒。這些例子再再顯示16、17世紀時期，人們對幼兒的看法，也反映出舊式幼兒教育的發展狀況。

　　盧氏的人性本善理念強調幼兒的自然發展，他深信幼兒與成人有不同的思考方式。他一再重申教育必須是以幼兒為中心，並注重幼兒在不同發展階段的個別需要。盧氏的新幼兒教育觀不僅將幼教的發展帶入一個新紀元，美國教育家杜威更是將這項新理念譽為「教育上的哥白尼革命」（林玉体，1990）。

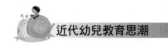

　　盧氏的後繼弟子是 18 世紀後期 19 世紀初的歐柏林（Oberlin），歐氏與他的三位同伴於 1767 年在法國設立一所幼兒學校。這所學校教導幼兒學習標準法文，所採用的教材是聖經上的故事，利用實物和圖片加上字卡教學，師生一邊教學一邊編織，所以也稱編織學校。這所學校在課程的設計上相當靈活，沒有特定的作息時間表，重視幼兒體能及遊戲。這種教學法受到極大的推崇，可惜的是由於經營上及財務上的困難，這種以編織為名的幼兒學校在歐柏林死後不久即消聲匿跡，而他所倡導的教學技巧也未能在法國當地傳揚開來，不過這種編織學校卻成為日後幼兒學校的一種範本（Deasey, 1978）。

三、福祿貝爾與幼兒教育

　　德國在普魯士政府時期（Prussian government）對幼兒教育貢獻最大的首推福祿貝爾（Froebel, 1782-1852），他除了對幼兒發展有自己獨特的意見外，也同時發展出一套幼兒教育理論。他的教育思想深受盧梭及裴斯塔洛齊（Pestalozzi）的影響，崇尚自然與實物教學，主張「教學即生活」，唯有學校及家庭生活達成一致方能達到教育的功效。這種重視生活教育的主張和後來杜威（Dewey, 1958）主張「做中學」（learning by doing）的教育理念相似。

　　福祿貝爾於 1837 年在德國的布雷克堡（Blankenburg）成立第一所幼兒園，直至 1852 年過世，在德國及瑞典共有二十多家幼兒園成立（Blackstone, 1971）。福祿貝爾雖極力推廣他的幼教理念，但後來由於他的教育主張被誤解為是一種社會主義思想的

學說，具有無神論的色彩，因此在德國普魯士政府時代發展上受到了極大的限制。然而福氏的幼教理論及教學主張還是深深影響其他歐美國家。

美國早期的幼兒教育發展深受福祿貝爾的影響。1860 年 Peabody 女士在美國東海岸的波士頓成立了第一所依據福氏教學理念建立的幼兒園。之後，她曾親自前往德國受教於福祿貝爾，回國之後創辦《幼教資訊》這本雜誌，並到全美各處演講，宣揚福氏幼教理念。在 19 世紀末期，全美有超過 25 萬的小孩在公、私立幼兒園就讀，美國就在此時漸漸重視幼兒教育，並將之納編為義務教育的體制中。到了 20 世紀初，全美已有近 200 個城市陸續將幼兒教育納入公立義務教育的體制中（Deasey, 1978）。

福祿貝爾強調感官實物教學，重視兒童的個別需求，他認為幼兒的感官活動絕不是單純由外在刺激所產生，而是一種內在精神需求所致。在福祿貝爾的眼中，幼兒的感官及身體四肢的活動都是內在自我本質自由發展下的一種表徵。換言之，幼兒的任何活動都和知覺有關，具有精神發展的趨向，福氏認為幼兒內在的精神是一種神性的展現，幼兒會透過創造的活動來模仿宇宙造物主的行為，表現神創造的本性（何幽誼譯，1993）。

福祿貝爾認為兒童具有四種本能，第一是「活動的本能」，這是一種創造的本質，也就是經由活動的過程中充滿對生理感官的需求，進而從事創作。第二是「認識的本能」，是一種對知識追求的衝動，揭發宇宙奧秘的本質。第三是「藝術創作的本能」，也就是經由自然界的接觸中欣賞大地、自然之美進而從事藝術的創作，如畫畫、歌唱、舞蹈等。第四種即是「宗教的本能」，是一種追求宗教信仰的一種精神需求的本質（許興仁，

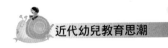

1983）。

　福祿貝爾主張各個階段的教育負有不同的使命，他肯定了幼兒階段教育的重要性，主張經由教育的過程啟發兒童內在的潛能，他認為教育與潛能兩者之間是一種互動的關係。福氏主張兒童們可以經由「遊戲」的過程中統整他們的學習，使其潛能得到充分的發揮，有助於身心發展。福氏雖肯定了遊戲在兒童發展過程中的價值，但卻主張遊戲必須有個導向，因此他設計了適合各種不同年齡兒童使用的「恩物」（gifts），這是經由特殊考量，具有各種不同功能的教具，也是兒童的玩具，內容包括各種不同的球、積木、手工製品⋯⋯等等。福氏恩物的基本原理有三（何蘊誼譯，1993：146）：

　第一，要使孩子了解神的工作，並引發他們如神般的創造力，所以恩物必須順應幼兒的本性，使他們能自由地配合活動使用；第二，爾後萌發的遊戲新芽必須包含於先前的遊戲當中，如此幼兒的活動才能連續性發展而不是間隔式的躍進；第三，能同時鍛鍊幼兒的各種能力。除了認知能力之外，也要能同時訓練幼兒的感情與意志。

　福祿貝爾幼兒園的特色即在於利用「恩物」操作的遊戲課程中，融入各種課業的學習，包括閱讀、數理、科學概念的建立等，同時注重音樂、藝術、工藝及勞動等課程的學習。蒙特梭利的教育哲學理念及她所設計的「蒙特梭利教具」深受福祿貝爾學說的影響。雖然福氏的幼教理念對整個幼教發展有極大的貢獻，他的許多主張及所設計的教具至今還廣受幼教界的歡迎，但其幼教理論傳入美國不久之後，卻流於形式主義，許多幼兒老師採用

了福氏的「恩物」為教具，也參照了他的教學方法，但卻未能洞悉其緣由，無法掌握福氏教育精神，福氏所設計出的「恩物」成為被盲目崇拜的教學工具，他的教育主張及方法也因此被誤解為形式主義，且受到繼之興起的一些心理教育學家如霍爾（Stanley Hall）、杜威及桑戴克的批評（Weber, 1984）。

四、達爾文之後的幼教發展趨勢

　　美國在受到達爾文主義的衝擊之後，幼兒教育的發展有了很大的轉變，很多的教育心理學者開始以一種科學客觀的方法，有系統的研究兒童的發展，並在全美許多大學成立了幼兒教育學系潛心研究幼兒心理，他們依據所蒐集的資料發展出不同的幼教理論，進而設計一系列的幼教課程，同時也開始重視幼兒認知及行為的評量。

　　在這股對幼兒研究新趨勢的轉變中，霍爾是一位頗具代表性的人物，他擁有哈佛大學心理學的教育背景，並前往德國和當時科學界的先進一同鑽研學問，包括當時對美國心理學界具有相當影響力的馮德（Wihelm Wundt）。霍爾批評福祿貝爾及許多幼教先驅對於幼兒的教育主張並沒有理論的依據，只是憑藉自己主觀的看法或侷限於對少數幼兒的觀察而已。霍爾主張我們對幼兒的關心必須建立在許多學理上，必須針對幼兒的各種發展特質進行有系統的實驗觀察研究。換言之，我們必須以科學的方法多方蒐證才能對幼兒教育有所助益。霍爾主張一位優良的教師必須對幼兒發展及心理學有所了解，而任何有關幼兒課程的設計也必須配合幼兒階段性的發展為前提，他批評福祿貝爾的恩物過於強調小

肌肉的練習，顯示出對幼兒生理發展知識的欠缺。依據他對幼兒的研究，他認為幼兒小肌肉的發育是在大肌肉發育之後，因此他反對福氏的恩物使用在太小的兒童身上，較小的幼兒應該以發展大肌肉為優先考量（Weber, 1984）。

霍爾對幼兒研究的倡導深深影響美國幼教的發展，尤其在他最傑出的學生葛賽爾（Arnold Gesell）的推動下，更是對幼兒教育研究有很大的貢獻。葛賽爾本身除了擁有心理學博士的背景之外，同時取得耶魯大學的醫學學位，他於1912年在耶魯大學成立了「耶魯大學兒童發展臨床研究中心」（The Yale Clinic of Child Development），以科學、嚴謹的方法對幼兒的發展進行觀察研究。

葛賽爾和霍爾基本上主張兒童外在行為的表現受控於內在成熟基因的影響，他們認為每個人的潛能從一出生就已定型，外在環境並不會主導一個孩子的發展。葛賽爾反對行為學派所主張的孩子像黏土般可以任由我們去雕塑，他認為凡持有這種態度的人就無法掌握孩童們真正的本質，孩子們有一定的發展軌跡，而年齡的不同即可分辨出其成長階段的差異性（Weber, 1984）。另外，葛賽爾主張經由觀察及測量的方法評估出特定階段時期兒童的不同發展跡象，他設計了一套量表去評量兒童們各種能力的表現，再依據這些資料建立常模（norm），勾畫出一份生長曲線圖，提供父母親及教師們在輔導兒童生理、情性及認知發展時的參考。這種兒童發展常模及生長曲線的建立除了可以歸納出一般兒童在特定年齡的正常發展特質之外，也可增進我們對不同年齡兒童的了解。同時，我們在教育兒童的過程中，可以參考這些常模及生長曲線去考量兒童的成熟度是否有超前或緩慢的現象，並

檢討所設計的課程是否適合兒童不同發展階段的需求。

　　霍爾主張以科學方法從事幼兒發展的研究及葛賽爾所強調的經由評量觀察的結果，加以量化建立常模的方式開啟了幼教發展研究的一個新契機。在這股研究熱潮的推動下，全美在19世紀末及20世紀初陸續成立了許多兒童研究中心，1893年美國教育協會成立幼兒研究部門，而許多州如愛德華州、明尼蘇達州、紐約州等等也起而效尤，在1920年代前後，美國哥倫比亞大學及加州大學也陸續成立類似的兒童研究機構。

　　葛賽爾將兒童行為能力加以標準化的作法也引來不少的非議，很多學者認為葛氏的作法忽略了兒童的個別差異性，而他在建立常模時所用的受試者多半來自耶魯大學學生或教授的孩子，在取樣上的偏差及對外在環境的忽視是種不夠科學的作法。尤其是他既然相信智力先天論，那麼他在建立常模時，更應該考慮到受試者應包含較多的異質性（heterogenious），否則其常模的外在效度，即代表性將會受到很大的限制（Weber, 1984）。

五、進步主義時期的幼教發展

　　19世紀中葉，達爾文（Charles Darwin）提出「物種原始」（origin of species）之後，影響歐、美國家各個學科的發展相當深遠。以心理學為例，在19世紀末20世紀初美國心理學界的發展源自於兩大主流，一為德國的馮德及英國的史賓塞（H. Spencer），他們都深受達爾文進化論的影響。前面所提到的霍爾、葛賽爾等，尤其是美國進步主義時期的代表人物杜威，無一不是受到達爾文思想的啟蒙（Boring, 1950）。

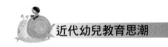

　　美國到了20世紀初期已一躍而臻於世界強國之林，然而由於資本家經濟壟斷的結果，形成社會上貧富懸殊，社會問題滋生，此時杜威的民主、自由、平等思想對當時的美國社會有很大的影響，杜威（Dewey, 1958: 47）指出：

　　生活的方式並非固定不變，如不前進，即係後退，而後退之終點即為死亡。民主既為一生活方式即不能靜止不變。再者，如民主要長期生存，則必須繼續前進以適應當前及將來之變化。

　　杜威倡導民主的論調將美國帶進了進步主義時期的階段，從美國老羅斯福總統（Theodare Roosevelt）的「新民族主義」（New Nationalist）、威爾遜總統所提出的「新自由」（New Freedom）、1932年羅斯福（Franklin Roosevelt）所實施的新政，到杜魯門總統提出的人權法案無一不是循著民主、進步的目標前進（高廣孚，1991）。

　　杜威的教育主張影響層面相當廣，他反對閉門造車的教育方式，強調「教育即生活」，學校本身就是一個小型的民主社會，教育的功能並不只在於智力的增長或知識的獲得，更重要的是要鼓勵學生對人產生興趣，主動關懷人群，他所主張的「做中學」（learning by doing）至今還深植人心。杜威反對傳統教育與生活脫節的型態，他認為教育應該是為生活做好預備工作，知識起源於實際的生活中。我們必須以科學、客觀的方法去追求知識，而從實際的生活中去驗證這種知識的真實性。杜威認為知識是我們賴以生存的工具，利用這些知識我們可以克服外在的環境。

　　杜威被稱為實驗主義大師，他主張理論必須與實際配合，他企圖擺脫傳統理性主義的枷鎖，主張知行合一，人類唯有經由科

學實驗的方法才可擺脫宗教及權威統治，以適應生活的種種挑戰（高廣孚，1991）。杜威不同於瑞士的認知心理學者皮亞傑，及義大利的蒙特梭利，皮亞傑著重於理論的探索，不重視其發展出來的理論在教育上的應用，而蒙特梭利博士則是一位實踐家，較著重於其教育主張的宣揚及在幼教的應用。相較之下，杜威則是一位理論與實際並重，強調學校與社會相互配合的實驗主義者。

杜威的教育思想對幼兒發展有相當大的貢獻，他凝聚了美國兒童心理發展學者及幼兒教育專家兩股分裂已久的力量。杜威的嫡傳弟子 Helen Parkhurst 和 Patty Smith Hill，很成功的將杜威所發展的三大教學指南拓展到各地，這三大教學指南如下。

（一）遊戲的應用

教育應引起孩子的學習興趣，當孩童們對周遭事、物產生興趣時，即是他們開拓自己世界觀的開端。和福祿貝爾不同的是杜威較強調自由遊戲，兒童們從真實的生活中應用自己的想像力及內在的學習動機，經由遊戲的過程將自己帶進一個較高的認知領域，同時從遊戲中學會解決問題的技巧。杜威認為我們提供孩子的遊戲器材應愈接近真實愈好，他認為福祿貝爾的恩物過於人工化。遊戲應該是一種想像力的發揮，而不是單純的模仿，老師不應該主導兒童遊戲，只可提供意見給與兒童們一個探索學習的方向（Biber, 1984）。

（二）專案研習

杜威所提出來的第二種方法稱之為「專案研習」（project method）。這種方法可以讓學生依據自己的興趣和幾位志同道合

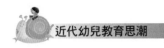

的夥伴找出一個主題共同研究，老師可以依據學生的年齡及能力從旁加以指導。這種方法可以增進孩子們研究的能力，進而獲得真實的知識，同時可以從專案研究的過程中增進社會群性。

（三）契約計畫

老師和學生共同擬定一個學習計畫，老師依據學生的能力，尊重學生的興趣，共同規劃出學習的課程內容及進度表。這份契約計畫（contract plan）的完成必須依賴學生與老師之間良好合作關係的建立，老師隨時提供必要的諮詢幫助學生履行契約（Morrish, 1967）。

杜威所提出的這三大教學指南廣泛的被應用在各個階段的課程學習，包括從幼兒教育至大學研究所的教育階段。杜威主張教育是兒童個人經驗的重新組織，生活需要教育，教育也少不了生活經驗。他的教育主張影響了幼兒課程的規劃，而他教育民主化及教育機會均等的主張也為日後「貧窮之戰」時期的幼兒教育奠下基礎（徐宗林，1975）。

六、貧窮之戰時期的幼教發展

美國在進步主義時期的幼教發展深受霍爾、葛賽爾重視科學實證研究及杜威的「做中學」及民主教育思想的影響。在這時期，歐陸方面有兩大對幼兒發展極有貢獻的代表人物，一為義大利的蒙特梭利，另一位是瑞士知名學者皮亞傑。蒙特梭利發展出一套教學原理，她的教育主張不只影響了鄰近歐陸國家，同時也傳入中國、日本及印度。皮亞傑專精於幼兒發展的研究，他是認

知心理學派的創始人，被稱之為研究兒童認知發展的泰斗，他有系統的針對兒童各種心智發展，包括語言、數學邏輯、空間概念、道德觀等等進行研究。他對近代幼兒發展的影響甚鉅，其影響的層面除了心理及教育學界之外，還包括其他如社會學、生物學、物理學等。

蒙特梭利及皮亞傑在 20 世紀初，雖在歐陸國家甚至東方亞洲國家普遍受到認同，但當這兩大幼教主流被介紹到美國時卻遭遇阻力。蒙特梭利教學法雖在 20 世紀初曾曇花一現似的在美國掀起一股熱潮，卻在經過 Kilpatrick（1914）教授的一番批評之後，急速的在美國沉寂下來好一段時間。同樣的，皮亞傑的理論在 1950 年代以前也不易被美國教育心理學界所接受，主要原因在於皮亞傑的研究方法受到質疑。美國當時正是實證主義，講究科學研究方法及測驗主義盛行之際，皮亞傑理論在這種情勢下不易有所發展。

二次大戰後，全球幼教的發展已由往日的點、線發展演變為一種全面性的發展，主要原因在於二次大戰時許多男性加入戰場，家庭重任頓時落在婦女的身上，並且戰後的許多社會重建工作也需要婦女共同分擔，因此幼教機構也就在這種情況下迅速的發展起來。美國為確保幼教師資專業化及提高教學品質，於 1954 年成立「全國師資培育機構評審會」，負責師資培育的工作，而美國各州政府也對於幼兒教育機構的設立、衛生、設備、師資、營養、安全等有嚴格的規定，以保障幼兒之福利。

英國為配合國情需要，也於 1944 年將幼兒教育納入義務教育。戰後的日本一反戰前幼教課程著重國家民族意識灌輸的作法，而以幼兒發展為重點，1956 年所頒布的「幼稚教育要領」

內容以健康、社會、自然、語言、音樂與韻律、繪畫及製作等六大領域為主，強調充實幼兒的生活經驗（王靜珠，1992）。二次大戰後，美國是世界經濟強權國家，然而到了1960年代出現了許多不滿社會現實的運動，包括女性主義運動、學生反越戰運動，以及黑人的人權運動等等。美國政治菁英認為這些社會運動的產生，其中一個重要的原因在於貧富差距或是貧窮問題所導致，在此情況下，美國當時的詹森（Lyndon Johnson）總統於是發起了「反貧窮之戰」。在1964年的一份報告中指出，美國近三千萬的貧民裡，有一半的人數是兒童，而在這些貧窮的家庭裡，有極高比率的家庭中有一位成員只接受過一年的學校教育（Johnson, 1965）。詹森政府認為教育是解決貧窮及抑制社會問題的根本之計，他發起了「提前就學方案」（The Project of Head Start），由聯邦政府補助低收入戶的子女提早就學，讓四、五歲貧窮家庭的子女能提早入學，以增進他們學習認知的能力。

1965年所提出來的「提前就學方案」是針對學齡前兒童所發起的一項全國性幼教推廣計畫，類似這種方案的還有1967年成立的「續接方案」（The Project of Follow Through），主要目的是針對低收入戶子女進入小學之後的課業及生活輔導計畫，及針對小學及中學階段低收入戶子女進行輔助的「第一章計畫」（Title 1/Charpter 1 programs）。美國在1960年代的「反貧窮之戰」時期所發起一連串輔助幼教的方案，雖是針對低收入戶的子女為主，但卻帶動美國幼兒教育的發展。這些教育方案的順利推行雖受益於當時的社會、經濟及政治背景，但其中還有一些因素是不容忽視的。我們都知道1960年代行為主義學派（Behavorism）盛行之際，人們漸漸相信外在學習環境對一個人認知發展

具有相當大的影響力。教育界許多人士成功的應用外在豐富的學習環境，增進學習障礙兒童的認知學習能力（Gray & Klaus, 1965）。同時，布魯姆（Bloom, 1964）也在其「智力發展關鍵期」的主張中強調，五歲以前是兒童智力發展的重要時期，他肯定了幼兒教育的重要性。美國學者Hunt認為兒童成長的環境及母親或看護者早年提供孩子的學習環境，對日後孩子情性發展及智力的增長具有舉足輕重的地位（Hunt, 1961）。

由於美國「反貧窮之戰」時期對於幼兒教育的重視，除了再次點燃教育心理學界對兒童發展研究的熱情之外，同時也能以較開放的態度接受各家不同的學說。人本心理學的開放教育，皮亞傑的兒童認知心理學派及蒙特梭利的幼教主張都於1960年代以後在美國的幼教界大放異彩。由美國聯邦政府所主導的「提前就學方案」等計畫實施至今已將有相當的歷史，雖然它們所獲得的成效與實際投資下去的心血及財力有一段距離，也招來不少的批評，但不可否認的這些教育方案的推廣除了具有時代意義之外，也確實對低收入戶子女的生理、情性、認知及肢體感官的發展上有極大的幫助（Clark-Stewart & Fein, 1983）。

美國雖然仍是世紀的強權國家，但自1980年以後經濟逐漸衰退，由於社會福利及國防預算的開支已使美國成為最大債務國。然而，美國政府一向不吝於對教育的投資，根據統計資料顯示，1989年美國政府與民間團體共投資了3,500億美元以上的教育經費，就每位學生平均分配的金額而言，美國超過了日、法、德等國，在這大筆的教育經費中有四成是投資在高等教育，這也是美國目前教育上一大隱憂。很多人相信美國的教育已演變成類似共產國家的「重點學校」培植專才的作法，犧牲了大部分的學

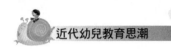

生。雖然1980年的人口普查指出美國人識字率近百分之百，但同時卻也有很多研究報告指出美國人文盲充斥、一般學生基本常識欠缺等等（顧淑馨，1993）。

美國雖然對於補助低收入戶子女學前教育問題投下不少的心力，但卻仍然無法挽救日益嚴重的社會問題。1986年的人口普查報告中指出，幾乎每四位兒童中就有一個是來自單親家庭，比1960年代多了2.3倍，同時在美國貧窮人口的調查中顯示，五位裡面就有一位是兒童（Zigler & Styfco, 1993）。由於上述的種種情勢導致美國教育界重新檢討其既存的一些教育政策，有些教育學者甚至認為美國應採行中央集權的方式，由政府統一規劃教學內容，增進智育的學習及常識的認知。持反對意見者則認為這是一種開倒車的作法，而主張教育應考慮孩子的個別差異性及各種潛能的啟發。

七、1970年代以後的幼教發展趨勢

美國在1970年代已成為世界各種科技研究發展的重要國家，在幼兒發展研究的領域裡，除了廣泛吸取世界各國幼兒發展研究的成果之外，美國對幼兒發展研究的成果及教育主張也直接影響到世界各個國家。1970年代的美國由於深受行為主義學派及布魯姆幼兒智力發展學說的影響，相信愈早給與小孩子外在的學習刺激，愈能增進孩子的學習認知能力，因此主張「早期介入」（early intervention）的學習模式廣受歡迎。前一節所討論的「提前就學方案」及「續接方案」等就是一種早期介入的例子，提早讓孩子入學，以提升兒童的學習能力。

　　1970 年代末 1980 年代初，美國非常重視所謂的「適性教育」（education of appropriateness），開始檢討早期介入教學模式應考量兒童發展上的適切性，同時主張要提供兒童高品質的教學內容，必須以「適性教育」為教學的導向。適性教育主要考量的有兩大方向，第一是指年齡上的適切性，也就是發展階段的適切性，每個孩子在生理、情性、社會及認知各方面都循著一定的軌跡發展，兒童會有各種能力發展上的敏感期，任何教育內容都應考慮兒童年齡的適切性。第二種指兒童的個別差異性，每個孩子都有不同的人格特質、成長速度及學習方式等等。這種尊重兒童個別差異性的學習方式深受人本心理學派的影響，人本心理學者主張在尊重孩子個別差異性的前提下啟發兒童各種學習潛能。

　　適性課程的設計主要是針對不同年齡的兒童考慮他們不同的需求、興趣及發展階段的特質，提供他們在生理、情性、社會及認知上的各種學習（Almy, 1975; Elkind, 1986; Spodek, 1985）。適性教育所堅持的是一種人本開放教育的精神，重視學習的過程，從日常生活中統整孩子的學習經驗。當然老師必須有敏銳的觀察力去分辨出兒童之間的差異及發展上不同的需求及興趣，例如：幼兒的符號系統及抽象概念還未發展成熟，因此在教學上應強調實物教學，在材料的準備上及活動的設計上應以真實、具體為前提。為了滿足各種不同發展階段的兒童在學習上的需要及考慮兒童們不同的學習興趣，適性教育的內容必須多元化，而老師們必須提供不同的教材以因應兒童不同的需求。一般說來，適性課程的規劃較富彈性，重視兒童遊戲及戲劇創作，常用的教材包括沙包、黏土、水、積木等等。他們反對六歲以前的幼兒使用習作簿、著色簿或範本之類的教材，以免抹煞兒童的創造力（Biber,

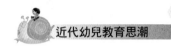

1984; Smith, 1985）。

　　儘管「適性教育」在 1980 年代的美國非常受到重視，但無可否認的，在美國仍存在有一些公立幼兒園採用傳統結構性、以課業教授為主的學習方式。美國學者指出，傳統的單向教學及依賴習作簿的教學方式，侷限了兒童的學習領域，無法統整孩子的學習經驗，且對老師在專業上的成長也有限（Bredekamp & Copple, 1997）。然而，傳統教學仍普遍存在臺灣幼教界，尤其是鄉鎮地區，主要的原因在於合格幼教師資的欠缺，且對幼教師並沒有一個專業認證制度。以美國為例，他們對幼教師資格的檢定較臺灣嚴格，除了要接受與幼教相關的專業課程訓練之外，有很多幼教師具備有碩士學位，且合格教師的證照必須定期更換（盧美貴，1988）。這種種的措施無非是要提高幼教師資，然而和臺灣一樣，這些幼教師資的各種資格檢定只侷限於一般的公立幼兒園，而公立幼兒園的教師不論在福利、薪水及教學時數上都較有保障，也因此造成教師在新陳代謝上的滯怠。

　　雖然「適性教育」和其他的教育模式一樣，在推廣上遇到阻力，然而，以適性教育為導向的人本開放教育及重視完整學習的全人教育，已成為 1990 年代以來幼兒教育發展的新趨勢。

八、展望 21 世紀幼教發展的新趨勢

　　在 21 世紀的今天，我們發現由於科技昌明、資訊發達及交通的便利，國際社會之間已突破以往時空的限制，而形成所謂的「地球村」，各國在學術交流上也比以往更頻繁。在幼教界日益受到矚目的「方案課程」、「主題教學」與「完整學習」逐漸受

到青睞，主要因素在於順應新世紀多元社會結構的變遷及滿足不同的需求。尤其是近十年來主題教學（thematic teaching）在世界各地開花結果，成為幼教課程的主流，國內幼教界為順應潮流也爭相以主題教學為課程規劃的主軸，以下針對「方案課程」、「主題教學」及「完整學習」的內容加以探討。

（一）方案課程與主題教學

　　方案課程（The project approach）的主要進行方式是由一群三、五個兒童針對一個與生活相關特定的主題，採取分工合作的方式共同深入探討，它和一般兒童遊戲課程不同的地方在於，必須加以規劃且經由不同活動耗費較長的時間才能完成。方案課程可以是以「個人」或以「班」為單位共同完成，但一般說來，幼兒園階段的幼兒以小組方式進行成效較好。

　　方案課程其實就是一種主題教學（thematic teaching），兩者之間並沒有需要加以區分的必要。國內學者陳淑琴教授指出，雖然許多學者會對這兩種教學模式賦予不同的意涵及詮釋，然從它們的實施方式及基本精神可以發現將它們屬於同一種教學模式。方案教學與主題課程可以說是相輔相成，幼兒在方案課程中，會針對特定主題進行探索方式（陳淑琴等，2007）。

　　在「方案課程」中老師的主要工作在於鼓勵兒童去接觸不同的人、事、物及對周遭的環境產生興趣，進而從兒童們熟悉的世界中找出研究的主題加以探討，使其更具有意義。「方案課程」嚴格說起來並不是一種新的教育理念，它導源於杜威的教育思想，強調「教育即生活」，杜威提出來三大教育指南之一的「專案研習」（project method），其中的教育宗旨及方法和「方案課

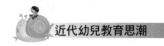

程」的內容一致。這種教學方式也曾在1920年代在英國盛行一時，而後於1970年代在英國再次受到歡迎。美國於1970年代的「開放教育」，其基本主張及信念也與「方案課程」相近，強調尊重孩子的興趣，從生活經驗中學習及主張參與的精神等等，這些主張都深受進步主義時代杜威和他的學生Kilpatrick的影響（Greenberg, 1987）。

「方案課程」希望經由學生自由選題中，培養其專注、深入探討的研究精神，從他們的專題研究及生活經驗中增進認知能力。「方案課程」的支持者認為適性的課程內容應以幼兒可以了解的認知為主，他們相信一般學校的老師雖強化兒童課程知識的吸收，但卻低估兒童多元能力的啟發。「方案課程」雖然日漸受到重視，但卻只能充實幼兒園課程的教學內容，不能完全取代所有的教學。傳統結構性的教學法及重視幼兒遊戲的教學法各有利弊，如果幼教界能融入「方案課程」於現有的課程裡，可以增加兒童的學習興趣，使學校與生活合而為一，增進兒童社會群性及對團體的歸屬感（Katz & Chard, 1991）。

「方案課程」之所以再次受到歡迎主要的原因在於，「方案課程」有助於兒童認知、問題解決能力及情性的發展，且沒有任何證據顯示「方案課程」不利於兒童課業的學習。雖然如此，「方案課程」的推廣目的在於平衡既存的幼教課程，仍有許多學者並不主張完全取代或推翻現行的教學方式，因而較易被一般幼教界所接受（Katz & Chard, 1991）。

（二）完整學習

完整學習是世界各個國家幼兒教育發展的主要目標，目的在

於啟發幼兒各種潛能，健全人格發展，以達成「全人教育」的教育宗旨。完整學習主張教育不應偏頗於特定學科的學習，強調德、智、體、群、美五育的均衡發展。美國學者迦納（Gardner, 1983, 2000）所提出的「多元智能理論」試圖打破傳統以學科為主的狹隘智力觀，他主張智力至少應包括語文、數學邏輯、空間概念、音樂、身體運動、自我解析、人際及自然觀察者智力等八大面向的能力。教育的功能在於啟發這八大面向的學習潛能，也就是一種「完整學習」的教育型態。迦納的「多元智能理論」實為完整學習之根基，它提供了我們未來在規劃幼兒課程及學習內容上一個可依循的方向。

九、結語

　　幼兒教育的發展在過去幾世紀以來有了明顯的轉變，從早期將兒童視為「成人的縮影」，沒有獨立人格存在的階段，到今日以「兒童為本位」，尊重兒童個別差異性及獨立自主性的幼兒教育來看，幼兒發展的確向前跨進一大步，而幼兒發展研究也成為獨立的一個科學研究領域，吸引無數的學習及教育界人士的關注及研究興趣。

　　縱觀古今，我們可以發現較受肯定的幼教先驅，他們之間雖然各有不同的教育主張，但基本上他們都崇尚自然與實物教學，認為教育不能與生活脫節，主張尊重兒童個別差異性及各種學習潛能的啟發。這些論點在未來的幼教界仍會受到重視。隨著社會多元化的變遷及幼兒地位的提升，幼兒發展研究將邁向更專業的研究領域，主張各種能力均衡發展的「完整學習」將會是未來幼

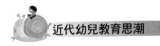

兒教育發展的趨勢。

　　福祿貝爾「恩物」、蒙特梭利的「蒙特梭利教具」到目前仍是幼教界廣為使用的教具，它們是很好的教學資源，但卻不能是教學唯一的資源。要滿足現今社會兒童旺盛的求知慾，幼教老師必須靈活的應用不同的教學策略及課程模式，如「創造力教學」及「方案課程」，本著人本開放及適性教育的精神，落實「完整學習」的目標，以達到全人教育的理想境界。

參考文獻

中文部分

王靜珠（1992）。**幼稚園行政**。臺北市：五南。

何�誼（譯）（1993）。**福祿貝爾：生涯與思想**。臺北市：及幼。

林玉体（1990）。**一方活水**。臺北市：信誼。

徐宗林（1975）。**西洋教育思想史**。臺北市：文景。

高廣孚（1991）。**杜威教育思想**。臺北市：水牛。

許興仁（1983）。**新幼兒教育入門**。臺南市：人光。

陳淑琴、謝明昆、薛婷芳、林佳慧、謝瑩慧、魏美惠（2007）。**幼教課程與教學：理論與實務**。臺北市：華都文化。

盧美貴（1988）。**幼兒教育概論**。臺北市：五南。

顧淑馨（譯）（1993）。**創世紀**。臺北市：天下文化出版。

英文部分

Almy, M. C. (1975). *The early childhood educator at work.* New York, NY: McGraw-Hill.

Biber, B. (1984). *Early education and psychological development.* New Haven, CT: Yale University Press.

Blackstone, T. (1971). *A fair start: The provision of preschool education.* Cambridge, UK: W. H. Heffer & Sons.

Bloom, B. S. (1964). *Stability and change in human characteristics.* New York, NY: John Wiley & Sons.

Boring, E. G. (1950). The influence of evolutionary theory upon American psychological thought. In S. Persons (Ed.), *Evolutionary thought in American*. New Haven, CT: Yale University Press.

Bredekamp, S., & Copple, C. (1997). *Developmentally appropriate practice in early childhood programs serving children from birth therough age eight* (Exp. ed.). Washington, DC: National Association for the Education of Young Children.

Clark-Stewart, K. A., & Fein, G. G. (1983). Early childhood programs. In P. H. Mussen, M. M. Haith, & J. J. Gampos (Eds.), *Handbook of child psychology (4th ed.)(Vol. III): Infancy and development psychology* (pp. 917-999). New York, NY: John Wiley & Sons.

Cleverley, J., & Phillips, D. C. (1986). *Visions of childhood: Influential models from locks to spock*. New York, NY: Teachers Collage Press.

Deasey, D. (1978). *Education under six*. New York, NY: St. Martin's Press.

Dewey, J. (1958). *Philosophy of education*. Iowa: Little-field, Adams and Co.

Elkind, D. (1986). Formal education and early childbood education: An essential difference. *Phi Delta Kappan, 67*, 631-636.

Gardner, H. (1983). *Frame of mind: The theory of multiple intelligences*. New York, NY: Basic Books.

Gardner, H. (2000). *Intelligence reframed: Multiple intelligence for the 21st century*. New York, NY: Big Apple Tuttle-Mori Agency.

Gray, S., & Klaus, R. (1965). An experimental preschool program for culturally deprived children. *Child Developement, 36*, 887-898.

Greenberg, P. (1987). Lucy Sprague Mitchell: A major missing link between early childbood education in the 1980s and progressive education in the 1890s-1930s. *Young Children, 42*, 70-84.

Hunt, J. M. (1961). *Intelligence and experience.* New York, NY: Ronald Press.

Johnson, L. B. (1965). The economic report of the president, January 20, 1964. *Public Capers of the Presidents of the United States*, 164-165.

Katz, L. G., & Chard, S. C. (1991). *Engaging children's minds: The project approach.* NJ: Ablex.

Kilpatrick, W. E. (1914). *The Montessori system examined.* Boston, MA: Houghton-Mifflin.

Morrish, I. (1967). *Disciplines of education.* London, UK: George Allen & Unwin.

Sadler, J. E. (Ed.). (1969). *Comenius.* London, UK: Collier-Macmillan.

Smith, F. (1985). *Reading without nonsense* (2nd ed.). New York, NY: Teachers Collage Press.

Spodek, B. (1985). *Teaching in the early years* (3rd ed.). Englewood Cliffs, NJ: Prentice-Hall.

Weber, E. (1984). *Ideas influencing early childhood education: A theoretical analysis.* New York, NY: Teachers College Press.

Zigler, E., & Styfco, S. J. (1993). *Head start and beyond.* New Haven, CT: Yale University Press.

4 人本開放教育及幼兒教育發展

一、前言

　　人類在經過工業革命的洗禮之後，社會結構起了相當大的變化，我們走出了以往以農業為主的封建社會，尤其在二次大戰以後，人類的科技文明更向前邁進一步，高度的科技文明除了改變了我們的生活方式及提供豐裕的物質環境之外，卻也同時帶來了許多的社會隱憂。人類高度物化的結果，使得人與人之間呈現極度的冷漠及疏離感。在教育方面，由於過分注重學習成果及智育的表現，導致教育流於形式主義，無法發揮教育上啟迪人性及增進學習潛能的最大功能，同時貶抑了個人存在價值。1960年代以喚醒人性尊嚴，強調以人為本的人本主義理念也就在這種情況下受到廣大的注意與認同。

　　人本主義重視自由、人性化、民主開放的精神及強調個人存在價值。這些主張重新點燃人類的新希望，在社會上，尤其是教育界注入一股清流。受到人本主義的影響而興起的教育改革方式以英國尼爾（A. S. Neill）創立的夏山學校、日本的緒川學校、國內的森林小學及毛毛蟲學校為代表，這些學校所實施的即是依循

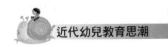
人本精神為主的開放教育。人本主義所影響的層面相當廣，以馬斯洛（A. H. Maslow）及羅傑斯（C. Rogers）為代表的人本心理學派，即是以強調人性，重視自我實現及健全人格心理發展的一個研究主流。由於人本心理學派在國內、外受到極大的肯定，它的影響所及幾乎涵蓋了社會的各個層面，尤其在教育界上激起了我們對於傳統教育的省思及批判。

歐、美一些較先進的國家在受到人本心理學的影響之後，掀起了一股「反智運動」，反對過去偏重知識傳授的教育內容，取而代之的則是強調啟發各項學習潛能的「完整學習」，重視情感表達及人格發展的「情意教學」，強調個別差異性的「適性教學」等。這些都是近幾年來幼兒教育內容的學習主流，因此，人本教育的主張可以說已深深影響幼兒教育的發展及走向。

本章的主旨在於介紹人本教育的主張，剖析其教育目標，並藉由開放教育及尼爾夏山學校的理念中更進一步了解人本開放教育的精神。同時本章將探討其對幼教發展之影響及具體貢獻；最後將探討人本開放教育對我國教育的啟示，其適切性及可行性等。

二、人本開放教育的基本主張及信念

人本主義顧名思義是一種以「人」為主體的學說。我們可以從中國幾千年歷史演變的過程中發現，中國人向來是強調團體的利益重於個人的尊嚴，所謂的犧牲小我、完成大我就是這個意思。在帝制時代，中國人臣服於帝王的權威，在高壓統治之下，我們喪失了反省思考及批判的能力。當我們淪為列強的次殖民地

而成為次等國民時，似乎又顯現出強烈的被奴隸性民族性格，漸而喪失追求個體尊嚴的渴望與能力。

歐、美國家雖然民主的起步較早，但在中古世紀的歐洲國家社會上也明顯的出現階級不平等的現象，社會上財富分配的不平均，加上宗教及封建貴族的統治，一般百姓的生命得不到保障。在這種情況下人們極少去思考到個人的存在價值。西歐的工業革命對傳統的封建社會造成很大的衝擊，而人本主義思潮更讓我們重新檢討個人的存在價值及應享有的尊嚴。人本主義是對傳統權威的一種反動思想。由人本主義所應衍而出的人本開放教育則是針對傳統教育束縛人性，過分重視智育及權威的教學方式所提出來的一種檢討，它的基本主張及信念說明如下。

（一）培養積極進取，主動學習的教育精神

人本主義有一大信念，那就是人類的本質有自我成長、自我提升，追求更完美生活境界的一種本能。而這種本能在傳統教育下常被壓抑。在傳統的教育裡重視老師的權威，孩子們學習的內容完全操縱在老師的手裡，由於採單向灌輸式的教學方式，學生極少有機會表達個人的意見，學生喪失了主動追求學問的動機，只是被動的吸收知識。

人本開放教育主張教育應本著開放民主的觀念，採啟發式或雙向溝通的教學方式，重視形成式的評量（formative evaluation），藉由這些評量去了解學生的學習狀態，以為老師教學上的指標。形成式的評量不同於一般的成就測驗，它對教育及教學的品質有提升的作用。除此之外，開放教育同時強調學習上的自由，可以依自己的興趣選擇喜歡的學習內容，而不是強迫學習，

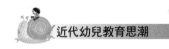

學生一旦有了學習上的自由，則會產生極大的興趣，那麼在這種開放教育制度下就較容易培養出積極進取、主動學習的教育精神了（林朝鳳，1988）。

（二）尊重學生的個別差異及重視各種潛能的啟發

人本主義既然是以「人」為中心，對於人性尊嚴及個人存在價值非常重視，同樣的對於存在每個個體之間的差異性也就特別的尊重。值得一提的是絕大部分研究人類行為的各派學說都較強調人類共通性的研究，雖然人本心理學派也不例外，但他們與其他學派不同的是，他們同時也非常重視個體獨特性的研究，充分表現出他們對生命個體的尊重（林朝鳳，1988）。

人本開放教育主張教育課程的設計和教學內容都應考慮到學生本身的個別差異性。以國內為例，從國小至高中這些階段都以智識化的課程為中心，上課內容及作息缺乏彈性，教學完全以知識灌輸為主。聯考制度雖然美其名是公平競爭，人人受教育的機會均等，但如果我們從人類所賦有的各種潛能這個角度去剖析則會發現，臺灣教育完全以智育為主的作法，尤其是聯考制度，充其量只能算得上是一種「假性的平等」。每個學子不分貧賤富貴都有受教育參加聯考的機會，事實上，在人類被證實擁有的學習潛能當中，課業上的學習智能只不過是其中的一項而已，很多學生具有其他面向的智力潛能，例如音樂、運動、擴散式思考等都得不到發展的空間。

由於臺灣的教育以「成果教學」為導向，重視學習的成果，不重視學習的過程，學生為了應付考試，老師為了趕上進度，老師無法兼顧每個學生的學習狀況，造成了惡補風氣的盛行。在臺

灣現行的教育體制下著重團體教學，這種教學方式固然有其背後
不利的主觀因素，如班級人數過多（尤其是私立中學）、教學設
備的不足、師資培育的困難……等等，但人本開放教育所主張的
尊重學生個別差異性、重視學生各種不同學習潛能的啟發，值得
我們省思。

（三）以「自我」為發展的中心，成就「完整人」之目標

　　人本心理學者認為人的一切行為受控於自我的知覺及過去的
一些經驗，因此教育的功能應健全自我的發展。他們相信要使我
們成為一個「完整人」必須以「自我」為發展的中心，也就是個
體從經驗中去達成自我肯定，追求自我實現的目標。值得一提的
是，馬斯洛雖然認為人類唯有經由自我實現的過程中才能成就人
格，但他同時相信自我實現者也未必是一位完美無缺的完人
（Maslow, 1970）。

　　人本開放教育主張教育的功能在使每個個體成為更完整之
人，意即發揮人性良善的一面，啟發各種學習潛能，從人類基本
需求的滿足中健全人格的發展。以上這些都是傳統教育功能所忽
略的。人本心理學家相信當我們給「自我」充分的發展空間，就
能培養出健全的自我，而每個健全的自我就能匯集成為一股巨
流，成為社會的中流砥柱。

　　人本開放教育以「自我」為發展中心的論點與我國教育界重
視學生團結及群性的培養在過程及先後秩序上有點出入。歐、美
國家個人主義色彩較為濃厚，他們主張「個性」的健全發展是
「群性」發展的基礎，因此個性的發展應在群性發展之前，而我
國向來主張壓抑個性的發展，重視群性的培養。我們可以從歷史

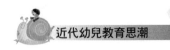

的見證中發現中國人並不比外國人團結，甚至引來「中國人是一盤散沙」的批評。我們可以從人本心理學的觀點去剖析發現，當我們一味的強化群性的培養，卻不重視學生個別的感受，很容易造成不快樂、叛逆的下一代，更遑論成就完整人之目標。

（四）以愛、自由、尊重等民主開放的態度為教育的宗旨

　　人本開放教育的精髓在於本著一股對人類關愛的熱誠，藉由教育功能加強情意教學，喚起人性良善的一面，發揮人性光芒，增進人與人之間互相尊重，關懷的胸襟，促進社會的和諧。換言之，也就是藉由「感性」的薰陶製造一個更理性的社會，同時提升我們的生活品質。一般人會有一種錯覺，總認為感性及理性是相對的關係，事實上我們必須了解感性不等於不理性，而理性也就不等於感性；理性與感性是可以同時並存的。一個理性的社會裡，常常會是由許許多多充滿感性的分子所組成。

　　人類如果能本著對生命的尊重，關愛每一個生命的個體，那麼社會就不會充滿暴戾之氣，如果我們以民主開放的態度教育學生，尊重他們、給與充分的自由，那麼很自然的我們較易培養出懂得尊重別人、不妨礙他人自由的國民，進而建立一個和諧的社會。傳統重視權威並以體罰為手段的教育方式，雖然表面上學生會屈服於權威，但此種教育方式較易養成表裡不一、阿諛奉承的學生，很多當今社會所出現的弊病及官僚作風都是起源於不當的施教方式及教師錯誤的示範而來。人本開放教育主張重視學生內在學習動機及情性的薰陶，以愛、自由、尊重等民主開放的態度為教育的宗旨，試圖為教育界點亮一盞明燈，並順應21世紀人類的共同需求。

三、遊戲課程在開放教育下的意義

隨著人本開放教育思潮的興起，倡導遊戲中學習的開放教育成為臺灣幼教界的主流，雖然無可否認臺灣鄉鎮地區的幼教生態仍以傳統教學為導向，但「遊戲中學習」的理念已漸漸為都會地區的家長所接受，遊戲課程成為開放教育下相當重要的幼兒學習經驗。

到底遊戲課程在開放教育裡具有哪些意義？開放教育主張孩子具有多種學習潛能，教育的意義在於啟發孩子的學習興趣，人本開放教育反對傳統教育以成果教學為導向，過於智識化且以紙筆測驗為主的教學方式，尤其是傳統教學缺少變化及一成不變的教學方式容易抹滅孩子的學習興趣。開放教育主張教育應配合孩子發展上的需求，這種主張與重視幼兒發展階段的皮亞傑的認知發展理論相互呼應。皮亞傑主張幼兒必須從與環境的互動中獲得知識，他認為從老師或書本中是無法建構孩子的知識，也無法增進孩子的智能，於是「遊戲中學習」成了開放幼教中幼兒學習經驗的重點。這種主張受到中外許多幼教學者專家的認同。

遊戲是兒童時期不可或缺的一種生活經驗。雖然有學者認為遊戲是學習和發展過程中一個瑣碎、無足輕重的行為現象（Montessori, 1973）；但卻也有學者主張遊戲有助於兒童在各種認知領域上的發展與學習，例如：布魯納（Bruner, 1972）主張遊戲可以增進幼兒解決問題的能力；維高斯基（Vygotsky, 1986）認為遊戲創造出「近側發展區」來幫助兒童在語言和思考上有更高層次的發展。事實上在孩子的遊戲行為中，我們可以看到孩子多

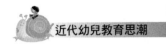

元能力的發展，遊戲有助於個體在社會中自我概念的成長；遊戲是一種主動積極的活動，孩子能夠從遊戲過程中增長各種能力，養成主動探索的學習態度。

維高斯基認為遊戲是孩子最喜歡從事的活動，學齡前的孩子總會在遊戲過程中顯現出一股自由與自動自發的愉悅神情，在遊戲中我們可以看到孩子專注的學習態度（Laura, 1994）。在幼兒的遊戲世界裡，總是充滿著樂趣與想像，遊戲與幼兒的生活密不可分。福祿貝爾認為遊戲是孩子的一種本能，是人類最純粹、最極致的精神活動，孩子可以從遊戲中得到歡樂、自由與滿足（引自曾錦煌譯，1982）。遊戲是開放教育的精髓，我們可以從不同的角度去剖析遊戲主要的功用，說明如下。

（一）心理分析學派

心理分析學派創始者佛洛依德認為，遊戲在幼兒情緒發展過程中扮演著重要角色，遊戲不僅提供給兒童一個達成願望的機會，同時提供兒童克服創傷事件的一個方法。佛氏認為遊戲的基本價值在於它能降低幼兒的焦慮，從遊戲的過程中可以滿足兒童生物性與社會性層面的需求，它除了是幼兒情性發展中個體焦慮的出口，同時也提供機會讓「自我」（ego）發展得到滿足（引自郭靜晃譯，2000）。

艾瑞克森認為，遊戲能幫助孩子建立自我的功能，因為在遊戲的同時，兒童有了肢體運動及社交技巧的充分發展。遊戲行為能幫助於孩子提升自我形象，他們在遊戲中可以抒發情感，表達情緒，探索物理世界的奇妙，發現與人相處的樂趣，從中增長自己正向的情性特質，進而提升社會智能。

（二）認知心理學派

　　以皮亞傑為首的認知心理學派肯定了遊戲在幼兒認知發展過程中的價值，他們認為遊戲可以幫助幼兒心智的發展。皮亞傑曾對幼兒遊戲行為進行探討，他發現幼兒遊戲的層次與認知發展是相互配合的，從遊戲行為中可以反映出幼兒認知發展層次。他認為遊戲行為常會製造出一種不平衡的狀態，讓認知產生衝突，而這種「不平衡」與「認知衝突」是幼兒學習動力的來源，幼兒可以從遊戲中促進其認知發展（Piaget, 1952）。

　　維高斯基相信遊戲在孩子認知發過程中扮演了積極的角色，他認為發展是從社會層面開始，再內化到個人，且認為幼兒的學習是由社會情境中與他人互動的遊戲行為中產生（引自羅採妹，1997）。布魯納認為在遊戲行為中，最重要的在於過程中遊戲方法與策略的運用，至於遊戲的目的與結果並不是那麼的重要。當孩子在玩遊戲時，他們不用擔心目標的達成與否，因此他們可以嘗試許多新的、不尋常的作法，除了增長自己解決問題的能力之外，也讓自己的思考能力更富彈性（Bruner, 1972；引自簡楚瑛，1993）。此外，孩子可以隨著年齡的增長從事不一樣的遊戲行為，從中建構自己的思維，在不斷嘗試的遊戲過程中修正自己的錯誤，尋求更多的挑戰。

　　開放教育主張以「幼兒為本位」，尊重幼兒的個別差異及其學習上的興趣。目前臺灣幼教課程模式中不論是「主題課程」、「單元教學」或是「大角落學習區」的規劃等等，都是以幼兒遊戲為主軸進而統整幼兒六大領域的學習活動。現今園所教室內的角落、學習區即是開放教育理念下的學習情境布置，教學活動也

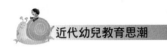

傾向於老師與幼兒共同討論，幼兒可以依據自己學習上的興趣，選擇不同的學習角或從事不同的主題活動。開放教育給與幼兒自由探索、自由選擇的機會，讓幼兒在學習中發現自己的興趣，這與遊戲的本質極為相似，遊戲課程符合了開放教育的理念與精神。

四、遊戲的種類

在開放教育的理念下，遊戲的功能受到相當的重視，我們可以從遊戲的種類中更加了解遊戲在幼兒學習經驗中所扮演的重要角色。在國內外對於研究幼兒遊戲的諸多學者中，Parten（1932）試圖從社會性遊戲行為中去加以分類，皮亞傑則從認知發展的層面去對幼兒遊戲種類加以區分。

（一）社會性遊戲

Parten 從幼兒與其他孩子互動的觀點來探討遊戲行為，他依據孩子的年齡及遊戲特質將遊戲分為：

1.無所事事的行為（unoccupied behavior）：這個時期的幼兒看起來似乎沒有在遊戲，他對周圍的事物皆不感興趣；他沒有特定關注的目標，當其他幼兒在遊戲時，他常常只是在一旁閒晃或漫遊，沒有做什麼特定的事情。

2.旁觀的行為（onlooker behavior）：這個階段的幼兒會花大部分的時間來觀看其他小孩子遊戲，他只是個旁觀者，雖然喜歡觀看其他幼兒的遊戲行為，但並未明顯加入遊戲中。

3.單獨遊戲（soiltary play）（兩歲至兩歲半）：這時期的幼

兒總是獨自一人說話或是玩自己的玩具,即使附近有其他幼兒在玩遊戲,他也沒有興趣加入別人的遊戲,也不會或與其他幼兒有太多的互動。他總是獨自一個人玩。

4.平行遊戲(parallel play)(二歲半至三歲半):這個時期的幼兒會與其鄰近的小孩玩性質相同或相似的遊戲,但沒有和他們一起玩時,他也不會影響其他幼兒的遊戲行為,有時彼此間可能有交談,但是對話內容和遊戲本身不相關。

5.聯合遊戲(associative play)(三歲半至四歲半):這個階段的幼兒會與其他小朋友一起玩,彼此的交談與遊戲內容有關,但是成員間無分工合作的情形,當他們和其他兒童一起玩時,彼此會相互借用玩具,但並沒有共同的目標,仍以個人的興趣為導向。

6.合作遊戲(cooperative play)(四歲半以上):這個階段的幼兒已經慢慢建立「規則」概念,他們較會進行團體的遊戲活動,彼此有共同的目標,以分工、協調或競賽的方式來進行遊戲。

Parten對於兒童社會性遊戲發展階段的分類,常被用來界定孩子社會發展的層次。但我們需要小心的是雖然隨著孩子年齡的增長,單獨遊戲的次數會減少,很多人因此會認為「單獨遊戲」是不成熟的表徵;事實上有研究發現許多單獨遊戲其實是具有積極目標導向的行為,我們常看到許多心智發展不錯的孩子有獨自遊戲的傾向,並非是社會性不成熟的行為表現(引自鄭淑俐,2001)。

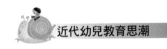

（二）認知性遊戲

　　有多位學者從認知發展的觀點對遊戲行為做歸類，包括皮亞傑和史密蘭斯基（Smilansky）。他們對遊戲種類的分類各有些微的差異，其中皮亞傑（Piaget, 1962）根據其所提出之「認知發展階段論」的主張，將遊戲類型分為以下四種：

　　1.練習性遊戲：這種遊戲又稱功能性遊戲，是所有遊戲行為中較不成熟的一種活動，只是一種反覆練習的遊戲行為，它出現的頻率會隨著年齡的增加而遞減。

　　2.表徵性遊戲：又稱為想像遊戲（imaginative play）或是假裝遊戲（pretend play），幼兒會以假裝性的動作、語言或物體來代替眼前並未看見的人或物。表徵性遊戲是透過幼兒想像力、創造力對內在情感的一種宣洩。皮亞傑認為，表徵性遊戲具有「穩定情緒」及「調適現實」等功用，它可以引導幼兒抒發內在的願望與需要，提供了幼兒充分展現自我的空間，使得自我在遊戲中獲得發展（引自郭靜晃譯，2000）。

　　3.規則性遊戲：這種遊戲可以增加孩子的社會互動，幼兒會進一步將「練習性遊戲」和「表徵性遊戲」以單獨或重疊的方式與「規則性遊戲」組合在一起，遊戲的內容附加了規則，或同時使用了競爭方式，使得幼兒的心智能力及抽象思考從遊戲行為中有所成長。

　　4.建構性遊戲：皮亞傑認為建構性遊戲並不如其他方式的遊戲有明顯的發展階段，他認為建構性遊戲發生在「表徵性遊戲」和「規則性遊戲」之間，且為其他三種類型遊戲的轉換，在這個階段裡的幼兒開始運用各種不同的遊戲、玩具，進而創造出東西

來。皮亞傑認為從功能性遊戲到建構性遊戲是種漸進的過程，在過程中孩子的遊戲性質會將一種型式的操作轉換成另一種型式的操作（引自簡楚瑛，1993）。

幼兒在遊戲操作中學習，滿足探索的心理需求，從團體遊戲中促進社會互動，了解社會規範，培養主動探索的學習態度，增進與別人相處互動的正向情性特質。「遊戲中學習」的理念讓開放教育能落實孩子「適性教育」的理想，讓每個孩子的能力得到充分的發展。在遊戲中個體與環境互動可促使產生認知失調，進而達成同化或調適後之認知平衡。遊戲行為提供幼兒無壓力的學習情境，孩子在輕鬆愉快的環境下學習，學習經驗保留的時間較長。

五、夏山學校的主張及信念

尼爾所創立的夏山學校起源於 1921 年代，其中經過幾次的搬遷，目前座落於英國倫敦東北角的雷斯頓（Leiston）。夏山學校的特色在於「使一個人更像一個人」，主張情感教育比認知學習更為重要，反對傳統重視權威、束縛人性的教育制度。我們可以從夏山學校的校訓：快樂、誠懇、均衡與合群中得知夏山學校的發展宗旨。夏山學校同時強調自由、民主和愛。尼爾認為唯有將孩子暴露在這種環境下，才能健全孩子們的人格發展，而人格的健全發展可以促進認知學習。

夏山學校在創立之初，一直得不到當時英國社會的認同，主要原因在於當時英國社會仍有明顯的階級制度，權貴子弟喜歡選讀固定的名校，而較貧窮的子弟就學機會受到限制。二次戰後夏

山學校的人本開放教育思想開始在美國受到重視，尤其在 1960 年代，夏山學校的教育理念在美國如日中天（盧美貴，1990），這除了尼爾本身對於開放教育思想極力的宣導之外，也配合了美國當時「反智運動」及「人本心理學」的興起。人本心理學大師羅傑斯對於夏山開放教育的作法給與極大的肯定，他相信傳統的教育制度過於保守、僵化，且富官僚作風已經無法滿足今日社會的需求（Rogers, 1980）。要淨化人心唯有經由重視學習自由的人本開放教育才能達成。

美國在過去的二、三十年來深受尼爾夏山學校開放教育思想的影響，加上人本主義的推波助瀾，在社會上，尤其是教育界彌漫著一股人本教育精神的氣息。當然這並不意味著美國教育的成功，事實上美國目前仍然面臨許多的教育問題，不過當他們在面臨這些挑戰時心態上比我們坦然、開明。

臺灣過去十幾年來受到政治民主化及經濟成長等種種因素的影響，開始認真的檢討我們封閉已久的教育制度。一時之間人本開放教育的理念及夏山學校的模式成為許多國人共同追尋的目標。教育部為了因應社會不同的需求也適時調整許多教育政策，例如：開放各大學開辦教育學分班，以達到甄選優良教師及教師多元化的目標，並於 1998 年完成中、小學班級人數縮減的目標，也開始試辦高中生經由多元的管道進入大學。此外，尊重各大專院校校長由校內遴選產生及教授治校……等等作風，充分表現出人本開放教育的民主時代已經來臨。以下將針對夏山學校一些基本的主張及特色進行剖析。

（一）重視情意教學甚於知性教育

尼爾認為教育的主要功能並不在於傳遞知識，而在於情性的發展及健全人格的培養。尼爾的論點和杜威及 Kilpatrick 的見解相同，他們相信情意教學比認知學習更為重要。如果一位學生飽讀詩書，精通天文、地理、數學、邏輯，但不懂得關懷周遭的人、事、物，沒有關愛別人的胸襟，對他們而言，再多的知識也是枉然（Dewey, 1961; Kilpatrick, 1951）。

夏山學校與其他學校的不同點在於夏山學校以情感教育為主，注重學生自主性及健全人格的薰陶，而不是以認知教學為主。尼爾認為一個人如果人格不健全、心理不健康，那麼將無法發揮所學。傳統教育以知識傳授為主，不重視情性的陶冶，忽略學生個別的感受，無法發揮教育的真正功能，尼爾以為教育內容應該強調德、智、體、群、美的均衡發展，並重視實際生活技能的訓練，而要完成這些目標，前提必須建立在人格教育上才能落實。尼爾也明確的指出：「他情願學校教出一位快樂的清道夫，也不願意學校培養出人格不健全，驕寵自負或退縮畏懼的學者」（盧美貴，1990）。

（二）講究雙方互動的師生關係

夏山學校主要由兩種份子組成，即老師和學生。他們在此塊園地裡扮演著不同的角色，各有不同的工作及學習的課題，但彼此之間是平等互惠、相互尊重的互動關係，這是夏山學校的基本信念，也是人本開放教育的基本主張。

馬斯洛（Maslow, 1968）認為每一個獨立的個體都與生俱有

一些學習的潛能，而每一個小孩都應有很多不同的選擇去促使自己成長，老師和父母過分的保護或經由外力處處設限只會阻礙他們的發展。羅傑斯（Rogers, 1980）也明白的指出，在學校裡學生是學習的主體，老師在此時扮演的雖是一位靈魂人物，但只是一位輔助者，引導學生學習，卻不干預他們的選擇。羅傑斯認為這種以學生為學習主體（learner-centered）的教育方式較能教育出主動學習、獨立自主的學生。他同時認為老師必須很真誠、不矯情做作，以同理心去體會學生的感受，與學生之間建立良好互信互賴的關係。

美國另一位學者Combs亦指出老師的職責並不在於塑造學生或支配、駕馭學生，而是在於協助學生建立正確的自我概念（self-concept）。老師應該是學生的朋友，幫助他們、鼓勵他們，循循善誘，不斷的給與學生支持，及無條件的關懷學生。Combs（1965）指出所謂的優良教師必須具備有下列幾個特質：

1.他們必須具有專業知識，對自己所研究的主題有深入的了解。

2.他們必須能有敏銳的觀察力，能感受到學生的需求及個別需要。

3.他們必須對學生的學習能力有信心，信賴他們。

4.老師必須有健康的心理、開朗的態度及正面的自我概念。

5.老師必須能肯定自己的能力，相信能給與學生最大的幫助。

6.老師教學上必須多加變化，具備有不同的教學方法及善用不同的教學策略，以提升學生的學習興趣。

Combs所提出來構成一位優良教師的要件，也就是夏山學校

老師的特質,這與傳統教育中老師所扮演的權威角色迥異。夏山學校的老師重視師生互動關係,教師易於親近,學生也不畏懼權威,他們有自己獨立的思考判斷能力。傳統教育講究服從師長、遵守紀律、賞罰分明,學生在這種教育體制下往往無法發揮所長,建立正確的人生觀。

(三)採彈性課表、上課場所,強調自由開放的學習空間

夏山學校採混齡教學,學生約略分為大、中、小三班,大班的學生年齡介於十一到十六歲,中班八歲到十歲,小班包括六、七歲的學生。在教學上雖有預先擬定的教案或課表,但僅供參考用,並不一定得完全參照課表進行教學。在課表及上課內容的擬定上也尊重學生的意見,並順應學生個別的需求。學生可以針對自己的興趣及需要自由選擇,一但發現自己所選擇的課程與個人志趣不合時可以隨時終止學習。尼爾認為學生是學習的主體,我們不需要硬性規定上課的時數及學習的科目或內容,唯有如此才能培養出主動學習及對自我負責的人生態度(盧美貴,1990)。

夏山學校雖然有固定的上課教室,但這只是讓學生有歸屬感,老師可以配合自己的教學及實際需要靈活變換學習場所,例如實施戶外教學以提升學生的學習興趣,增加學習效果,這種採彈性課表及實施戶外教學的作法是夏山學校的一大特色。夏山學校所強調的自由、開放的學習空間與羅傑斯在《自由學習》(*Freedom to Learn for the 80's*)一書中所採討的「一位與學生一同成長的法文教師」所持的教育理念及方法相似。這位法文老師,也就是 Swenson,他本著人本主義的開放教育精神,主張學習是一種自我導向的行為。學生可以針對自己的能力及興趣選擇

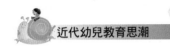

學習的方向，並對自己進行學習上的評量，這種評量是一種自我的評量，並不需要與他人比較。Swenson認為在這種開放的學習環境下所鼓勵的是合作而不是競爭，而所學習到的除了課業知識外，也可以經由師生或同學之間自由討論增加個人的思辨能力，提升個人價值，培養開朗的人生態度及增進與人相處的能力（Rogers, 1983）。

（四）採啟發式教學，重視戲劇創作及遊戲的表現

傳統的教學方法採用灌輸、填鴨，由老師單向教授的方法，較注重學習的成果，以學業、考試取向者居多。此種教育方式將個人視為被動的學習者，較易產生相同的思考模式，而對於創造力的啟發卻微乎其微。

夏山學校以啟發式教學為主，將學生視為學習的主體，老師在授課時，常以問答討論的方式進行，藉此激發學生獨立思考及判斷評析的能力，同時藉以增進師生互動關係。瑞士著名學者皮亞傑（Piaget, 1952）就肯定了啟發式教學對於認知發展的重要性，皮亞傑認為知識的獲得並非從閱讀或教授得來，啟發式的教學有助於學生個別潛能的激發、獨立思考及創作力的培養。

夏山學校的一大特色在於藉由不同角色的扮演活動中達成戲劇創作的表現。夏山學校有所謂的「演戲之夜」，它可以是種即興的演出，也可以由學生編寫劇本。由於夏山學校的學生在這種開放的學習環境中成長，學生們都能很熱心、自然的參與演出；每個學生勇於嘗試不同的角色，藉以揣摩不同的心境。學生在戲劇創作的過程中竭盡所能的發揮自己想像創作的能力，以求新求變，因此在劇情上是千變萬化；同時學生們也可以藉由演出中去

宣洩情緒及增進與人相處的能力（盧美貴，1990）。

此外，夏山學校也非常重視在遊戲中學習，尤其是年齡愈小的學員，遊戲可以讓孩子人格健全的成長，給生命帶來快樂，這個觀點得到許多心理學家的支持。佛洛依德（Freud, 1961）指出遊戲可以調節孩子的情緒，它具有淨化人心的效果，艾瑞克森（Erikson, 1950）亦認為兒童可以經由遊戲的過程中與周遭環境產生互動，可以提升個體情性的發展，他所提出的「遊戲治療法」意即此；此外，蘇俄心理學家維高斯基（Vygotsky, 1967）也肯定了遊戲的功能，他認為遊戲可以促進孩子的認知發展，增進幼兒的學習能力；而布魯納相信幼兒從遊戲中可以成長，為適應日後的社會生活做好準備（Bruner, 1972）。

六、落實開放教育精神的方案課程

開放教育開啟了幼兒教育的新紀元，在開放教育思潮的洗禮下，許多教學模式受到重視，其中以主題教學為主的「方案課程」在落實開放教育精神及啟發孩子學習潛能上更勝一籌，因此受到歐美國家的青睞。近二十多年來英國的小學及幼兒園主要的教學方式就是方案教學法（Katz & Chard, 1989）。臺灣近年來實施「方案課程」的園所愈來愈多，早期最具代表性的有北部的南海幼兒園及佳美、新佳美幼兒園，及中部地區的愛彌兒幼兒園與四季幼兒園等，它們都以主題教學的方案課程為導向，且在方案課程的實施上有不錯的成績，吸引國內、外許多的幼教團體到園觀摩學習。雖然目前臺灣鄉鎮地區的幼教課程仍以分科教學的傳統課程模式為主，但近年來國內幼教界對於方案課程持肯定的態

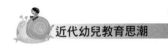

度，方案課程慢慢成為臺灣幼教界的新潮流。

（一）何謂方案教學

方案教學是一種主題式的課程，以開放教育精神為核心，重視幼兒學習的自主權。孩子可依自己的興趣選擇與生活相關的主題進行深入研究，其中包含了學習的過程和結果（林育瑋、王怡云、鄭立俐譯，1997）。目前對方案（project）一詞最早是由誰提出的說法不一致，洪福財（1997）認為方案教學是由 Kilpatrick 於 1918 年發表 "The Project Method" 導源於進步主義時期杜威所提出的「專案研習」（The project method），之後開始受到重視並發揚光大。簡楚瑛（1993）指出方案教學是美國哥倫比亞大學 Richards 於 1900 年最先提出（引自洪福財，1997），雖然各學者對方案教學的起源認定不同，但都認為方案教學的精神是協助學生計畫、發展多元學習的教學理念。

「方案教學法」（project method）按 Kilpatrick 提出的解釋是：「在一個社會環境中，全神貫注地從事有目的的活動過程。」他同時做了進一步的說明：「一個有目的的活動或經驗。在活動中，學生的內心為此項目的所驅策，而決定其活動的計畫、進行的步驟，學生有學習的動機。」Katz 與 Chard 在 1989 年所著《探索孩子心靈世界》（*Engaging Children's Minds*）一書中說明方案是「一個或一群幼兒針對某個主題所做的深入的研究」。這種教學法建構於多位教育先哲的理論基礎上，如皮亞傑的認知發展建構論、維高斯基的社會建構論、布魯納的表徵系統論、杜威「做中學」等的理論等等。方案課程的實施有別於傳統的結構性課程及以教師為主導的學習模式，方案教學是依據學生

的學習興趣及能力為主要的發展方向。

　　方案教學中，老師藉由團體討論的時間發現孩子的學習興趣，再以幼兒的興趣決定主題，進行分組。Katz 與 Chard（1989）提出方案主題的產生可由下列幾個途徑，包括：教師自行決定（教師察覺幼兒對事物的熱衷情形）、師生互動產生（共同討論決定）、幼兒興趣發展而成。方案主題之下的活動規劃完全以幼兒為中心，活動進行的時間也以孩子的學習興趣為導向，老師只是一個協助及引導的角色。這種主題式的方案課程可以讓孩子學習獨立思考的能力，學會與同伴協調及解決問題的能力，孩子不只要主動去思考，同時也要動手去做。

　　方案教學分三階段，階段一方案開始，主要為主題討論，發展出計畫和程序；階段二為方案發展的實作過程，是方案教學的重心所在；階段三是方案結束，孩子慶祝整個方案活動結束的成果展現，孩子們對方案進行的成果以不同的方式呈現給其他的小朋友或家長看，過程中孩子會將知識內化（蔡慶賢譯，1997）。

（二）方案教學與單元教學的差異性

　　基本上方案教學與單元教學都以主題教學為主，不同的是方案中的主題是依據孩子的興趣發展出來，而單元教學的主題則是由老師自己所擬定。嚴格說起來，方案課程比單元教學賦予孩子的自由度更廣，教師事先不需編寫教案，不同於以往以教師為本位的教學，改以幼兒為主體，尊重幼兒的興趣，考慮孩子不同的能力與個別差異。方案主題的選定以孩子的生活經驗為主，進行各種主題領域的探索，教學內容以日常生活為導向。此外方案主題進行的時間長短並不像單元教學般的事先加以設定，而是以孩

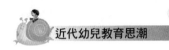

子的學習興趣為主。教師的角色由主導者轉為引導者，主要責任在引發學習的動機，教學的目的在啟發幼兒的思考能力、解決問題的能力及創造力，讓幼兒成為學習的主體。

「單元教學活動設計」是指教師在教學前依據教學目標，畫出主題網，擬定單元活動設計，進而編寫教案，老師先將上課時需使用的教材、教學資源、教學方法與步驟以及所使用的教具等，事前加以計畫並一一列舉出來，以利教學活動的進行。Helm 與 Katz 在 1994 年指出在方案教學的過程中老師與孩子共同繪出主題網路圖，課程中所需的資源由學生、教師、參與教室的專家提供，或從實地參訪中獲得（引自林育瑋等譯，1997）。

方案課程與單元教學都算是開放教育下的教學模式，但方案課程比單元教學更能落實開放精神，且能啟發幼兒多元能力的發展。但是我們必須了解的是，單元與方案都是以主題教學為主，打破了學習上分科教學的模式，教學活動統整六大領域，即身體動作與健康、語文、認知、社會、情緒、美感，課程上以遊戲統整各領域的學習（如表 4-1 所示）。

七、人本開放教育對幼教發展之影響

人本開放教育的精神深深地喚醒了人們對於幼兒獨立人格的尊重。我們若以社會及家庭的層面來分析即可發現，國內在人本主義思潮的衝擊下，人權高漲，一般父母親也適時的調整自己教養孩子的方法與態度，從以往重視權威（authoritarian）的教養方式，相信「不打不成器」、「棒下出孝子」的獨斷作風漸漸演變成今日較重視兒童自尊心維護，無條件接納與關懷的民主溝通

表4-1　方案教學與單元教學之比較

項目＼教學法	方案教學	單元教學
理論基礎	以主題教學為主，主題網及活動的規劃在活動進行的過程中需加以記錄。各種不同活動的參與皆以幼兒興趣為主。	以主題教學為主，需事先設計主題網，規劃單元活動，編寫教案。活動進行採分組的方式進行。
主題訂定	老師與幼兒共同討論。	老師訂定。
知識獲得	自行發現問題解決的方法，或與同儕及成人的互動中獲得。	教師教授，角落探索。
課程內容	無限定，較生活化。	六大領域為主。
活動進行方式	分主題討論、實作、知識內化三階段。	分為預備、發展、綜合活動三階段。
主題進行時間限制	無。	有，約二至六週。
教師角色	引導者、觀察者、支持者、材料提供及協調者。	引導者、評量者、教學主導者。
評量方式	強調活動過程中形成性評量、學習檔案的建立。	形成性評量、成果評量。

資料來源：作者自行整理。

（authoritative）教養方式。

　　同時，以往一向被忽視的「兒童虐待」，也漸漸受到重視，我們可以經由兒童及少年福利與權益保障法的修訂過程及內容的改善上發現國人已漸漸具有人本精神的理念。聯合國宣言中也明白指出兒童有權在健康的環境中生長發育，且應享受到社會的安全及利益，並應訂立法律來保護兒童，使其在自由與尊嚴的情況

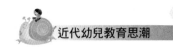

下獲得身體、心智、道德、精神及社會各方面之健全發展。事實上，「兒童虐待」這個社會家庭問題一直存在，只不過傳統觀念裡對生命不夠尊重，尤其是兒童，加上人本意識薄弱，父母親或老師們常常會以所謂的「愛之深，責之切」為藉口鞭打孩子，而中國人又有「各人自掃門前雪、休管他人瓦上霜」的自私觀念，不願意去對受虐兒童施以援手。反觀今日，人本意識漸漸成熟，除了許多的民間團體會主動的去關懷兒童之外，國人也漸漸有了「人飢己飢，人溺己溺」的精神。中華兒童福利基金會在全國各縣市成立的家庭扶助中心，針對問題家庭或受虐兒童所給與的協助，何嘗不是一種人本精神的表現。

　　人本主義對於國內幼兒教育的影響更是顯而易見，雖然目前國內各個幼兒園的辦校理念差異頗大，城、鄉幼兒園色彩濃厚，且素質參差不齊。但可以肯定的一點是，一般而言，較上軌道及合格立案的幼兒園深深受到了人本開放教育的影響。我們可以從國內幼兒園課程內容、教學方式及教師人格特質的走向中得到驗證，說明如下。

（一）課程內容

　　目前國內幼兒園課程的規劃以統整六大學習領域，即身體動作與健康、認知、情緒、美感、社會、語文為主。為了配合幼兒個別差異及不同學習興趣所發展出來不同學習區的設計或角落學習等，都充分顯現出對幼兒的尊重。此外，以啟發幼兒各項潛能，包括各種學習認知、情意發展、社會生活技能、音樂，運動及肢體協調等等的完整學習也深受幼教人士的青睞。

　　人本開放教育強調以合科為主的教學內容深受目前臺灣幼教

界的肯定，幼教新課綱即強調以遊戲統整幼兒的學習經驗。雖然國內許多幼兒園為了因應家長的需求而在幼兒園裡增設才藝教學，以分科教學為主，這其實是一種開倒車的作法，需要經由親職教育加以宣導正確的幼教理念，以達到家長、老師與學生之間充分的溝通，避免幼兒成為滿足家長虛榮心之下的犧牲品。時下很多父母抱著求好心切，望子成龍、望女成鳳的心情，而任意替孩子們安排多種不同的才藝學習，這實在是違背人本教育精神，是一種不尊重孩子的作法，更何況其後遺症可能會導致孩子們喪失學習的興趣及積極主動的精神。

近幾年來，國內幼兒園課程也非常強調兒童遊戲及戲劇創作，希望藉由遊戲中統整各大領域的學習，同時增進幼兒社會智力及人格健全的發展，企圖製造一個輕鬆、活潑開放的學習氣氛以提升學習之效果。同時許多幼兒園及家長們漸漸重視情意教學，以求自己的子女人格健全成長，有個快樂、正確的人生觀，這些都與人本開放教育及夏山學校的理念相符合。

（二）教學方式

傳統的教學方式，即使是在幼兒園階段也是實施單向灌輸式的填鴨教學，學校以知識的教授為主，老師在教學上缺乏靈活應變的能力，注重幼兒學習效果的評量，幼兒被要求坐在固定的位置上，上課不可任意走動，學童們像極了一群被釘在展示板上的蝴蝶標本，上課氣氛嚴肅，缺乏生氣。上課的場所以教室為主，偶爾學童們會利用下課的十分鐘到戶外場地去活動筋骨。由於教學上以講授式的為主，因此教室內或學校並沒有多少的教具供學生使用，教室內的布置以整齊劃一為原則，與目前國內一般的幼

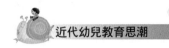

兒園比較起來，傳統的幼兒園給人一種家徒四壁的感覺，教學上缺少一份活潑的氣息。

反觀今日大多數的幼兒園，教學上以啟發式的教學為主，鼓勵學生發表，尊重他們不同的意見。上課以不同活動，如音樂律動、美勞、遊戲、語文等方式帶領幼兒們進入學習的領域。為了滿足幼兒的求知慾、好奇心，校方往往會添購各式各樣的教具及教材，以提供老師教學上的資源及配合不同成長階段的幼兒使用。除此之外，有各種不同學習角的布置，幼兒可依自己的興趣選擇學習角落，教學上並不拘泥於固定的形式，幼兒並不需要全天坐在固定的位置上。同時為了配合感官實物教學或增進幼兒大肌肉的發展，很多幼兒園都實施戶外教學，將幼兒帶離學校，充分利用社會資源，讓幼兒認識社區中的許多公共設施，從實物教學中增長自己的知識。

上述多種教學方式的應用是目前國內一般較上軌道的幼兒園走向，然而可惜的是許多幼教老師在實施角落教學時，並沒有給兒童自由選擇的機會，因而無法真正落實開放教育的精神。

（三）教師的人格特質

幼教老師由於不受學制的限制，加上沒有課業壓力的情況下，一般說來比中、小學老師在教學上較為愉快，但也正因為幼兒園不教授學制以內的正規課程，因此一般人總無法給與幼教老師較高的評價及應有的尊重。

一般而言，傳統的幼教老師較不重視自己專業知識的增長，教學上較生硬，也較講究教師的權威，與幼兒之間的互動較少，這種幼教老師一直給與他人端莊、認真、中規中矩的感覺。隨著

時代腳步的轉變，整個社會瀰漫著一股開放、人本的教育思想，幼教老師們除了必須隨時進修，吸取新知之外，也開始重視幼教老師人格特質的薰陶及培養。一位勝任愉快或受肯定的幼教老師不只需要有專業的幼教知識，同時必須兼備許多人本開放教育的教師精神。亦即他必須能很真誠的對待兒童，尊重他們的個別需要，了解他們的個別差異性，同時他必須具有敏銳的觀察力，主動的關懷兒童，具備靈活的應變能力……等等。

　　除此之外，幼教老師必須有正面的自我形象，有充分的自信心及自我反省的能力。由於目前一般受肯定的幼兒園都以開放教育為主，幼教老師以啟發式教學居多，重視學習氣氛的營造及師生良好的互動關係的建立。老師所扮演的角色從以往的權威、主導的形象走向輔導者的角色，以幼兒為學習主體。誠如蒙特梭利博士所說的，幼教老師是一位輔導者、環境的預備者、社區、家長與學校之間的聯絡者（許興仁，1983）。

　　總之，一位幼教老師必須能具有開放的胸襟，接納幼兒不同的意見，關愛幼兒，具有同理心，能感人之所感，適時的啟發幼兒的各種潛能，同時具有主動積極、健康心理的人本教育精神。

八、結語

　　臺灣在資本主義的洗禮下，顯示出一些高度物化結果所產生的弊端，多數人沉迷於物質的追求而精神生活卻流於空虛。臺灣教育界長久以來所實施的威權管教方式所浮現的問題也日趨表面化。以往我們不注重內化，講究威權的高壓政策，然而近年來在民主浪潮的推動中也呈現空前未有的亂象，不懂得尊重別人，常

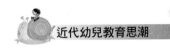

常不是據理力爭，而是無理取鬧，自由與放縱之間沒有明確的分際。導致長一輩的及社會上許多人對於人本開放教育有所誤解，而許多人對於人本開放教育的精神一知半解，因此在實施開放教育的過程中徒增許多困擾。

人本開放教育之所以會廣受幼教界的歡迎，主要原因在於這種教育方式對幼兒的發展有莫大的助益，它能啟發幼兒各種學習潛能。但是我們必須知道開放教育並不是完美無缺的教育方式，例如很多人批評人本開放教育在課程的學習上過於鬆散，沒有組織結構，導致學生在認知學習上無所適從，這也正是美國教育界的一大隱憂（陳伯璋、盧美貴，1991）。人本開放教育希望藉由開放的學習過程中培養幼兒主動學習的精神，然而值得擔憂的是，這種完全信賴幼兒自由選擇的作法，是必須有先決條件的。老師和家長必須有明確的人本開放教育的理念，過於遷就孩子可能會造成驕寵、任性的下一代，也無法適時的啟發幼兒的心智發展。

儘管開放教育有所缺失，但基本上我們可以肯定人本開放教育確實對幼兒的發展有莫大的助益。幼兒階段應以情性發展及人格健全的建立為學習的重心，開放教育統整了幼兒的生活經驗，提供一個自由開放的學習環境，經由戲劇及遊戲中達到紓解情緒與同儕建立良好關係。各種不同學習角的設計提供兒童自由選擇及主動學習的態度，啟發式的教學促進師生互動，進而建立彼此間互信、互賴的關係。人本開放教育重視幼兒各種潛能的激發，尤其對於水平創造思考能力的啟發有很大的幫助。

參考文獻

中文部分

林育瑋、王怡云、鄭立俐（譯）（1997）。**進入方案課程的世界（Ｉ）**。臺北市：光佑。

林朝鳳（1988）。**幼兒教育原理（上）**。高雄市：復文。

洪福財（1997）。方案教學之研究。**國民教育**，38（2），68-77。

許興仁（1983）。**新幼兒教育入門**。臺南市：人光。

郭靜晃（譯）（2000）。**兒童遊戲：遊戲發展觀的詮釋**。臺北市：洪葉文化。

陳伯璋、盧美貴（1991）。**開放教育**。臺北市：師大書苑。

曾錦煌（譯）（1982）。**兒童遊戲與遊戲場**。臺北市：茂榮。

蔡慶賢（譯）（1997）。**進入方案課程的世界（Ⅱ）**。臺北市：光佑。

鄭淑俐（2001）。**幼兒遊戲與其角色取替能力、正負向社會行為與同儕關係之相關研究**。臺北市立師範學院碩士論文，未出版，臺北市。

盧美貴（1990）。**夏山學校評析**。臺北市：師大書苑。

簡楚瑛（1993）。學前兒童遊戲行為之發展及其相關因素之研究。**新竹師院學報**，6，135-162。

羅採妹（1997）。**幼兒園師生互動歷程分析：從一個老師的觀點**。中國文化大學碩士論文，未出版，臺北市。

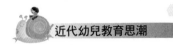

英文部分

Bruner, J. (1972). The nature and uses of immaturity. *American Psychologist, 27*, 687-708.

Combs, A. W. (1965). *The professional education of teachers*. Boston, MA: Allyn & Bacon.

Dewey, J. (1961). *Democracy and education: An introduction to the philosophy of education*. New York, NY: Macmillan.

Erikson, E. H. (1950). *Childhood and society*. New York, NY: W. W. Norton.

Freud, S. (1961). *Beyond the pleasure principle*. New York, NY: W. W. Norton.

Katz, L. G., & Chard, S. C. (1989). *Engaging children's mind: The project approach*. NJ: Ablex.

Kilpatrick, W. H. (1951). *Philosophy of education*. New York, NY: Macmillan.

Laura, E. (1994). Vygotsky's theory: The importance of make-believe play. *Young Children, 28*(2), 48-56.

Maslow, A. H. (1968). *Toward a psychology of being* (2nd ed.). Princeton, NJ: Van Nostrand.

Maslow, A. H. (1970). *Motivation and personality* (2nd ed.). New York, NY: Harper & Row.

Montessori, M. (1973). *To educate the human potential*. India: Kalakshetra.

Parten, M. (1932). Social participation among preschool children. *Jour-*

nal of Abnormal and Social Psychology, 27, 242-269.

Piaget, J. (1952). *The language and thought of the child*. London, UK: Routledge & Kegan Paul.

Piaget, J. (1962). *Play, dreams, and imitation in childhood*. New York, NY: W. W. Norton.

Rogers, C. R. (1980). *A way of being*. Boston, MA: Houghton Mifflin.

Rogers, C. R. (1983). *Freedom to learn for the 80's*. Columbus: Bell & Howell.

Vygotsky, L. (1967). Play and its role in the mental development of the child. *Soviet Psychology, 3*, 6-18.

Vygotsky, L. (1986). *Thought and language*. Cambridge, MA: The MIT Press.

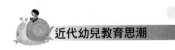

5 幼兒教育從傳統到開放

一、前言

綜觀整個人類歷史發展的軌跡，我們發現不論東西方各個文明國家的發展都是從傳統封閉的文化漸漸走向開放多元的社會。尤其是進入 21 世紀以後，人類進入網際網路的高資訊社會，全球化及世界地球村已成為世界共同的趨勢。這股從傳統到開放、從封建到多元的歷史洪流，不只對各國文化傳承上有了巨大的影響，同時也左右了各國政治、經濟、社會及教育等各個層面發展。在新的世紀裡，開放教育思潮儼然成了當前教育的主流思想，而傳統的教育除了一再受到質疑外，也在一連串的批判聲浪中退居幕後。不論歐美或臺灣的幼兒教育發展也從傳統結構性強的分科教學，漸漸走向以統整教學及遊戲中學習的開放教育為主。

傳統教育有別於開放教育的「由下而上」，重視個人自由及講究多元開放的學習環境，傳統教育則是重視威權、秩序及共同的規範。傳統教育常被稱為是一種斯巴達式教育，主張個人沒有獨立自由的空間，服從與規律是生活上的美德，他們認為人性本惡，且必須以嚴格的紀律及體罰，方可培養孩子堅忍不拔的毅力。早在西元前 550 年以前，斯巴達是希臘文明發源地，他們重

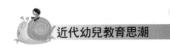

視團體的榮譽，國家民族命脈的傳承重於個人的意志及自由。斯巴達文化鼓勵體罰，只要是長輩，即使不是自己的孩子都可以針對孩子不適當的行為而加以鞭打。傳統教育傳承自斯巴達教育，他們的基本信念及主張與當前的開放教育大異其趣（林玉体，1976）。

　　本章我們將探討傳統幼教及開放幼教有何不同？它們各有哪些優缺點？又傳統幼教及開放幼教在學習理論上各有哪些不同的主張及教學特色？它們各自營造了怎樣的學習經驗？此外，不同的學習模式對於提升幼兒的能力有哪些不同的論點也是本章的重點之一。最後，本章將以藝術教育為例，探究開放教育下世界藝術教育潮流以及在臺灣之走向。本章融合了理論與實務的經驗，不只從宏觀的角度去分析不同的學習理論對幼兒能力養成的影響，也以藝術教育為例，從一個微觀的角度去了解幼兒藝術教育從傳統到開放的不同生態環境，提供幼教從業者在規劃幼教藝術課程時一個參考的架構。

二、傳統幼教與開放幼教的不同主張

　　開放教育啟蒙於英國，而在美國大放異彩，1980年代以來臺灣的教育界多少受到人本開放教育的影響。雖然臺灣受到多元文化的洗禮，民風日益開放，然而嚴格說起來，臺灣目前的教育主流仍以智識化的傳統教育為主，唯有在幼兒教育階段可以看到「自由開放」的花朵在學校開花結果，尤其是都會地區的幼兒園。雖然我們界定傳統幼教及開放幼教時，並沒有一套放諸四海皆準的標的，但我們卻也不難分辨它們之間的差異性。

　　國內學者陳伯璋、盧美貴（1991）認為，開放教育重視孩子學習上的自由及自主性，它的最大特色在於「課程統整化、教材生活化及教學活動化」，開放教育是一種對傳統教育過度重視升學，忽略情意課程且主宰孩子學習方向的反動思潮。美國學者Morrison（1984）認為，開放教育是一種態度，是老師不再一味的主導孩子學習的內容；相反的，老師鼓勵孩子自主性學習的態度，在開放教育下，孩子擁有學習上的自由，不受成人的約束，學習是以兒童為中心，老師是一位環境的預備者、觀察者或輔導員的角色。

　　開放教育重視孩子學習的歷程而不是成果表現，教室不再是孩子學習唯一的場所，開放教育鼓勵孩子們走出戶外以大自然為教室，充分運用社區資源，以幼兒的生活經驗為主，統整各科的學習，學習不再是以教科書、紙筆測驗為主。在開放教育的理念下，學校配合孩子學習上的興趣，更換不同的情境布置，學校就像一座充滿生趣的博物館，等待孩子去發明、去發現，因此我們也可以說開放教育其實是一種「發現學習」的學習模式。開放教育採用混齡教學的方式，混齡教學不論從生物進化的觀點、家庭式的社會功能、社會互動及同儕互動的角度看來，都比分科教學來得恰當（陳伯璋、盧美貴，1991）。事實上開放教育以「混齡教學為主」的論點，呼應了開放教育其他的基本主張，如果站在傳統教育的立場去思考，我們會贊同分齡教學，因為傳統教學中老師重視孩子學習的成效，同一種年齡的孩子一起上課，老師教起來會較輕鬆；然而在開放教育中學習的主體轉移至兒童的身上，且認知性的學習並不是學習唯一的目標，孩子情性發展及主動探索的學習態度反而才是重點。

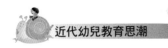

　　盧美貴教授將開放教育的發現學習及傳統教學做了一番比較，如表5-1所示。

表5-1　發現學習與傳統教學的比較表

方法 項目	發現學習	傳統教學
理論依據	兒童本位的教育理念	成人本位的教育理念
學習主體	幼兒	成人（父母或教師）
師資	教師立於觀察、輔導立場，必須受專業訓練	教師是教材決定者與權威者
教材	強調「合科」的學習，幼兒依自己興趣選擇	強調「分科」的學習，成人預先設計
教學型態	注重個別差異的小組活動	以灌輸、記憶為主，幼兒被動學習
教學重點	關心幼兒「怎麼學」	重視教師「怎麼教」
教學過程	強調「過程」重於「結果」	強調「結果」重於「過程」
學習環境	強調學習角的布置與內容的更換	不重視學習環境的布置
學習氣氛	自由、活潑且開放	呆板與嚴肅
上課場所	利用社會資源，走出教室與學校之外	在教室或學校
評量方式	著重形成性及多元評量方式	著重總結性及紙筆測驗

資料來源：盧美貴（1988）。

　　開放教育強調教育機會均等，重視個人學習潛能的激發，肯定個人的存在價值，比起傳統教育為人詬病的教條、形式、僵化的教育制度更能被大眾所肯定。長久以來，傳統教育常被譏為是一種「囤積式教育理論」（the banking theory of schooling），是

一種保守、死板、過度強調記憶背誦的威權教育體制。然而這種以認知為主要功能的教育體制卻也行之多年，且創造人類無數輝煌的歷史。許多對人類相當有貢獻的偉人包括莫札特、貝多芬及林肯等等都是來自傳統威權教育的代表人物。諾貝爾得主楊振寧博士（2002）主張，90%的孩子用傳統教育，在學習上會較紮實。美國學者Hirsch博士在他多本的著作裡面都主張傳統教育反而會讓我們更進步，他認為許多教育界人士用二分法將傳統教育歸類為傳統對現代、口授對實作、不成熟的對適合發展的、片段對整合的、無聊對有趣的、密集對個別化的，這種分法會將傳統教育視為教育的弊病，容易誤導家長的方向。

新馬克思主義的領導者Gransci在1932年就提醒了，「新民主」教育自由開放的學習方式，只會造成統治階級擁有更多學習上的優勢，而中下階級則無法累積自己應有的知識財富，反而更容易被支配、被統治，社會上階級的差距會愈來愈大。最具體的事實可以從1942年到1966年間，在進步主義的開放教育廣泛成為美國教育主流之前，美國的公立教育已成功的拉近種族及社會階級的差距。然而1960年以來，美國身受反智運動及人文開放思潮的影響，黑人與白人之間的差距愈是明顯（盧永山譯，2001）。這也是近幾年來臺灣社會普遍形成的趨勢，社區主義及高學費政策，多元入學方案也被暗譏為是一種「多『圓』入學」，只有「多金多圓」的人方可讓自己的子女多才多藝，念好的幼兒園及昂貴的私立中小學，或送往國外名校就讀。值得我們省思的是，開放教育讓每一個人都可以發聲，有學習上的自由，開放教育的種子讓我們有批判反省的能力，然而也讓我們重新發現傳統教育並不是那麼的一無是處。

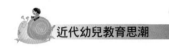

人本開放教育重視人的存在價值及對生命的尊重，然而國人並未對人本思想及自由的真諦充分了解，在人文素養不足的情況下，人本開放的教育思潮反而讓許多的教育政策窒礙難行，也讓老師及家長們在教養孩子的理念上產生許多衝突。雖然近年來臺灣的教育界的確朝開放的腳步邁進，但卻僅侷限於表象的「多元入學」，學生多半沒有學習上的自由，這一代的孩子在升學掛帥的臺灣社會裡，學習上並沒有更輕鬆，多數的家長顯得更迷惘，且更急切的怕孩子輸在起跑點。

多年以前臺灣曾有一群熱愛人本開放教育的家長們，帶著他們的孩子排除萬難在宜蘭成立一所學制外的森林小學，他們的勇氣值得敬佩。然而一、二十年後他們的孩子長大了，有位家長在報上投書，再次勇敢的將自己失敗的心路歷程與我們分享。這位家長發現他的兩個孩子長大以後不論在課業學習上、在學習態度及情性發展上都非常不理想，他們無法融入團體，生活比較自我，人際關係不佳。雖然這只是一個個案，但都值得我們借鏡。我們必須知道不論開放教育或是傳統教育都必須帶領人類追求更理想的生活境界。傳統教育所側重的價值是文明的結晶，是道德規範的文化傳承及人類共同的福祉。開放教育重視人的存在價值及自我的成長，擁有快樂的人生。傳統教育與開放教育各有其優缺點，哪一種比較好，則純屬個人自由心證。

三、傳統教育的吸收論與開放教育的建構論

傳統教育與開放教育各自立基於不同的學習理論。基本上傳統教育以「吸收論」為主要的學習理論根基，而開放教育則以

「建構論」或「社會建構論」為主。長期以來臺灣的教育模式皆
以「吸收論」為主，這種情況和日本、韓國、新加坡、中國一
樣，然而近幾年來這些國家都漸漸的接受「建構論」或「社會建
構論」的主張。這些國家對於教育的主張，慢慢的被主張「讓幼
兒從環境中建構自己知識」的建構學習理論所取代，尤其以臺灣
及日本受到的影響最大。臺灣近幾年來的教育改革及種種的措施
包括建構多元數學、統整課程及多元入學方案等等，多少都含有
建構理念的色彩。

　　什麼樣的學習方式及學習內容對幼兒最有幫助？我們應該為
幼兒營造什麼樣的學習環境呢？針對上述這些議題，傳統教育的
吸收論與開放教育的建構論各有其不同的主張。

（一）兩種學習理論的介紹：吸收論與建構論

1.吸收論

　　基本上「吸收論」（Stimulus-Response Theory）是屬於行為
主義學派，以桑代克、史金納為代表人物。他們相信只要我們給
與孩子豐富的刺激環境就能激發幼兒的各種學習潛能，因此他們
又稱為「刺激—反應學習理論」（Stimulus-Response Theory）。
吸收論者主張孩子可以經由不斷反覆練習的過程中去建立「概
念」，他們認為一個教育者只要能有組織、有系統的依照一定的
順序將知識灌輸給幼兒，且不斷的練習，幼兒就能吸收學習。

　　吸收論者比較不會考慮幼兒發展階段上的差異性及不同的需
求，他們將學生視為一個空白的器皿，只是被動的吸收知識。吸
收論主張學習必須要靠不斷的記誦與練習以強化聯結關係之建
立，所以此種學習理論又稱為「聯結論」。對吸收論者而言，一

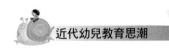

個孩子並不一定非得理解才能建立概念，只要練習與記誦愈多，技能與概念就愈純熟，累積可運用的知識也愈多。吸收論者主張光是了解概念是不夠的，如果我們要對概念有相當的熟悉度，那麼我們就必須經由不斷反覆練習的過程，才能達到對概念充分理解的目標（Baroody, 1987）。

吸收論者比較關心孩子學到什麼，重視學習的成果甚於過程，因此較會運用紙筆測驗去評估孩子的能力。他們主張專注的學習比快樂的學習更重要、更有成效，因此在課程的設計上較缺乏變化，往往為了學習的成效必須不斷重複的練習和背誦，例如：背九九乘法表或是珠心算的學習，總是不斷的練習，直到孩子沒有錯誤再進階。吸收論者認為不理解沒有關係，只要背熟了自然而然就會懂了，他們主張將知識變成一種直覺的反應，例如：看到 8×7，就知道答案是 56，他們常運用閃示卡及紙筆作業輔助教學（周淑惠，1995）。

吸收論的主張對臺灣教育界的影響相當大，事實上過去半世紀以來臺灣的教育界包括幼兒教育、國民中小學甚至大學教育等各階段的學習幾乎都以「刺激—反應」學習為主。我們重視學習的成果甚於學習的過程。換言之，在考試時我們較看重標準答案，反而忽視了演算的過程。在傳統的幼教機構裡也是以單向灌輸的教學方法為主，老師習慣跟著教科書的進度走，因此我們可以發現傳統式的幼兒園會使用較多的坊間現成教材，也較重視課業的書寫。

2.建構論

建構論（Constructivism）與認知心理學派的論點相似，主要代表人物是皮亞傑與其追隨者 Kamii（1985）等人。建構論者主

張任何學習皆必須與發展階段相互配合，他們主張唯有對概念的理解才能讓學習的歷程顯得輕鬆愉快，建構論者認為學習的過程比學習的成果更重要。知識的獲得必須由學習者內在心靈去創造，新的知識總是建構在舊的知識之上。

皮亞傑認為要了解就必須去發現，他強調在學習過程中兒童必須創造自己的理解。他認為從書本或老師教授中獲得的知識是零散、表象的知識，真正的知識必須與環境產生互動，從與環境的互動中去發現知識，去建構自己的知識。對於建構論者而言，幼兒並不是空白的器皿，不是被動的學習者，幼兒在學習的過程中會建構自己的認知系統，他們是主動的學習者，會創造自己的理解、意義化自己的學習，唯有這樣的學習才是有意義的學習方式，也才能持久（Piaget, 1973）。

建構論者強調知識是個體與環境互動所建構而來的，他們重視兒童與環境互動中所建構的知識，所以他們在學習的過程中特別強調從實物操作中去建構概念，因此建構論者特別強調教具的實物操作及豐富的學習環境。他們關心的是兒童學習的過程。老師的主要任務在於提供一個豐富的學習環境讓孩子去發現去學習，而不是在傳授知識。

在建構思潮的影響下，我國幼兒教育漸漸以開放教育為導向，強調豐富的幼兒學習環境及學習情境的布置，鼓勵老師與孩子走出教室，老師的角色也從一個主導者變成一位觀察者及輔導者。在建構及開放教育的影響下，孩子經由各式各樣的教具、玩具或自由遊戲行為中去建構知識，從遊戲中學習。建構論者強調學習不應該是枯燥乏味的，學習應該是充滿著趣味與好奇。遊戲更有助於幼兒肢體動覺、情緒、社會互動、語言、創造力與道德

等各種能力的發展（曾心怡，2011），即使只是透過簡單的積木堆積，也能夠刺激孩子的想像力，並從中獲得數學空間概念的發展（黃凱祥，2006）。建構論者的主張對於幼教界的影響很大，所謂的探索式教學、適性教育、發現學習法及後來的高瞻課程、主題教學及方案課程等等，無一不是受到建構論教育主張的影響（陳伯璋、盧美貴，1991）。雖然歐、美國家深受建構論的影響，但不論東、西方國家都對於強調幫助孩子搭建學習鷹架的「社會建構論」相當支持，當然在教育界也激起廣大的迴響。

綜合吸收論、建構論與社會建構論的不同主張，表5-2可以讓我們對它們之間的屬性有更清楚的了解。

建構論的學習觀，重點是放在幼兒與環境互動，讓他自己活躍地建構知識，而在社會建構論中，重點則在成人與幼兒共同工作。社會建構論中，教師在幼兒的學習過程中扮演重要角色，教學中教師身為鷹架者，藉由各種活動和時間的調配，輔以不同的教學方式，顧及到每一位幼兒的需求，經由團體討論促進幼兒思維；透過小組教學讓幼兒與小組成員有更密切的互動機會（陳惠敏，2007）。臺灣雖然很小，但是所提供的幼教品質卻是有濃厚的城鄉色彩差異，而且公立幼兒園及私立幼兒園也有不一樣的生態環境。國內多數的幼兒園仍以傳統教學為導向，愈鄉鎮地區這種現象愈明顯，尤其是幾個靠海的鄉鎮。基本上，鄉鎮地區許多的家長對於「吸收論」者的主張接受度較高，而對於滿足幼兒需求的開放教育精神及從遊戲中學習的「建構思維」難以認同。許多幼兒園在市場的需求及學校的課程走向上，無可避免的會以教寫字、珠心算或紙筆測驗的傳統教學為主，老師手執教鞭，教學以灌輸、背誦為主的比比皆是（魏美惠，2002）。

表5-2　比較建構論、社會建構論及吸收論的差異性

	主張	課程設計	輔助教材
吸收論	1. 屬行為主義學派。 2. 將知識有組織的傳授給幼兒，幼兒是被動學習者。 3. 強調不斷的紙筆練習。 4. 由「公式」強化聯結。 5. 練習重於理解。 6. 關心幼兒「學什麼」（結果）。	以數學加法為例： 1. 教師準備數字 1 到 10 的閃示卡，讓兒童反覆練習如「3+2=5」。 2. 背口訣，以數學練習本讓兒童不斷練習所背誦的公式。 3. 運用算盤做進階式的學習。	閃示卡、數學練習本、訓練珠心算的算盤。
建構論	1. 屬認知心理學派。 2. 學習者必須獨立建構所學知識，幼兒是主動的學習者。 3. 強調實際操作。 4. 以舊概念統整新概念，為一觀念系統。 5. 以理解建構邏輯。 6. 關心幼兒「怎麼學」（過程），創造自己的理解，意義化自己的學習。	以數學加法為例： 1. 教師鼓勵孩子從實物的操作中建立加法的概念。 2. 讓兒童分組自由的選擇要操作的教具。 3. 分組操作、討論數的加法是如何形成的，老師不介入。	狄恩斯積木骰子、牌卡、智慧片、積木……等等。
社會建構論	1. 屬後皮亞傑學派。 2. 強調社會文化對幼兒的影響。 3. 教師為積極的角色，應適時的介入，而不是讓孩子完全獨立學習。 4. 鷹架主義——幼兒為建築物，需要教師搭鷹架，才能繼續建造「近側發展區」。	以數學加法為例： 1. 教師示範蒙式教具使用方式，並引導學生練習操作。 2. 兒童自由選擇想操作的教具及角落學習。 3. 團體討論分享角落活動的發現，教師並藉此教導正確的概念。	蒙式教具（數棒、串珠、字卡）及其他可供操作的教具……等等。

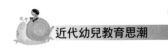

（二）孩子的學習環境與能力發展

　　許多的研究指出，快樂的學習情境及探索式的學習方式有益於幼兒能力養成。黃瑞琴（2009）主張幼兒教師在引導幼兒進行預先計畫之分組和團體活動時，可規劃為各種愉悅的遊戲教學活動，吸引幼兒積極參與學習，增進各種能力。因此，遊戲在幼兒的學習過程扮演重要角色，並從遊戲中激發幼兒的學習興趣，興趣亦是學習的動力，讓孩子主動積極投入學習中，學習更具意義與效果。

　　人類對於「腦神經及腦功能運作」的研究（Rushton, 2001），逐一證實了幼兒學習環境對智能提升的重要性。許多智力學者專家認為，一個優質的學習環境及良好的教室情境應該是讓孩子有安全的心理環境，如此他們才會勇於嘗試、主動發問，也就是美國學者Jensen所極力推薦的「高活動低壓力」，適合多元智能發展的學習情境。Jensen的研究發現，在一個充滿壓力，或被動、枯燥乏味的學習環境裡，幼兒會喪失學習動機，而且會阻礙幼兒能力的發展（Jensen, 1998）。

　　知名的智力學者專家迦納博士就主張，我們應該將教室或學校布置得像一座博物館，讓每一個孩子都喜歡上學，有著一顆好奇探索的心（Gardner, 1991）。近幾年來幼教界對於強調老師與幼兒共同規劃的主題式方案課程愈來愈肯定，主要的原因在於，這種以孩子為學習主體，以生活教育為導向的學習模式最能激發孩子的學習興趣，幼童往往可以從學習的過程中發展出高層次的運思能力（Moran & Jarvis, 2001）。

　　美國學者DeVries曾針對四種幼兒的遊戲課程進行分析，他

發現有些幼兒的遊戲很明顯的與認知學習分開，或者是將遊戲課程的目標定位在幼童情性發展及人際能力的增長上，然而在他的研究中卻發現，一個老師如果能將幼兒的遊戲與各種能力的學習加以融合，讓孩子從遊戲中學習，反而能更加的吸引孩子學習的樂趣，同時增加遊戲與學習的效果。孩子在成長的過程中，除了從遊戲行為中去建構自己的知識外，老師適度的加以引導，讓「工作」、「遊戲」融為一體的學習模式對幼兒最有幫助（DeVries & Zan, 1994）。

四、開放教育下藝術教育潮流以及在臺灣之走向

　　資料顯示各國對藝術教育的推動均相當重視，美國於1994年提出有關中小學學校教育革新法案中，極力倡導藝術教育的重要性，並規劃出未來藝術教育之目標，「2000藝術教育目標」（Goal 2000 Educate America Act）；新加坡2000年則提出 "Renaissance City Report"（引自天下雜誌，2001），強調將新加坡營造為一個全球性的藝術城市；西歐國家亦多設置文化部掌理國家藝術相關事宜（文建會，2004）。我國國政基金會教育文化組政策委員漢寶德在2003年6月3至4日聯合報中亦提出「藝術教育救國論」，重申藝術教育的重要性。雖然如此，我們必須體認一項事實，不論臺灣、歐美、日本等，近世紀以來「藝術教育」皆有被邊緣化的趨勢，這是教育上過度強調語文及數學的結果，雖然教育當局一再重申對於個人創造力及藝術課程的重視（Moyles, Merry, Patterson, & Estarte-Serries, 2003）。

　　環顧過往，臺灣的藝術教育在整體大環境下，經歷過幾個階

段性的變遷。1960年代臺灣對於藝術教育並不重視，因此藝術教育的走向以自由放任為主，當時臺灣經濟條件較差，對於藝術教育未能投入心力，然而這種放任發展的作法卻與英國著名學者Read和美國學者Lowenfeld的藝術主張不謀而合，他們主張每個兒童都有發展創作力的本能，藝術教學不需經由老師的引導，應重視兒童的自然發展，他們提倡「透過藝術」學習的教育理念，在世界各地引起共鳴。然而，這種放任孩子自由發展的藝術教育教學理念卻遭受批評，主要原因在於這種缺乏系統性教學的藝術教育，會讓孩子的藝術潛能埋沒，且易造成隨意亂畫就是創造力表現的錯誤認知（陳朝平、黃壬來，1997）。

1970年代後期，Eisner的「藝術課程開發計畫」研究，強調不同藝術創作素材的運用，重視不同藝術技能及對美學知覺能力的啟發。這種主張深深的影響了臺灣的藝術教育。老師以追求藝術創作的美感為導向，不再任由孩子自由塗鴉，而是以「美」的視覺藝術教育為核心，此時臺灣的藝術教育強調繪畫技巧。1980年代，Eisner、Greer及Chapman提出了「系統性的藝術教育」（Discipline Based Art Education, DBAE），在臺灣掀起了以「學科為主的美術教育」風潮，將過去只動手不動腦的美術課，改變為整合理論、美學與創作合而為一的課程。藝術教育的學習範疇從以繪畫技巧為主，擴大到與藝術產物、社會、文化等結合，使其成為有組織、架構、目標性之課程（陳武鎮譯，1991）。隨著世界藝術教育潮流的轉變，臺灣的美術教育也激起陣陣漣漪，迄今這些教學模式仍影響著臺灣的藝術教育。

1990年代，歐美國家的幼兒藝術教育興起了一股新的後現代主義思潮，主張藉由藝術活動探索人與環境之間的關聯，透過

藝術創作與思考、探索、分析等能力融合，達到統合境界，同時重視幼兒創造力、自我表達及個人的探索（QCA, 1999）。英格林騰（Englinton, 2003）提出了「全面經驗藝術觀」（Holistic experiences in art）的幼兒藝術教育模式，包括藝術製作經驗、美學經驗及藝術接觸等三個層面。他認為所有的藝術經驗都是動態的，這些經驗皆可引發更多的探索與發現，老師的角色在於引導孩子與藝術間的對話。2000 年以後這種「全面經驗藝術觀」的藝術教育主張漸漸成為臺灣幼兒藝術教育的主流。英格林騰的藝術教育主張又稱為後現代主義的藝術教育思潮，主張藝術教育與多元文化的藝術課程可以相互融合，換言之在新的藝術教育潮流裡，教師運用多元的創作素材，為孩子搭建起前面性的藝術學習經驗。

後現代藝術教育理念強調藝術與生活的連結、接納多元文化、重視個別差異。這種先解構再建構的思想也影響了臺灣藝術教育的質變（林曼麗，2000；漢寶德，2006）。後現代的藝術教育深受建構主義的影響，主張藝術創作的過程比成果更重要，重視歷程學習及實作評量（劉仲嚴，2004）。藝術教育課程須與文化連結，與環境產生互動，進而去創造、去發現藝術；經由藝術教育去統整各科的學習，提升幼兒的多元智能。茲將影響臺灣兒童美術教育走向的創造性取向、學科本位、後現代藝術教育理念分析比較如表 5-3 所示（劉仲嚴，2004）。

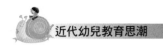

表5-3　創造性取向、學科本位、後現代藝術教育理念分析比較

	創造性取向	學科本位	後現代
理念	透過藝術以達到自我表達之目標	將藝術當為獨立的科目來學習	透由多元途徑達到統整幼兒經驗之藝術觀點
目標	重視幼兒自由創作強調自我表現	重視藝術創作、美學、藝術批評、藝術史概念之傳達	促進幼兒多元智能的表現
課程	教師個人設計、課程自由度高	有系統結構性強、連貫性的課程架構	以多元及統整課程的方式呈現
教學觀念	應用教學技巧引導幼兒自由發展創意和表現，避免以成人的觀點規範幼兒	重視幼兒繪畫技巧的提升、協助兒童了解藝術的概念	以建構理論的觀點，搭建幼兒藝術學習之脈絡與情境
評量	重視幼兒創作之歷程及獨創力之表現，不以分數評量幼兒的作品	經由作品評量幼兒的學習成果，強調學習的進步與成效	重視形成式的評量，例如：藝術創作學習檔案

資料來源：魏美惠、林思騏（2010：60）。

　　臺灣藝術教育的走向深受整體大環境的影響，1960年代臺灣以農立國，家庭結構仍以大家庭為主，當時的民風保守，孩子上幼兒園的比率並不高，多數的臺灣小孩並不會到學校去接受藝術課程的薰陶，對藝術的接觸屬於自我摸索、自我愉悅的狀態。這種現況符合Herbert Read和Lowenfeld所倡導的「自然創造性」藝術學習原則，當時多數臺灣小孩對藝術美術的學習並不經由老師的引導。1970年代，臺灣經濟起飛，社會結構漸漸由農業社會

走入工商社會，經濟狀況漸漸好轉，許多家長開始重視子女的教育問題，幼兒上幼兒園的比率也提高。此時的藝術美術教育以美學為基礎，教師會教導孩子畫畫的技法，以「美」的視覺藝術教育為核心。這種稱之為傳統美術課的學習模式是由老師在教室前掛著一幅畫，一面教，一面要幼兒跟著畫，老師一個口令，全部小朋友做出一致的動作，一筆接一筆，小朋友模仿著，畫出來全是一個樣。學者Winner（1989）及Cox（1997）的研究呼應了上述的論點，在他們的研究中皆發現中國小孩過於強調正確的畫法，老師會提供作品，常會過度要求孩子須照他們的方式作畫，以致於喪失作畫的樂趣及意義。

　　1980年代，臺灣締造經濟奇蹟，人民生活富裕，家庭結構由大家庭轉化為小家庭，雙薪家庭愈來愈多，子女也生得少。因此對於子女的教育非常重視，許多家長除了讓孩子在學校接受美術教育外，也會將孩子送到私人教師或藝術才藝中心學畫。當時，不論在學校或是才藝中心對於視覺藝術課程的教授都是以「學科為主的美術教育」。80年代提倡創造性與適性發展教學，坊間各美術才藝班招牌林立。許多私立幼兒園也聘請了專業的藝術老師，標榜專業科目讓專家來教，使用不同教學法進行每班每週一節約一小時的美術才藝課。在美術課中，或是故事或是遊戲，小朋友一邊玩一邊創作，通常教材內容大多依據小朋友的認知及肌肉動作發展而設計。這種以學科為主的美術教學的確達到了「以幼兒為中心」，符合幼兒年齡及發展上適性教育的目標，而且也確保了幼兒學習到某些美術知識概念與技能，然而它卻也有一些問題：(1)對於繪畫技巧重視程度大於幼兒生活經驗；(2)過於強調分科教學，無法與其他學科領域統整；(3)不夠

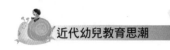

重視幼兒的個別差異與創造力；(4)容易過度仰賴美術專門教師，只在美術課才藝課時才進行藝術創作活動。

1990年代以後，臺灣幼兒教育的思潮深受開放教育的影響，幼教生態呈現百家爭鳴的景象。課程上從傳統結構性強的分科教學，漸漸走向以統整教學及遊戲中學習的開放教育。課程不再以單一學科為主，而是以藝術教育統整各個領域的學習，除了尊重個體獨創性外，也重視多元文化與藝術教育的結合。21世紀以後人類進入網際網路的高資訊社會，全球化及世界地球村已形成世界共同的趨勢，此時的藝術教育則以「多元文化藝術教育觀」（Multiple Culture Discipline-based Art Education, MBAE）為核心概念，強調「人與環境」的交互作用。國內學者林曼麗（2001）、黃壬來（1994）、陳瓊花（2001）、鄭明憲（2003）均主張，視覺藝術教育應與社會、人文、自然及世界整合。幼兒藝術課程必須以學習者為本位的統整課程模式，發展以生活為中心和社會統整的學習架構，這是一種全面性的藝術教育（Comprehensive Approach to Art Education）觀點。

國內九年一貫課程改革強調各領域的結合與聯繫，老師將藝術教育與幼兒園的主題活動相結合，運用不同的藝術素材，激發幼兒的想像力及創造思考，從自己的藝術作品中充分表達自己。此時，臺灣的藝術教育在後現代藝術教育思潮的影響下產生了質變。我們可以看到臺灣藝術教育充滿了生命力及各種可能性，教師在藝術課程中會配合其他不同的活動激發學生的學習動機。21世紀的藝術教師不再只是會教畫畫，同時需具備多元能力方可順應時代的變遷，教師須不斷的追求創新，運用不同的創作素材及教學資源，整合各學習領域的同時，也須隨時改變教學技巧，勇

於接受新的挑戰，並懷有一顆柔軟感性的心，從藝術欣賞或故事的敘說中去激發孩子的想像空間（林曼麗，2000；漢寶德，2006；魏美惠、林思騏，2010；MacRae, 2007）。

五、結語

東京市長石原慎太郎是一個傳統教育的追隨者，他主張我們須以嚴格的態度培養孩子的優秀特質，鍛鍊孩子堅忍剛毅的精神及健康的體魄。他認為教育不可完全仰賴學校，父母親須以身作則，不可縱容孩子不適當的行為或言語。石原先生認為在東方的社會裡，有很多時候我們必須生活在共同的公共領域中，因此培養孩子的公共道德是相當重要的，每一個人都不可以隨心所欲、任意妄為，我們對社會有一份責任。

的確，在文化及道德的傳承上我們都不該缺席。人本開放教育重視人的存在價值，追求人類心靈的成長，對於重視外在行為表現及重視言教及威權的傳統教育不表認同。人本開放教育的確讓我們有更多的選擇，活得更有尊嚴。然而不管是傳統教育或開放教育，或多或少都反應當前社會文化的趨勢。一個民風保守的社會不可能以開放教育為主流，同樣的，我們也不會在一個多元開放的社會中看到傳統教育受到肯定。傳統教育及開放教育的不同主張各有其優缺點，當國人的人文素養不足時，我們可能無法掌握開放教育的精髓。近年來隨著社會風氣的演變，我們崇尚自由，但卻應衍出許多不負責任的家長或老師，他們對孩子的教養態度不是過於縱容就是忽略孩子的教養。這些家長並沒有盡到做家長的職責，而他們的孩子長大以後就會污染別人的生活空間。

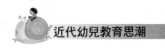
　　然而，值得我們省思的是，近年來教育改革的方向漸漸走向開放的方向，加上資訊網路社會的到來，強調記憶性及解題速度的吸收論學習觀，慢慢被主張以實物操作及以孩子生活經驗為導向的建構論或社會建構論所取代。近年來隨著開放教育腳步，幼兒藝術教育課程已不再只是重視畫畫技巧，往往幼兒藝術活動會統整各領域的學習，讓幼兒從藝術創作的過程中，嘗試各種不同的學習方式，增長多元能力（魏美惠、林思騏，2010）。藝術課程可以豐富幼兒的學習經驗，透過結合主題的藝術活動，幼兒學著將這個世界看成一個互相關聯的地方，並學習看這個世界的反應。令人惋惜的是，脫離幼兒階段之後，藝術教育有被邊緣化的趨勢。臺灣至今仍是升學主義掛帥，雖然我們知道視覺藝術對幼兒是相當重要的，但在整體教育制度及文化的限制下，視覺藝術教育並沒有受到應有的重視，這種教育生態不只剝奪了孩子學習上的樂趣，也埋沒了不少的藝術才子。

參考文獻

中文部分

天下雜誌（2001）。美與學習。**天下雜誌 2001 年教育特刊——美的學習**，35，102-105。

文建會（2004）。**2004 文化白皮書**。2009 年 2 月 24 日，取自 http://web.cca.gov.tw/intro/2004white_book/

周淑惠（1995）。**幼兒數學新論：教材教法**。臺北市：心理。

林玉体（1976）。斯巴達教育與雅典教育。**國立臺灣師範大學教育研究所集刊**，18，145-183。

林曼麗（2000）。**臺灣視覺教育研究**。臺北市：雄獅。

林曼麗（2001）。臺灣視覺藝術教育理念之展開：藝術、人文、新契機。**國民教育**，41（3），26-34。

陳伯璋、盧美貴（1991）。**開放教育**。臺北市：師大書苑。

陳武鎮（譯）（1991）。**幼兒創造力與美術**。臺北市：世界文物。

陳惠敏（2007）。**發展幼兒建構式數學課程之行動研究**。樹德科技大學碩士論文，未出版，高雄市。

陳朝平、黃壬來（1997）。**國小美勞科教材教法**。臺北市：五南。

陳瓊花（2001）。從美術教育的觀點探討課程統整設計之模式與案例。**視覺藝術**，4，97-126。

曾心怡（2011）。**透過遊戲引發幼兒探索兒童戲劇之研究**。國立東華大學碩士論文，未出版，花蓮縣。

黃壬來（1994）。邁向二十一世紀的美勞教育發展途徑。載於

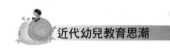

1994 亞洲藝術教育國際學術研討會論文集（頁 113-167）。臺北市：國立臺灣藝術教育館。

黃凱祥（2006）。建構無限的創意：積木。**蒙特梭利雙月刊，67**，51。

黃瑞琴（2009）。當遊戲遇見幼兒課程。**教育研究與發展期刊，5**（2），27-54。

楊振寧（2002，11 月 13 日）。90%小孩用傳統教育較扎實。**聯合報**。

漢寶德（2006）。**漢寶德談藝術**。臺北市：典藏藝術家庭。

劉仲嚴（2004）。**藝術教育學新論：後現代藝術教育**。香港：作者。

鄭明憲（2003）。藝術領域課程整合模式。**美育，132**，65-69。

盧永山（譯）（2001）。**他山之石：為何傳統教育反而更加進步**。取自 http://www.ncu.edu.tw/cume_ee/yut/edu-trad-modern.txt

盧美貴（1988）。**幼兒教育概論**。臺北市：五南。

聯合報（2003，6 月 3～4 日）。**藝術教育救國論**。2012 年 6 月 12 日，取自 http://old.npf.org.tw/PUBLICATION/EC/092/EC-R-092-011.htm

魏美惠（2002）。剖析臺灣幼兒教育的生態環境。**臺中師院幼兒教育年刊，14**，113-124。

魏美惠、林思騏（2010）。從藝術的窗口啟發幼兒心智：談幼兒藝術教育及其思潮之變遷。**高醫通識教育學報，4**，45-65。

英文部分

Baroody, A. J. (1987). *Children's mathematical thinking: A developmen-*

tal framework for preschool, primary and special education teach-ers. New York, NY: Teachers College Press.

Cox, M. (1997). *Drawings of people by the under-5s*. London, UK: The Falmer Press.

DeVries, R., & Zan, B. (1994). *Moral classroom, moral children: Creating a constructivist classroom atmosphere*. New York, NY: Teachers College Press.

Eglinton, K. A. (2003). *Art in the early years*. New York, NY: Routledge Falmer.

Gardner, H. (1991). *The unschooled mind: How children think & how schools could teach*. New York, NY: Basic Books.

Jensen, E. (1998). *Teaching with the brain in mind*. Alexanda, VA: Association for Supervision and Curriculum Development.

Kamii, C., (1985). *Young children reinvent arithmetic: Implications of Piaget's theory*. New York, NY: Teachers College Press.

MacRae, C. (2007). Using sense to make sense of art: young children in art galleries. *Early Years: Journal of International Research & Development, 27*(2), 159-170.

Moran, M. J., & Jarvis, J. (2001). Helping young children develop higher order thinking. *Young Children, September*, 31-35.

Morrison, G. S. (1984). *Early children today*. NY: Bell & Howell.

Moyles, J., L., Merry, R., Patterson, F., & Estarte-Serries, V. (Eds.). (2003). *Interactive teaching in the primary school: Digging deeper into meanings*. Maidenhead, UK: Open University Press.

Piaget, J. (1973). *To understand is to invent: The future of education*.

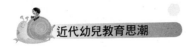
New York, NY: Grossman.

Qualifications and Curriculum Authority (1999). *Early learning goals.* London, UK: DfEE.

Rushton, S. P. (2001). Apply brain research to create developmentally appropriate learning environments. *Young Children, September,* 76-82.

Winner, E. (1989). How can Chinese children draw so well? *Journal of Aesthetic Education, 23*(1), 41-63.

6 張雪門與陳鶴琴的 幼教理念介紹

一、前言

　　臺灣近代幼兒教育思潮如同整體文化的發展一樣，受到西方、日本與傳統中國的影響。臺灣早期因日本殖民統治，幼兒教育存在許多日本的色彩，後來亦深受中國幼兒教育發展的影響，主要是國民政府遷臺後沿襲了許多早先在中國的相關教育政策。當時，對中國幼兒教育最有貢獻的人物以「南陳北張」為代表，指的是華南地區的陳鶴琴及華北地區的張雪門。

　　張雪門與陳鶴琴是中國早期幼兒教育的啟蒙先師，不只在幼教的領域裡分別提出了「行為課程」、「五指教學法」及「活教育」等精闢的幼教理念，陳鶴琴對於特殊幼兒教育的主張及貢獻至今仍深受臺灣肯定。他們雖受到西方多位學者的思想影響，但能將之融入本土的文化元素。

　　張雪門主張將實習制度落實於師資培育課程的主張，深深影響臺灣現今的師資培育方式。由於他們經歷長久的抗日戰爭，在當時民族意識抬頭的氛圍下，他們的幼教主張皆含有濃厚的民族愛國主義色彩。本章將分別依序介紹張雪門及陳鶴琴這兩位幼教

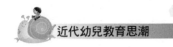

先驅的生平，他們所接受的幼教背景，對於幼兒教育的主張及貢獻。最後，將論述他們的教育理念對臺灣幼教的影響。

二、張雪門的介紹

（一）生平及幼教背景

　　張雪門於 1891 年出生於浙江省寧波，1973 年病逝於臺灣。他幼年時在家接受私塾教育，後來畢業於浙江省立第四中學，在因緣際會下參加了教育參觀團。在參訪期間，發現當時稱蒙養園或蒙養院（等同於現在的幼兒園）有兩種主要的教學法：其一是以教師為中心，有固定課表的教學法；另一種則是以幼兒為中心，以遊戲、說故事的方式進行活動。這個經驗啟發了他對幼兒教育的興趣。

　　之後，張雪門進入北京大學教育系工作，遇到了留美的知名教育學者高仁山教授，他是張雪門研究幼兒教育的啟蒙老師。張雪門因為高仁山而接觸了歐美的教育思想，開始以科學的態度來觀察、研究幼兒，同時也受到主張「知行合一」的平民教育家陶行知的許多啟發。陶行知將他的老師杜威所主張的「教育即生活」落實於中國的情境中，延伸出「生活即教育、社會即學校」、「教學做合一」等教育理念。日後從張雪門對幼教的相關主張中可以發現，其思想亦深受曾到中國講學的美國知名學者杜威之教育主張影響（戴自俺，1994）。此外，張雪門以四年的時間充實自己在幼兒教育上的專業知能，且有系統地研讀福祿貝爾及蒙特梭利的幼教主張。

　　張雪門於 1918 年先後創辦多所學校，並參與《新教育評論》雜誌。他投入許多心血在推動中國幼兒教育的發展，然而所提出的主張卻得不到當時政府的支持。後來應臺灣省行政長官公署民政處之邀，在臺北開辦兒童保育院（後稱臺北育幼院），招收兒童包括家境貧寒和智能不足、營養失調等的特殊兒童（張雪門，1969；戴自俺，1994）。這是臺灣光復後第一所政府規劃設立的專業性兒童保育機構，為後來臺灣兒童福利的服務工作奠定了基礎。之後，他又陸續開辦了臺灣省育幼院與臺中育幼院等（黃文瑞，1992）。

　　張雪門是位教育實踐家，對於推動臺灣幼教發展功不可沒。國民政府遷臺後，百業待興，張雪門先生已近 30 年的時間努力為幼兒教育奉獻心力，即使到了晚年身體狀況不佳，仍積極參加幼稚師範課程標準修訂及幼教師資培訓的相關計畫之推動。在他的努力下，臺灣幼兒教育漸漸受到重視。張雪門先生的著作相當豐富，包括擔任幼稚教育科的主編，編寫幼稚教育講義、幼稚園課程活動，且陸續編寫出版的書籍還有《實習三年》、《幼稚園科學教育集》等書。

（二）幼兒教育理念

　　張雪門對於幼教的啟蒙深受歐美學者的影響，而這些學者包括福祿貝爾、蒙特梭利及杜威等，皆強調幼兒的學習需由實際操作的過程方可獲得成長。張雪門先生的一句名言「學騎馬應該在馬背上學」，即可知其重視親身經歷的真實體驗。不論對幼教的主張，乃至於對幼教師資培育的堅持，皆可看出張雪門先生對於幼教強調做中學，認為凡事都要藉由實際工作方可獲得成長的教

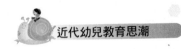

育理念（戴自俺，1994）。我們約略可將張雪門先生的幼教理念整理如下。

1. 以幼兒為學習的主體，尊重幼兒學習上的自由及興趣

張雪門認為即使是老師也需尊重幼兒學習上的興趣，在課程的安排上需以幼兒的興趣、需求為主。他認為威權式的教育已不符時代的需求，其所倡導的行為課程皆以幼兒的興趣為主，老師僅充當一個輔導者的角色。老師需為幼兒準備一個自由的學習空間去操作、去探索，且需規劃適合兒童學習及生活的設備。張雪門曾在《幼教十講》中提到，幼稚園課程應以「兒童」為中心。在他為北平市教育局所擬訂的幼稚園具體課程實施方案中，可以看出其對幼兒教育的主張、環境設備、教材教法等皆以「兒童」為學習的中心（戴自俺，1994）。

2. 以幼兒的生活經驗為學習重點

「行為課程」是張雪門最具代表性的教育主張，課程以幼兒的生活經驗為主，此與陶行知所主張的「是好生活就是好教育、壞生活就是壞教育、不是生活就不是教育」有異曲同工之處，也與杜威的做中學有相同的見解（黃慧莉，2010）。張雪門先生認為生活就是教育，紙上談兵式的教育是欺騙式的教育，浪費幼兒的時間，要從孩子自己的家庭、社會與自然環境去尋找幼兒學習的題材。他認為如果我們要讓幼兒學會在農村生活的技巧，那就需讓幼兒實際生活在農村中，需在實際參與的過程中去觀察、學習與操作。張雪門先生認為，教育需強調實際生活技能的提升，從生活中學習到知識與技能，脫離現實的教育是一種空虛無用的欺騙教育（戴自俺，1994）。

3. 以科學的態度研究幼兒教育

張雪門先生接觸許多歐、美國家的教育理念，尤其推崇杜威「從行動中學習」（從做中學）的主張。他以科學的態度對幼兒的行為進行觀察及實驗研究，認為科學的實驗可以應用在教育上。在張雪門所創辦的學校及對師資培育的相關主張中，可以發現他將科學研究的精神運用在教育的場域，並將實驗過程所獲得的結果做為教育改革的方向。

張雪門認為中國人發明了印刷術、指南針、火藥，顯示我們並不缺乏科學的概念，而是長久以來中國人較重視學業表現，讀書寫字甚於創作發明，因而忽視了科學的重要性（戴自俺，1994）。張雪門先生認為，科學研究的精神要從幼兒教育開始，讓科學成為幼兒生活的一種態度。在他的行為課程裡主張，以實際行動「做」，用「心」思考，幼兒從活動的參與中去觀察、思考、探究，是科學精神的表現（林靜子，1986；張雪門，1972）。在「從做中學」的過中，幼兒可以運用感官和思考從中發現錯誤而自我糾正，這種歷程可以達到「自我教育」（王靜珠，1983；張雪門，1961）。

4. 強調幼兒的民族意識教育

張雪門先生當時受到日本欺壓的社會背景，讓他有強烈的民族意識，深怕未來的孩子沒有國家民族觀念，因此想從幼兒即著手民族教育，並擬定四大項目標：喚起民族的自信心與剷除民族的劣根性、養成民族客觀的態度、養成團結習慣和勞動生產的興趣、鍛鍊我民族為爭取中華自由獨立之能力。雖然張雪門大力主張幼兒教育需加入民族意識教育以培養民族思想（張雪門，1973），但他這種主張並未獲得多數人的認同，反對者認為幼兒

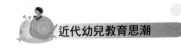

尚未獨立，不需加諸過多屬於大人的文化包袱在幼兒身上。

5.幼教內容需具中國本土色彩

中國早期的幼教深受日本的影響，且西方宗教陸續傳入，教會式的幼稚園開始盛行，中國失去了屬於自己特色的幼稚園。基於此，張雪門先生呼籲理想的中國幼稚園並不是外在形式的模仿，而在於教材的內容。他提出一個中國幼稚園應該具備的適合條件：(1)合乎我國民族性：不能盲目重洋，在課程中需加強誠樸、堅忍等民族性格的傳承；(2)合乎當地社會情形：幼稚園的設備需順應不同的氣候地形，盡可能取材使之具有當地色彩；(3)適應兒童需要：需從多種角度考量幼兒生理、心理的需求，且滿足其日常生活上的需求；(4)不違背教育意義：教育應以啟發兒童內在感受及能力，包括興趣、情感、美感及學習潛能等有益於身心的元素；(5)利用廢物、天然物和日用品：強調資源的再利用，從廢物利用中化腐朽為神奇，從周遭環境中啟發兒童的創造力（戴自俺，1994）。

總之，張雪門先生主張以幼兒為學習的主體，其尊重幼兒學習上的自由及興趣的理念與西方的開放教育相似，不過其幼兒教育主張有著更為濃厚的民族使命感及愛國情操。他對幼兒階段實施民族教育的作法，有時會與他主張尊重幼兒學習上的自由相互矛盾。

（三）行為課程之內涵

張雪門所提倡的「行為課程」不只適用於幼兒園的教學活動，同時也廣泛應用在幼兒教育師資的培育上，主張幼兒學習的內容應取決於個體的生活經驗，將行為與課程結合，從生活中去

學習。他對「行為課程」有明確的定義（張雪門，1966：1）：

　　生活就是教育，五、六歲的孩子們在幼稚園生活的實踐，就是行為課程。

　　這份課程和現在一般幼稚園所用的課程有沒有差別？我說有同有不同。這差別在那裡？我說這份課程包括工作、遊戲、音樂、故事等材料，也和一般課程一樣；然而這份課程完全根據生活，它從生活而來，從生活展開，也從生活而結束，不像一般完全限於教材的活動。

　　教育的真正目的在為將來的生活做準備，而「行為課程」的真正的目的在於增長幼兒的生活能力，亦即經由「行為課程」的實施，增加幼兒對生活環境的認識，進而改進環境，增加其解決實際生活問題的能力。張雪門先生主張在實施行為時須有三項原則（張雪門，1970）：

　　1.課程需從幼兒生活經驗中取材，但須經由老師加以選擇。
　　2.課程強調「從做中學」的勞動行為，但亦須在勞動上運用心思，方能有所成長。
　　3.課程雖由兒童生活中取材，但是須有遠大的國家民族目標。

　　「行為課程」的主張與開放教育的主張一樣，認為幼兒是學習的主體，反對制式化一板一眼的教學方式，鼓勵幼兒從操作中去學習，重視學習動機的啟發，鼓勵幼兒手腦並用。張雪門的行為課程在今日看來似乎並無創新，因為近年來開放幼教思潮相當普及，然而以當時的時空背景而言，算得上是一種充滿反省、批判與創新的幼教主張。尤其是，他能在吸取西方教育哲理的同

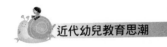

時，融入中國及地方本土色彩的教育見解，例如：他主張課程的取材要從孩子自己的家庭、社會及自然環境中去尋找，而不是一味地抄襲外國的教材；重視師生的互動、個人學習潛能的激發，且需有團體群性的培養；課程需依據幼兒生活經驗去設計，以不分科的方式進行，同時要有中心目標及教學計畫，並於教學過程中善用機會教育等等。黃常惠（2001）依據國內學者翁麗芳在《張雪門的中國幼稚園課程》中的行為課程架構圖（翁麗芳，1998）整理出以下的架構，如圖6-1所示。

（四）對幼教師資培育的主張

張雪門先生認為，要提升幼兒教育的品質，教師的素質是關鍵，因此他非常重視幼教師資的培育。為了改善當時師範體系過於重視理論，紙上談兵的師資培育方式，張雪門將「騎馬者應從馬背上學」的信念，應用於幼教師資的養成上，主張「半日實習半日授課」的學習方式（戴自俺，1994）。這是一種「做教學合一」的觀念，意即將理論與實務結合，透過實習的過程中邊做邊學習。

張雪門認為培育幼教師資須從實作的過程中去學習如何當一位優良的教師，因此非常重視實習課程，反對舊師範教育將「教」和「做」分開的作法，可以說實務經驗是張雪門師資培育教育中最重要的一環。張雪門運用多種途徑從事幼教師資的培育，其主要之理念乃是以行動為主體，重視做教學合一及實習制度，由實際的實習經驗中提升教師的多元能力。此外，他認為培養民族意識須從小做起，而幼教老師是幼兒的啟蒙，經由他們的傳承較易達成使命，以加強國家民族的競爭力，進而改造民族

幼兒教育目標

1. 協助兒童個體的發展
2. 培養符合社會、國家的需求的人才

↓

想提供給幼兒的經驗

1. 合於目前生長的需要
2. 合於兒童目前的學習能力
3. 合於現實生活的需求
4. 合於社會普通生活的標準

↓

編製行為課程

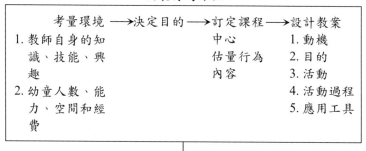

考量環境 ➝ 決定目的 ➝ 訂定課程 ➝ 設計教案

1. 教師自身的知
   識、技能、興
   趣
2. 幼童人數、能
   力、空間和經
   費

中心
估量行為
內容

1. 動機
2. 目的
3. 活動
4. 活動過程
5. 應用工具

↓

實行

1. 引起動機
2. 進行活動
3. 活動連結

↓

檢討

1. 對兒童行為的檢討
2. 老師記錄及自我檢討

圖6-1

資料來源：黃常惠（2001）。

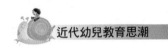

（翁麗芳，1993）。

張雪門所倡導的實習計畫有縝密的組織與步驟，其將實習過程依序分為：參觀、見習、試教及輔導等四部分（戴自俺編，1994），並以循序漸進的方式將這四部分分成參觀（參觀）、參與（見習）與支配（試教），稱之為「實習三步驟」。此外，張雪門在師資培育上採用「道爾頓式」（Dalton）教學法，將各個學科分為幾個單位，稱為「工作」或「契約」，由老師將工作教給學生，學生在教師的指導下進行研究，約略以一個月的時間完成一份工作契約，每位學生須在老師的引導下完成，方可進行下一個單元的學習（引自李文妮，1988）。由於當時幼稚師範課程中，除了書本知識外，亦重視自然、社會的基本技能和習慣的養成，此種以道爾頓的學習方式，再加上行動實踐之教學方法，稱之為「半道爾頓制」（戴自俺編，1994）。

三、陳鶴琴的介紹

（一）生平及幼兒教育背景

陳鶴琴先生於 1892 出生在浙江省上虞縣，1982 年病逝於南京，為農家子弟，一生奉獻於幼兒教育，在中國的幼教史上被尊稱為中國的幼教之父。陳鶴琴雖未隨國民政府來臺，然其幼教主張對早期臺灣幼教的發展影響很大。

陳鶴琴早年接受中國傳統的私塾教育，然對私塾教育有諸多的不滿，中學之後漸漸有機會接觸西方教育，對於充滿自由思想的教育思潮相當嚮往。1914 年至 1918 年期間先後到美國著名的

學校約翰霍普金斯大學及哥倫比亞大學，專門研究教育學和心理學，深受當時實證主義及進步主義的影響。返回中國後，陳鶴琴以科學的方法積極從事研究，並將成果提供教育改革方針。有感於幼兒教育需以科學為基礎，且須擺脫過去充滿日本及宗教色彩的幼教特色，陳鶴琴號召一些志同道合的友人於南京鼓樓自宅成立中國第一所幼兒教育科學實驗學校——「南京鼓樓幼稚園」（中國學前教育史編寫組，1989；孫愛月，1991）。

　　之後，創辦中國大陸第一所國立特殊教育學校——「南京市立盲啞學校」，讓特殊幼兒能享有較優質的教育。為了實現服務社會的目標又創辦了「上海特殊兒童輔導院」，並親自擔任院長。為了培訓優良師資，陳鶴琴除了支持陶行知創立了「南京曉莊試驗鄉村師範學校」外，亦發起組織「幼稚教育研究會」，並創辦《幼稚教育》刊物（呂國豪，2007）。

（二）幼兒教育理念

　　陳鶴琴對於幼教的主張深受西方諸多幼教先驅的影響，包括盧梭、裴斯塔洛齊、福祿貝爾及杜威等人，我們可以從他對幼教諸多主張及堅持中看出端倪。陳鶴琴與盧梭一樣都重視幼兒學習上的自由，而裴斯塔洛齊重視家庭教育也反映在陳鶴琴的教育實驗課程中。他同時研發教具輔助教學，肯定幼兒從遊戲中學習，此亦是受到了福祿貝爾教育主張的影響。

　　綜合國內多位學者（呂國豪，2007；盧美貴，1988）對於陳鶴琴幼教主張之研究，可以歸納以下幾點特色。

1. 以兒童為本位，重視兒童心理與個性

　　中國傳統上重視團隊精神的表現，在教育目標及教育原則上

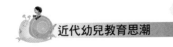

處處可以發現中國教育所強調的一視同仁及合作群性表現。然而，陳鶴琴認同盧梭的主張，認為教育須以兒童為本位，重視兒童不同的個性及學習潛能，方能因材施教。

2. 強調遊戲、運作與實際操作的活動

對幼兒而言，學習的最佳途徑並非從書本上獲得，陳鶴琴肯定了遊戲的價值，認為「工作就是遊戲，遊戲就是工作」，幼兒須從體能活動及遊戲中鍛鍊體力，從實際操作教具的過程中去增長知識及技能。他認為指導兒童的原則是（陳鶴琴，1983：451）：(1)凡是兒童能夠自己想的，讓他自己想，兒童能夠做的，讓他自己做，必要時，才給他指導；(2)指導兒童的目的是發揚兒童的才能，不是抑制兒童的活動。

3. 以科學的態度研究幼兒、教育幼兒

陳鶴琴身體力行成立「鼓樓幼稚園」對幼兒進行研究，並以自己的兒子為觀察對象進行研究，將幼兒智力發育及情緒特徵發表於《兒童心理之研究》專書，提供教育界教學上及後續研究之參考，首開中國研究幼兒之先鋒。

（三）活教育與五指教學法之內涵

陳鶴琴所主張的「活教育」充分表達出其教育上的主張，活教育指的就是一種活的教育，有別於傳統僵硬、缺少生命力的教育方式。陳鶴琴認為幼兒學習的教材應取之於自然界，並須與社會相聯結，強調幼兒分工合作的特性，兒童的學習及教材皆須以幼兒心理為基礎（鶴琴之聲江西編寫組，1995）。陳鶴琴主張的活教育是一種統整性的綜合課程，並透由五指教學活動去達成活教育的目標。他希望新一代的學子可以從傳統教育的枷鎖中解放

出來，基本上活教育有三大目標（丁碧雲，1996；呂國豪，2007；陳鶴琴，1987）：

1. 做人，做中國人，做現代的中國人。

2. 做中教，做中學，做中求進步。

3. 大自然、大社會都是活教材。

活教育的目標不只在成就個人健全之人格，並能養成健全身體、創造能力、服務精神、合作態度及有世界眼光的下一代學子。從陳鶴琴活教育的主張不難看出，這些目標反映了當時社會時空背景的需求，其教育主張具有個性、民族性與世界性的理想目標（王雯，2001；洪福財，2004）。此外，陳鶴琴基於自己辦學及實際觀察幼兒成長之經驗，羅列出17條實施活教育時之教學原則（引自呂國豪，2007：70）：

1. 凡是兒童自己能做的，應當讓他自己做。

2. 凡是兒童自己能夠想的，應當讓他自己想。

3. 你要兒童怎麼做，就應當教兒童學。

4. 鼓勵兒童去發現自己的世界。

5. 積極的鼓勵勝於消極的制裁。

6. 大自然大社會都是我們的活教材。

7. 比較教學法。

8. 用比賽的方法來增進學習的效率。

9. 積極的暗示勝於消極的命令。

10. 替代教學法。

11. 注意環境，利用環境。

12. 分組學習，共同研究。

13. 教學遊戲化。

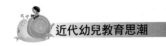

14. 教學故事化，採用故事式的教材。

15. 教師教教師。

16. 兒童教兒童。

17. 精密觀察。

陳鶴琴所倡導的活教育除了在教學法上有創新的時代意義外，並經由「五指教學法」來完成，將課程內容分為健康、社會、科學、藝術與文學等五種主要的活動。陳鶴琴提出的五指教學法認為教學需由一個與幼兒生活經驗相關的中心主題為核心，類似於我們的手掌，之後再延伸五大領域的學習，就像五根手指般彼此間相互連繫，將幼兒的經驗在同一個主題下進行統整，以多元的途徑豐富幼兒的學習經驗。以下將活教育所實施的五指教學法之內容逐一加以說明（王靜珠，1996；呂國豪，2007；林佩蓉、陳淑琦，2003；盧美貴，1994）。

1. 健康活動

健康是個體生命中最大的本錢，幼兒的學習需以養成正確的衛生、健康之生活習慣為首要目標。因此，教師須從幼兒食、衣、住、行、育樂及運動等面向去規劃與健康相關的活動，以建立幼兒正確的健康概念。

2. 社會活動

幼兒階段是情性發展的關鍵期，社會性活動的規劃能提升幼兒與同儕相處的能力，舉凡遊戲行為、團體競賽或活作學習等，都屬於社會性的學習活動。

3. 科學活動

科學態度須從幼兒階段就開始培養，讓幼兒從小就懂得觀察、探索，從科學實驗過程中學會大膽假設、小心求證的科學態

度。鼓勵幼兒動手玩科學，從實物操作的過程中去發現知識。

4.藝術活動

　　藝術活動能以多元的方式呈現，包括繪畫、美術、陶土創作、音樂、歌唱等，他們是幼兒生活中不可缺的元素，提供幼兒情緒紓解的管道，使生活充滿快樂，養成健康的性格。

5.文學活動

　　幼兒文學活動包含幼兒語言及童書繪本等相關的活動，從幼兒文學的圖畫世界中激發幼兒的想像力，從神話故事中傳達思想，以增進幼兒的語文表達能力，並啟發幼兒對文學的興趣。

　　綜上所述，我們可以了解陳鶴琴的幼教理念深具開放教育的色彩，在《我們的主張》一書中，其將幼兒教育的主張做了精簡扼要的統整，共列出15條（引自黃慧莉，2010：40）：

　　1.幼稚園是要適應國情的。

　　2.兒童教育是幼稚園與家庭共同的責任。

　　3.凡兒童能夠學的而又應當學的，我們都應當教他。

　　4.幼稚園的課程可以用自然、社會為中心的。

　　5.幼稚園的課程需預先擬定但臨時得以變更的。

　　6.我們主張幼稚園第一要注意的是兒童的健康。

　　7.我們主張幼稚園是要使兒童養成良好習慣的。

　　8.我們主張幼稚園應當特別注重音樂。

　　9.我們主張幼稚園應當有充分而適當的設備。

　　10.我們主張幼稚園應當採用遊戲式的教學法去教導兒童。

　　11.我們主張幼稚生的戶外生活要多。

　　12.我們主張幼稚園多採用小團體的教學法。

　　13.我們主張幼稚園的教師應當是兒童的朋友。

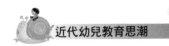

14.我們主張幼稚園的教師應當有充分的訓練。

15.我們主張幼稚園應當有幾種標準可以隨時考察兒童的成績。

從上述的主張中可以發現，陳鶴琴在教育上的主張深受歐美開放教育的影響，主張以幼兒的生活經驗為學習的起點，學習的內容及老師對孩子的評量方式都應該要豐富多元。同時，他亦重視幼兒良好生活習慣的養成，以及呼籲教育的內涵必須順應國情。

四、張雪門及陳鶴琴對臺灣幼兒教育的影響與貢獻

臺灣近年來幼兒教育蓬勃發展，延用了來自歐美國家許多幼教相關的主張，然而卻也不能忽視國民政府遷臺後對臺灣幼兒教育具有相當影響力的張雪門先生與陳鶴琴先生兩位幼教先驅。張雪門是中國第一位力倡幼兒教育的人（盧美貴，1988），其「行為課程」吸收了國外學者的菁華，並能融入本土文化的特色，改變了當時由教師主導的制式化教學模式，取而代之的是以幼兒為學習中心的教學方式。張雪門主張以科學的態度研究幼兒，同時重視遊戲中學習的幼教理念，他的「行為課程」不論是在教師的角色、教學的方式、教材內容或與幼兒的互動上，都改變了臺灣過去受日本統治所遺留下來的威權教育模式（黃常惠，2001），讓開放教育的種子在臺灣幼教界能夠遍地開花。

此外，張雪門對於師資培育提出的獨特見解，擺脫了以往以讀書為主，在教室中學習的模式，並從實習制度的規劃中增長幼

教老師教學、行政及社會服務能力，尤其是在實習的過程中能夠提早讓老師做好準備，累積自己教學的經驗。他對幼教師資培育方法的獨特見解，獲得相當大的迴響與肯定，至今仍深深影響臺灣對幼教師資培育之政策。此外，他在執掌臺北育幼院期間，不只收養社會上的弱勢兒童，提供他們一個溫暖的居身之處外，更經由導生制度的實施，幫助這些兒童獨立自主，儲備他們工作的能力，並提供教育、進修及職能訓練的機會，為日後進入職場做準備。毫無疑問，這為後來臺灣其他慈善機構的運作樹立了良好的典範。

張雪門即使晚年健康狀況不佳，仍藉由教材的編寫、專書著作及文章的發表來倡導優質的幼兒教育。總之，張雪門是一位實踐家，對幼教充滿熱忱，從大陸到臺灣始終如一。

另一位被推崇為「中國大陸幼教之父」的幼教先驅則是陳鶴琴先生，早期接受西方教育的洗禮，尤其是美國的進步教育和實用主義，因此在其教育思想裡處處可發現西方開放教育的樣貌。他對幼兒教育提出相當多的精闢見解，例如活教育及五指教學法，並積極落實幼兒教育本土化的理想。此外，陳鶴琴對中國特殊教育的發展奉獻相當大的心力，除了發表特殊兒童教育的專著《兒童心理之研究》外，亦致力於中國特殊教育之推廣與實踐（王盛、徐惠湘，2003）。他創辦了中國第一所國立特殊教育學校「南京市立盲啞學校」，為了讓特殊兒童能夠得到與正常兒童同樣的受教機會亦創辦了「上海特殊兒童輔導院」。戰爭期間成千上萬的兒童無家可歸，為了拯救社會上流離失所的難童，他同時創立「上海兒童福利促進會」，以解決難童教養問題（黃慧莉，2010）。

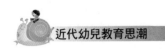

　　陳鶴琴畢生致力於教育的改革，尤其是幼兒教育及特殊教育。有感於幼教師的缺乏及師資素質提升的需求，他亦在江西幼稚師範學校培育幼教師資。

　　陳鶴琴是中國幼兒教育的開拓者，他提升了幼兒教育的地位，並著手起草「幼稚園課程暫行綱要」，建立一份適合中國國情的幼稚課程標準。他以科學的態度研究幼兒心理，並重視幼教師資的培育，他的教育哲學思維及對活教育的主張具有劃時代的意義（張麗，2004）。陳鶴琴在吸取西方教育菁華的同時，亦落實幼教課程的本土化，發展出適合中國時空背景下的幼兒教育。國內學者洪福財（2004）認為陳鶴琴所主張的活教育，對於臺灣幼兒教育的發展有下列的啟示：

　　1.以科學的態度，積極投入幼教相關研究，提供現場教師參考。

　　2.對於歐美幼教思想的引進，融入本土的特色。

　　3.幼教理論與實務應相互配合，開創優質的幼教理念。

　　4.培養幼兒宏觀的國際視野，重視本土文化的傳承。

　　5.教育應順乎幼兒發展之需求，提供適合幼兒的學習方式。

　　6.師資培育重視跨領域課程的統整能力。

五、結語

　　張雪門與陳鶴琴這兩位影響中國與臺灣近代幼兒教育發展甚深的學者有著同樣的經歷，他們都處於中國新舊兩個時代，在中西文化交流與衝擊下，皆提出屬於個人對於幼兒教育的獨特主張。在當時的時空背景下，他們的求學歷程相當艱辛，客觀說來

陳鶴琴所接受的教育比張雪門完整，然而他們皆能從其豐富的實務經驗中，領略出相同的教育思想。他們皆肯定開放教育的主張，認為唯有建構於幼兒生活經驗的教育才具有意義，主張以幼兒為學習的主題，且皆極力推崇以科學實驗的態度去觀察幼兒。雖然，他們的教育理念充滿著民族及愛國的情懷，但主張從幼兒即開始接受民族教育的理念難以落實，且受到質疑。

　　張雪門與陳鶴琴對於提升幼兒教育的地位功不可沒，對於戰亂之下孤兒的收容與教養貢獻良多，改變了不少難童的命運。張雪門所提出的行為課程，陳鶴琴的活教育及五指教學法皆具有劃時代的意義，尤其他們皆重視幼教師資的培育和幼兒研究人才的培養，創立多所學校，從初等教育到高等教育的師範訓練體系，以及從幼兒學校到特殊幼兒學校及社會福利機構（翁麗芳，1998）。總之，他們對特殊幼兒、弱勢兒童、兒童福利、社會工作等奉獻極大心力，尤其對幼教師資培育的重視及主張，至今仍被國內幼教師資培育機構奉為圭臬，深深影響臺灣幼教師資培育的方式。

參考文獻

中文部分

丁碧雲（1996）。陳鶴琴先生的教育事蹟：「活教育」運動啟蒙者。**社會教育年刊**，39-44。

中國學前教育史編寫組（1989）。**中國學前教育史資料選**。中國北京：人民教育。

王盛、徐惠湘（2003）。**中國幼教之父：陳鶴琴**。中國南京：南京師範大學。

王雯（2001）。活教育的理論基礎。載於唐淑（編），**童心拓荒：現代兒童教育家陳鶴琴**（頁145-152）。中國南京：南京大學。

王靜珠（1983）。悼念我國幼稚教育之父：張雪門先生。**國教輔導**，22（7），9-10。

王靜珠（1996）。陳鶴琴先生之教育思想與實踐。**國教輔導**，35（3），10-15。

呂國豪（2007）。**陳鶴琴兒童教育思想之研究**。樹德科技大學碩士論文，未出版，高雄市。

李文妮（1988）。適性的個別學習指導。**訓育研究**，27（1），35-39。

林佩蓉、林淑琦（2003）。**幼兒教育**。新北市：國立空中大學。

林靜子（1986）。張雪門先生之教育思想淵源。**國教輔導月刊**，19，19-21。

洪福財（2004）。**陳鶴琴的活教育思想：兼論其幼教啟示**。臺北市：群英。

孫愛月（1991）。**當代中國幼兒教育**。中國福州：福建人民。

翁麗芳（1993）。張雪門幼教師資課程論及其實踐。**花蓮師範學院幼兒教育學報**，2，99-120。

翁麗芳（1998）。**幼兒教育史**。臺北市：心理。

張麗（2004）。陳鶴琴幼稚園課程思想的現代啟示。**鶴琴之聲**，18，41-43。

張雪門（1961）。**幼稚園科學教育集**。臺北市：童年書店。

張雪門（1966）。**幼稚園行為課程**。臺北市：臺灣書店。

張雪門（1969）。中華文化復興的實踐問題。**教育與文化**，377，1-2。

張雪門（1970）。文化復興中的幼稚教育（二）。**教育與文化**，394，37-43。

張雪門（1972）。幼教師資考試檢定芻議。**教育文摘**，17（5），3。

張雪門（1973）。**幼稚教育論叢**。臺北市：開明書店。

陳鶴琴（1983）。**陳鶴琴教育文集**。中國北京：北京。

陳鶴琴（1987）。**陳鶴琴全集**。中國南京：江蘇教育。

黃文瑞（1992）。臺灣省立桃園育幼院建制沿革與業務簡介。**臺灣文獻**，43（2），157-164。

黃常惠（2001）。**張雪門幼兒教育思想及實踐之研究**。國立臺灣師範大學碩士論文，未出版，臺北市。

黃慧莉（2010）。**陳鶴琴特殊兒童教育思想之研究**。樹德科技大學碩士論文，未出版，高雄市。

盧美貴（1988）。**幼兒教育概論**。臺北市：五南。

盧美貴（1994）。**幼兒教育概論**（第二版）。臺北市：五南。

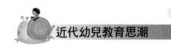

戴自俺（1994）。**張雪門幼兒教育文集，上、下卷**。中國北京：
　　少年兒童。

鶴琴之聲江西編寫組（1995）。活教育在江西。**鶴琴之聲**，2，
　　1-9。

7 皮亞傑認知理論之探討

一、前言

　　瑞士知名學者皮亞傑（Jean Piaget, 1896-1980）是少數幾位能針對幼兒各種發展現象深入進行研究的學者之一，他雖然不是一位教育家，但他所提出的認知發展理論（cognitive theory）卻被廣泛的應用到教育及心理學界。在過去三十多年，皮亞傑的理論深深影響國內外幼兒教育的發展與走向，他的兒童發展理論不僅為歐陸各個國家所肯定，同時也於 1960 年以後成為美國幼教界的主流。

　　皮亞傑不同於其他幼教先驅如康米紐斯（1592-1670）、裴斯塔洛齊（1746-1827）及福祿貝爾（1782-1852）的地方主要在於，皮亞傑對幼兒的研究不具任何宗教意識，雖然他也曾研究兒童道德及宗教觀的建立，但他本身卻較傾向於無神論者。雖然皮亞傑並不是一位實踐家，他從不強調所謂的教育使命感，但從他花了半世紀對兒童認知發展的研究中，不難發現他對生命現象的熱愛與關注。

　　皮亞傑終其一生熱衷於兒童發展的研究，他雖不以教育家自居，但其研究成果卻替幼教界畫下一幅發展的藍圖。本章將依序介紹皮亞傑成長的背景，其研究方向的轉變，他的理論何以被美

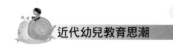

國人所接受？同時將探討皮亞傑的「知識論」及「兒童認知發展的階段論」，最後本章對於皮亞傑理論及後皮亞傑學派在教育界的應用及其所受到的批評等也逐一加以討論。

二、皮亞傑成長背景及研究方向

皮亞傑於 1896 年出生於瑞士的法語區——納沙特爾（Neuchatel）。他的父親是位史學專家，母親是一位略帶神經質但心地善良的人，皮亞傑從他父親那裡學會了有系統的蒐證，且很早就對於心理及精神分析有著濃厚的興趣。

皮亞傑不同於一般人的地方在於他學習動機相當強，對於周遭的現象也都能觀察入微，且有系統的加以記錄起來。童年時代他主要興趣在於對生物界及自然現象的研究，如鳥、化石、海洋……等。十歲左右，他就發表了第一篇研究，名為「論鳥」，之後他不斷地有多篇的作品提出。進入青少年時期的皮亞傑開始對人生哲學產生極大的興趣，他廣泛地研讀一些哲學思想家的作品，在這段期間，他同時出版了《思想的使命》及《探索》等書。書中反映出他對理智與情感、科學與信仰及戰爭與和平之間矛盾衝突的情緒。21 歲時的皮亞傑發表了 25 篇專業性的文章，是當時全球少數幾位研究軟體動物的專家。他於 1918 年取得納沙特爾大學自然科學的博士學位。取得博士學位之後的皮亞傑任職於一所小學的比耐（Binet）心理實驗室，在此時他對幼兒心理及幼兒認知的途徑有了濃厚的研究興趣。自此以後他的研究以幼兒心理學為重點，主要在探討智力如何增長及知識如何獲得。綜合上述，我們可以將皮亞傑一生的研究重點加以歸納如表 7-1

所示。

表7-1　皮亞傑研究重點的簡述

階段	童年、少年	青少年	青少年之後
年齡	15歲以前	15～20歲	21歲以後
研究重點	生物學	哲學	心理學
研究主題	生物及自然生態的觀察，包括鳥、化石及軟體動物	理智與情感、科學與信仰、戰爭與和平、生與死	幼兒心理學、智力的發展、知識的獲得
代表著作	論鳥	思想的使命、探索	兒童的思維、兒童智力的根源

　　從皮亞傑研究軌跡的轉變中可以發現他對研究的熱愛，雖然我們可以簡要的對於他的研究重點做階段性的劃分，但必須加以澄清的是，皮亞傑早年對於生物學的研究及對哲學思考的熱衷奠定了他一生研究的基礎，他對於幼兒心智發展的主張深深地受到他對生物學研究的影響，例如：當他在觀察湖中的軟體動物在適應不同的環境時，他發現牠們外殼的硬度會隨著不同的湖水而有所改變，這種現象引導他下一個結論，那就是生物或動物的成熟除了受內在遺傳基因的影響外，也與外在的環境有極大的相關。因此，皮亞傑主張「發展」（develop）本身是一種內在與外在交互作用之下產生的結果（Piaget, 1952）。

　　皮亞傑並非天才型的專家，他是一位工作勤奮、態度嚴謹且非常執著的研究者。由於皮亞傑的研究成果廣泛的被教育界所引

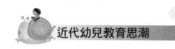

用，因此很多人認為皮亞傑是位教育家或心理分析家。嚴格說來他兩者皆不是，他最大的興趣並不像一般的心理分析家在於預測人類的行為，也未提出一些與課程設計相關的理論，他從未將自己的研究目標設定在任何教育功能上。皮亞傑在長達半世紀之久的研究過程中，雖有無數的著作，但不難發現他主要是在探討「人類智力（intelligence）是如何形成？」及「人類的知識（knowledge）是如何增長？」（Piaget, 1952）。

三、皮亞傑理論傳入美國

皮亞傑理論於1960年代以後廣泛地傳入美國。其實在此之前，皮亞傑在歐陸國家已相當有名氣，他的理論早已陸續被介紹到美國，但卻未能被美國心理學界及教育學界所接受，其主要原因在於，皮亞傑很多的理論及見解是建立在對自己三個孩子的觀察上，他所引用的研究方法受到質疑。早期美國對於科學的研究較強調數量統計，講究研究成果的代表性。皮亞傑從三個孩子成長過程中所觀察到的一些心智發展現象，很難說服人們去相信這些研究的結果可以代表美國或世界各地的兒童，美國人懷疑這些研究的結果本身是否不具文化色彩。

雖然1950年代以前皮亞傑的理論不易被美國人所接受，但1960年代以後，情況為之改觀。L'Abate 在 1968 年的一項調查報告中發現，美國在 1950 至 1960 年代間有關幼兒發展的雜誌或書籍中被引用最多的學者就是皮亞傑，其影響力可見一斑。分析其主要的原因有下列幾點。

（一）質的研究受到重視

在社會行為科學裡，對於人類發展及行為現象的研究，主要以兩種研究方法為主，一為量的研究（quantitative study），對於所蒐集到的資料經由數量統計的方法加以分析，較強調研究成果的外在效度，也就是它的代表性，像類似問卷調查及傳統所使用的智力量表，都屬於量的研究，這是一種注重「廣度」的研究。另一種研究法為質的研究（qualitative study），即透過觀察、訪談的方式取得研究資料之後，再以內容分析的方法去深入了解或解釋一種現象；此種研究較強調對事件或行為觀察做深入的剖析，較注重「深度」而較不強調代表性。1930 年代以後，質的研究方法慢慢受到重視，教育心理學家們意識到，對於人類發展的一些現象無法以一個簡單的統計數據即可解釋清楚，質的研究法從無到占有一席之地，以此種方法取得的研究成果慢慢地建立公信度。學者專家也了解到，對於幼兒發展的研究必須藉重於觀察法的研究，而皮亞傑的研究成果也因而廣受矚目（Lincoln & Guba, 1985）。

（二）皮亞傑的認知發展理論受到肯定

早期皮亞傑理論被介紹到美國之際，引起了不少的譏諷及排斥，然而基於好奇心的驅使，還是有不少學者針對皮亞傑提出來的各種發展理論進行實驗，例如：皮亞傑認為人類智力功能的運作乃是藉由同化（assimilation）、順化（accomodation）及平衡（equilibration）所建立的基模（schema）去完成的。除了許多美國幼教心理學界的專家學者驗證了皮亞傑提出的見解之外，也相

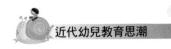

繼在其他不同的文化國度裡肯定皮亞傑的理論。尤其是皮亞傑所提出的智力發展的四個階段理論特別受到廣大的矚目及肯定。

（三）結構主義的興盛

1960年代結構主義（Constructuralism）的思想在全世界興盛起來。皮亞傑被認為是一位結構主義者，這種說法並無不當，結構主義者所強調的就是國家或社會的整體根基建構的探討。如果我們以一棟大廈為例，那麼結構主義者所強調的就是大廈本身的地基、鋼筋支柱。皮亞傑之所以被視為結構主義者，乃是他在探討人的智力如何增加及知識如何獲得時，他的研究方向是以找尋智力與知識增長的根源，和結構主義者一樣，只不過探討的對象是人的認知結構所發生的根源。皮亞傑思想傳入美國之際正值結構主義在美國當地流行起來，他的理論也就在這股風潮的推波助瀾之下成為主流。

（四）皮亞傑理論提供教育改革的方向

1960年代歐美掀起了一股「反智運動」，反對傳統教育過分注重知識灌輸，而忽略了學生的個別差異性及情性的發展。此時，主張幼兒如同「白板」或「空容器」般的灌輸式學習方法漸漸式微，皮亞傑的認知理論適時的提供教育改革的方向。皮亞傑的認知理論主張兒童是主動的學習者，在與外在環境產生互動的過程中會主動建構自己的知識。換言之，個體知識的建構並非處於被動接受的狀態，而是以先備知識做為基礎，過程中是不斷的自我修正與調適，以面對外在環境的探索和知識建構（Glasersfeld, 1995; Piaget, 1962）。

　　皮亞傑的理論強調發展的階段性，主張學習及知識的獲得必須藉由發明、發現與實際的接觸中才能產生，這些主張對於當時美國的教育界影響相當大，直至今天美國教育所重視的「建構性玩具」、「啟發式教學」及「適性教育」等，無一不是受到皮亞傑主張的啟蒙。

四、皮亞傑認知發展理論

　　皮亞傑的認知發展理論主要探討的方向有三：知識的內容（content）、智力的功能運作（function）和認知結構（structure）。皮亞傑認為智力與知識兩者之間有密不可分的關係。

（一）知識的內容

　　皮亞傑的認知發展所探討的就是對知識獲得的發展歷程。皮亞傑首先針對知識所涵蓋的內容加以分類。根據皮亞傑的論點，他認為知識是一建構性的東西，必須由實際的行為經驗中慢慢累積得來。皮亞傑將知識分為三大種類，說明如下。

1. 具體的知識（physical knowledge）

　　如衣服的尺寸、四季的變化、水溫、重量……等等。皮亞傑認為這類知識的獲得必須透過發現中去建立，而不是從閱讀書本或老師傳授而來，這是一種從實際生活中去了解及發現的一種知識，古諺「如人飲水，冷暖自知」意即此，例如：在冰島長大的孩子，可能很難體會炎熱難熬的滋味。

2. 邏輯數學知識（logical-mathematical knowledge）

　　和具體的知識一樣，皮亞傑認為即使是邏輯數學的知識也需

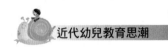

藉由孩子與實物的接觸才能建立數學概念。但不同於具體知識的是，在此實物的本身只是一個中介，是藉以幫助孩子建立邏輯數學知識的媒介而已，例如：我們要得知小棉球及彈珠哪一樣較重時，此時棉球和彈珠本身是個主要的學習對象，我們只要將之拿在手中即可知道答案，重量乃是一種具體的知識。而當我們將十粒棉球排成長方形，並將十粒彈珠排成三角形之後，發現棉球或彈珠數目的多寡並不受形狀或組成不同的影響而有所差異。在此，棉球或彈珠只是個學習的中介，可以幫助我們建立數字概念。又如美國中、小學有很多的實驗過程，藉由整個實驗的過程中，建立很多邏輯推理的思考模式。依據皮亞傑的論點，這種知識的建立必須經由「發明」的途徑取得。

3.社會性知識（social knowledge）

包括社會道德、規範、法律條文及價值觀……等等，這是一種有文化差異，深具文化色彩的知識。社會性知識必須藉由日常生活與人接觸中建立，孩子們藉由同儕或與長輩間的相處學會與人相處之道，建立社會性知識。根據皮亞傑的論點，社會性知識必須經由與人接觸中建立，而不是由閱讀或口授得來，尤其愈小的孩子語言或符號系統還沒建立好，愈是需要感官動作去建立知識。一般說來，在抽象思考運思期（11 至 15 歲）之前，知識的獲得必須依賴實際生活中獲得的經驗（Wadsworth, 1989）。

皮亞傑將知識的內容分為以上三種類型，他的知識論是否涵蓋了知識的全貌呢？當然，我們必須肯定皮亞傑的研究，因為他在半世紀以前就提出了知識的整體架構。但不可否認的，他的知識論並不是沒有缺點。我們都知道21世紀的今天，社會上分工精細，對於知識的追求更無止境，以當時皮亞傑對知識內容種類

的歸類而言，我們似乎會發現隨著時代及社會變遷之下所因衍而生的知識，有時難以歸列到皮亞傑知識論中的任何一類，例如：以現今對知識的分類而言，皮亞傑的知識論在分類上過於籠統，如天文科學到底應歸在哪一類？皮亞傑對於知識的獲得較強調實物操作及親身體驗，那麼對於有些必須透過想像或無法親身體驗的知識，如太空科學研究、史前石器時代的歷史研究等，是否必須留有很多的想像空間才能有新的發明或發現，進而提升人類生活的水準。

此外，皮亞傑主張「知識係透過操作而獲得，經由教師傳授之灌輸知識僅為知識之表象，是零碎而無系統的」（杜聲鋒，1989：15）。皮亞傑主張「經驗」是知識建構不可或缺的元素，他認為個體對知識的獲得約略可分為兩種。第一種指的是個體將一再出現的感官訊號加以聯結之後所建構出來的概念，例如幼兒對於「媽媽」概念的建構，須經由感官一再接觸與「媽媽」有關的訊息，包括媽媽的長相、聲音、味道、動作及對個體的關愛等等。個體將這些訊息加以聯結後，建構出「媽媽」的概念，稱之為「經驗的抽象概念」（empirical abstraction）特質。另一種為個體對於日常生活中所逐漸形成的經驗性概念加以分析、比較、推理後建構出來的新概念，是一種表徵的再呈現，亦稱為「反思性的抽象概念」（reflective abstraction），例如幼兒對於女性的知覺經驗，包括頭髮的長度、穿著、聲音等，分析比較後得到「穿裙子的是女生」這種概念。我們通常會經由經驗和反思性的抽象概念建構自己的知識（張斯寧主編，2008）。

皮亞傑對於知識論的主張，與美國學者 Kilpatrick 和 von Glasersfeld 有兩點類似的見解，包括知識不是被動地接受外在環境

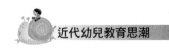

的刺激，而是由認知的個體主動建構；且認知的運作過程是一種調適的作用，用來組織其所經驗的世界。他們和皮亞傑一樣都主張知識是由學習者主動建構的（甄曉蘭、曾志華，1997；Duffy & Jonassen, 1992; Glasersfeld, 1995）。

從皮亞傑對「知識論」的論述中我們可以發現，皮亞傑認為「具體知識」與「社會性知識」的獲得必須是學習的主體在直接與環境產生互動的過程中去獲得，而「數學邏輯知識」也必須運用實物為媒介去建構概念。在電腦問世之前，依據皮亞傑的理論，智力的增長必須依靠主體也就是學習者與環境產生互動，一個孩子如果想要了解一部玩具車的整體結構，最好的方法是將這部玩具車子拆解後再重新組裝起來。然而，電腦中不同的遊戲或教學軟體卻提供不一樣的學習情境。

雖然如此，電腦及電視仍然無法提供兒童知識建構的充分條件，電腦及電視的虛擬情境終究無法取代孩子在真實社會情境中可以獲得的知識。對皮亞傑而言，「經驗」與「操作」是認知發展的必要條件，兒童必須在豐富的生活經驗中與周遭的人、事、物直接產生互動，如此才能讓智力的功能運作，經由同化及順化的過程中建立智力基模，促進發展、增長智能。皮亞傑認為兒童在既有的認知結構下和外在環境的刺激產生「認知上的衝突」，此時原有的認知結構會回應環境的刺激，並且從中不斷統整擴展原有的經驗再建構新的知識與學問。

（二）智力的功能運作

皮亞傑認為個體智力的增長必須經由同化及順化中建立一個智力的基模。同化和順化是一切智力活動中不可或缺的兩種功

能，以下將針對這幾種功能加以介紹。

1.同化

意指接收到外界新的刺激或新事物時，會將之歸納於原來既有的結構中，意即將外面客觀的情境歸併於主體原有的智力結構中。也就是「以不變應萬變」，將新的經驗融入舊經驗中，並沒有改變整個智力結構，這是一種「量」的改變（林玉体，1990）。

例1：小孩子看到穿綠色服裝的人都稱之為「郵差先生」。他們並不會去區分阿兵哥與郵差先生的不同。

例2：當一位未曾看過牛的小孩，第一次看到牛時會將牠稱為「大小狗」，而對於在天上飛的飛機也會稱之為小鳥。

例3：小孩子會將許多東西往嘴裡塞，他們並不會去分辨哪些東西可以吃，哪些東西不能吃。

2.順化

又稱之為調適，指個體遇到新的情境時會改變原來的認知結構來適應新的需求。換句話說，當舊有的結構無法同化新經驗時，乃主動的修改舊有的基模。這是一種「以變應變」，個體修整自己內部架構，以使自己適應環境的一種本質上改變的智力功能運作。

例1：當幼兒發現牛和狗有些不同，他們會改變原來既有的認知結構去分辨出牛和狗的差異。

例2：一個高中生進入大學後發現老師教學的方式不同，評量成績的標準也有所改變，如寫報告、上課參與率

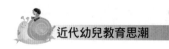

……等。此時這位學生會改變原有高中時代的學習方式及準備考試的方法以順應新環境的需求。

以上同化及順化的例子可以幫助我們更加了解它們之間的差異性，其實在一個人的一生中，同化和順化的功能不斷地交互進行，不論是在孩童時代或成人以後都是這種情形。當然，在成人世界裡很多具體的知識已建立完成，我們知道蘋果和洋蔥的差別，也早已學會分辨牛與狗的不同，但這並不意味著同化功能完成，而較依賴順化的認知功能。其實只要是一個能自我成長的人就會不斷地吸取新知，接受新的情境，當遇到一個新的挑戰時，認知過程中同化及順化的功能會不斷地出現，例如：我們到非洲一個小部落去旅行，剛開始在面對當地的民情風俗時，我們會以舊有的經驗加以同化新經驗，但如果發現這個部落的民情風俗是無法融入原有的基模時，我們則會適度的改變原有的認知結構，以適應新環境的需求，這就是一種「順化」的過程。

在皮亞傑的認知發展中，同化及順化的功能運作是對外在環境、行為表現的一種中心主體。「經驗」在認知過程中扮演著舉足輕重的角色，雖然經驗的本身不能保證智力的增長，但同樣的發展卻也缺少不了經驗。換句話說，經驗是發展的必要條件，但卻不是充分條件。在多采多姿的實際生活中，經驗可以刺激同化及順化的功能運作，而當同化及順化之間達到一個平衡點時，則完成適應（adaptation）的過程。

在皮亞傑認知理論裡有待進一步加以解說的兩個觀念是「平衡」（equilibrium）和「不平衡」（disequilibrium）。當順化和同化之間達到一個平衡狀態時，我們稱之為「平衡」；相對的，

它們兩者之間未能達到此種狀態時則稱之為「不平衡」。這種不平衡的狀態，依據皮亞傑的說法是種「認知上的衝突」，它的發生對智力的成長具有相當大的助益。當小孩子在求知的過程中有這種「不平衡」的現象發生時，如預先期盼或預測的與實際經驗中的情況有所不同時，在認知上會有所衝突，而這種矛盾或衝突正是皮亞傑所強調的「學習動機的根源」，這是成長與發展的主要動力來源（Piaget, 1977）。

（三）認知結構──基模

　　「基模」是皮亞傑認知結構中的基本單位。他相信人的心智結構和身體一樣，所有的動物都是經由「胃」去執行消化功能，同樣的，人類透過智力結構中的「基模」去執行對外在環境的適應。基模乃是經由同化及順化的功能不斷地改變，同化的功能可以擴充基模的量，是一種成長；而順化的過程則可以改變基模的整體結構，是一種質的改變。

　　基模不是一種行為，而是經由同化及順化來完成的心智結構。一個人基模的結構可以顯示出他的認知程度及知識水準，且基模會隨著智力的增長及知識的累積而不斷改變。以電腦的建檔為例，當我們拿到一份新的資料時，我們可以將之歸於原有的舊檔案中，這是同化功能的運作；而重新建立一個新檔案，則是順化功能，這些各式各樣不同的檔案代表著不同的基模。又以一間房子內部的建構為例，房子裡面的隔間如廚房、餐廳、臥室……等，這是所謂的基模，我們會將新買進的家具或日常用品加以適當的歸類，餐具擺在餐廳、書本擺在書房。如果買了運動器材，可能原有的基模並沒有這種設計，那麼我們可以將此運動器材在

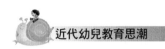
不改變原來基模的情形下，擺在其中的一個房間，這就是同化功能的運作；或是重新隔間，也就是改變原來的基模，這是順化功能的運作。人類智力的成長及對知識的吸收是端看個體基模結構及其功能的成熟狀況。

五、皮亞傑智力發展的階段論

皮亞傑認為，人自出娘胎以後即不斷地循著可預測的軌跡成長。雖然成長有一定的順序，但並非每個人的成長速度皆同。他將兒童智力發展分為四個階段（stage）。

（一）感覺動作期（sensori-motor intelligence）

指零歲至兩歲左右。在這個階段裡幼兒非常依賴感官。我們可以發現在這個時期裡，他們在認知的發展上非常快速，從一個呱呱墜地反射動作極其明顯的階段發展到能運用言語、行動及有情緒表達，其中的認知發展及基模結構的改變相當大。感覺動作期可謂人一生中學習最認真的一個階段。我們可以發現幼兒除了睡覺的時間之外，幾乎全心全意的在觀察、學習、成長。在這個階段裡的發展特徵包括：手與口、眼與手的協調、分辨主體與客體的差異、建立物體恆久存在觀念、語言能力的運用及情緒的表達等等。在感覺動作期的完成期裡，幼兒已建立很多的概念，他們知道看不見的東西並不表示不存在，也會運用大、小肌肉的協調去拿取自己喜歡的東西，也懂得運用語言與別人溝通進而建立關係。

（二）運思前期（pre-operation intelligence）

指兩歲至七歲左右。運思前期的兒童思考能力還無法正常運作，認知及思考的方向還是深受感官肢體的影響，他們的思考之所以無法正常運作，與他們此階段的發展特徵有關，說明如下。

1. 自我中心思考方式

在此階段的兒童總是認為別人的想法和自己的一樣，不會以別人的立場或觀點考量事情，即使做錯事，也會認為錯的是別人或事情的本身，而不是他們。當然，他們不了解自己的自我意識有多強烈，也不會尋求別人的認同，這可以從他們的語言表達（如喜歡獨語）及他們與別人相處的社會行為中觀察得出。

2. 未能掌握事情轉變過程

運思前期的兒童由於邏輯思考及推理的能力還未建立，當他觀察事情的轉變時，無法掌握其演變的過程，雖能注意到事情的始末，但不了解過程與結果之間的相互關係，這也就是為何處於這階段的孩子沒有歸納及推理能力的緣故。

3. 注意力局部集中

一般說來，兒童們很容易被外界發生的事件所吸引，但小孩子注意力的集中卻是循序漸進，由不同的階段中慢慢發展出來。這個階段孩童的注意力呈現局部集中的狀態，也就是說他們很容易將注意力集中到某個定點，而忽略了其他重要的特點，例如他們在分類時，會先以顏色歸類，而忽略了可以以形狀或功能的不同加以分類。

4. 思考不具可逆性

根據皮亞傑的論點，思考可逆性的建立是智力發展的一種重

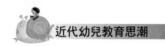

要特質（Piaget, 1963）。一個人的思考具有可逆性，他才會具有歸納、推理的能力，能循著事情發生的過程去尋求原因，例如黃色加上紅色可以變成橘色，而橘色本身可以分解成兩種不同的顏色，這個階段的孩子由於思考不具可逆性，因此並無法了解這個概念。

5.不成熟的質量保留觀念

皮亞傑認為小孩子對於數字、面積、重量及液體的保留觀念是在整個發展過程中慢慢建立而來。一般說來，兒童對於數字保留觀念的建立必須到六或七歲才會較成熟，例如：我們用十個彈珠排成不等的兩個長排，五、六歲的孩子較會依賴他的視覺判斷，認為較長的一排有較多粒的彈珠。同樣的，對於面積、容量及重量保留概念的建立必須等到具體運思期的階段才能發展完成。常見的例子有：當我們用兩種不同容器去裝同樣容量的水，一個是寬大型，另一個是高窄型，一般在這階段的孩子會認為高窄型的容器裝較多的水，這是由於他們對於容量保留觀念的發展尚未成熟。

（三）具體運思期（concrete intelligence）

指7至11、12歲的兒童。在這個發展的階段裡，孩子能以邏輯的思考方式面對一些較具體的問題，我們可以說他們的邏輯思考概念已建立，對於質量保留觀念也有所釐清。在前一個階段所未發展成熟的特質，在具體運思期也發展的較為成熟，他們不再凡事以自我為中心，會注意到事情發生的過程，變得較為合作，自制力較強，注意力也不再是局部的集中。在此階段的孩子脫離了感官世界而成為社會真正的一員。

在具體運思期階段的孩子對於物品分類（classification）的能力較為成熟，在前一階段裡雖然已具有簡易的分類能力，但是著重在色彩及形狀的分類上。他們對於因果關係、時間及空間的概念也更為成熟，對於連續性（seriation）的觀念也較為清晰，對數目的增加或減少較有概念。在具體運思期，邏輯思考能力雖已建立，但由於抽象思考概念的發展仍未達到成熟的階段，因此這個階段的推理能力仍須建立在實質的物體或事件上。

（四）抽象思考運思期（formal operational intelligence）

12至15歲屬於此階段。這個階段的智力發展除了延續前面幾個階段的發展使之更成熟外，同時也發展出抽象的推理能力，而不再依賴實物。根據皮亞傑的說法，此時的認知發展達到最高境界，不論是在質或量的方面都大幅提升。處於抽象思考運思期的孩子能掌握抽象的思考方式，並予以重新組合，而有所謂的科學思考。對於書上或經由口中陳述的問題也能在腦中運作，具有歸納及演繹的思考能力，知道了 A 比 B 白，A 比 C 黑，三個人之中誰最黑。一般說來，前一階段的孩子無法正確地回答此一問題。同時，在抽象思考運思期的孩子能了解假設和事實有時是會有所不同，隨著邏輯思考發展的成熟，對於數學整體與部分的比率概念也隨之發展而來（Wadsworth, 1989）。

皮亞傑對於智力功能運作及智力發展階段論的見解深受世人的肯定。人類在知識的獲得及智力的增長上確實必須經由同化、順化的過程去建立新的基模。皮亞傑主張認知的發展必須是內在成熟與外在環境交互作用下才能達成，說得更明確一點，也就是一個人的認知發展程度決定於個體內在的成熟基因與外在的學習

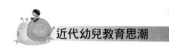
經驗及社會互動之間的交互關係。皮亞傑認為「經驗」（exper-ience）、「社 會 互 動」（social interactions）和「內 在 成 熟」（maturation）同樣是認知發展的必備條件。沒有任何人會有同樣的人生經驗，即使是在同一種環境成長的雙胞胎也會有不同的人生際遇及社會關係，況且在整個智力形成的功能運作中，個體在面臨相似的情境或經驗時，運用同化或順化功能去增長智慧的功能運作也會有所不同，例如：有些人很快的能從舊經驗中去增進認知發展，面臨新的挑戰時也能舉一反三，然而，有些人不太容易從經驗中學習、成長。

六、皮亞傑理論在幼教的應用

皮亞傑的認知發展理論給了幼教界極大的啟示，他讓我們了解到兒童與成人之間有不同的認知方法，他將兒童視為主動的學習者，同時深信兒童對事物的了解必須經由主動探索發明的過程。皮亞傑主張學生獲得的知識主要起源於自發性的學習與探索，七歲以前的兒童無法憑空想像，他們必須從實物的接觸及經驗的累積中促進其認知發展，例如：一位未曾見過海豚的小朋友，儘管你費盡口舌詳述海豚的特徵，他還是無法意會。當我們在教育下一代時必須了解兒童知識獲得的途徑，如此方能事半功倍，增進兒童學習的效果。

皮亞傑雖然在智力階段論裡將兒童的智力發展分成四個階段，但他卻同時強調發展的連續性。教育的功能在促進發展，兒童智力發展的四個階段各有不同的特質，可以幫助我們對幼兒發展的了解並檢討教育內容的適切性，但過分依賴皮亞傑的智力發

展理論也可能會導致幼教老師喪失獨立思考、觀察及判斷的能力，更何況每個兒童之間都存有個別差異性。兒童階段是求知動機最強的一個時期，他們之所以會有如此強烈的求知慾，原因之一在於他們的年齡較易產生認知衝突（cognitive conflict），當他們面臨到一個新情境或新經驗時，他既有的智力基模無法同化新經驗時，會產生一種認知上的矛盾或不平衡的現象，而這種現象會刺激他們去學習建構自己的知識。這種認知衝突也會發生在成人的身上，它是一種學習動機的來源。幼教老師必須能適時的激發兒童認知上的衝突，以增進他們的學習動機。

　　目前幼教界廣為應用的「啟發式教學法」（或稱之為探索式教學法）（critical exploration method）即是側重於兒童認知衝突策略的應用，從兒童的學習過程中去增進他們的認知發展，當兒童們成功的解決一個課題時，老師提出另一個課題來刺激、啟發他們思想，經由師生討論的過程中，老師可以從旁加以引導，以避免將來可能犯下以偏概全的錯誤。這種循序漸進的啟發式教學較重視兒童學習過程中的認知建構及其解題策略的應用，較不重視答案或成果。歐、美許多國家的教育方法偏重於「過程學習理論」（process learning theory），其實就是一種啟發式教學法之應用。此外，皮亞傑非常重視幼兒遊戲行為，他認為幼兒透過遊戲能增進認知能力，成人需要了解幼兒遊戲的意義與目的，才能進一步透視他們幼兒的認知發展活動（Glasersfeld, 1995; Piaget, 1962）。近年來開放教育所倡導的「遊戲中學習」教育理念深受皮亞傑的影響。

　　許多心理測驗學家依據皮亞傑兒童認知發展理論及智力發展理論設計出不同的評量表，以測出兒童不同階段的心智發展。這

些量表比起傳統所使用的智力量表具有較高的效度，且較不具文化色彩，原因之一可能是這些量表較不依賴語言的表達，它們的目的也不在於預測未來的學業成就。皮亞傑理論的支持者認為適度的利用這些量表去評量兒童的發展是種明智的作法，它們的功能並不全然在診斷兒童各個發展階段的現象，而是在於了解孩子，並從皮亞傑的論點去解釋孩子的行為，以給與適度的啟發（Kaplan-Sanoff & Yablans-Magid, 1981）。

我們都知道身為一個幼教老師如果想在教學上得心應手、勝任愉快，除了必須有豐富的教學經驗之外，很重要的是必須具備有幼兒發展相關的專業知識。皮亞傑的兒童認知發展理論可以解釋為什麼四、五歲的孩子學起數學特別吃力，為何小學一、二年級的學童必須利用手指來學習加、減法。不同發展階段的兒童有不同的認知，老師在教學方法的應用上也必須配合兒童的發展而有所不同。如果一位老師對於兒童發展有較深入的研究，那麼他／她將會很清楚的知道用什麼方法、什麼教材，以及應用在哪種年齡的兒童較為適合。

皮亞傑主張發展是一種內在成熟、經驗、社會互動之間的一種平衡交互關係。很多人不禁要問：那麼外在的刺激或是提早入學是否會增進認知發展的速度呢？事實上，皮亞傑本人或是其理論皆未正面回答此一疑問，他比較關心概念（concepts）如何發展，而不是如何去發展概念，這也就是他不將自己定位為教育家的原因。三十多年前，很多教育界人士參考皮亞傑的認知發展理論而主張早期介入或強迫學習，但其效果並不理想。然而，很多皮亞傑理論的支持者皆相信學校如果能掌握兒童學習的要訣及教學的方法，那麼提早入學會增進孩子的認知發展（Wadsworth,

1989）。這種說法在當今的幼教界獲得極大的認同。我們發現今日的兒童外在學習刺激比過去的兒童來得多，而由於職業婦女的增多，一般兒童入學年齡也提早，相對的他們的認知發展也較早，但這並不表示他們的情性發展同樣的有較好的發展。

七、皮亞傑理論所受到的批評

皮亞傑在漫長的研究歲月裡提出了許多對兒童智力發展及知識增長的相關研究。他對近代的幼兒教育發展有很大的貢獻，也得到相當多的肯定，然而卻也有許多學者提出了皮亞傑理論上的缺點。皮亞傑理論最常受到的批評有下列幾點。

（一）發展並不一定是一連串思考本質的改變

皮亞傑認為人類發展的歷程，從嬰幼兒到成人，認知發展的主要不同乃是一連串思考本質的改變，例如小孩子對死亡及成人對死亡的認知會有所不同，他們對死亡的了解程度會隨著年齡的增長而有不同的認知。換言之，發展也就是一種對事、物的理解程度，也就是一種思考本質的改變。持反對意見的人認為這種論點並不盡然適用於一般基本知識的認知，例如三顆蘋果吃了一顆剩下二顆蘋果，五歲的兒童和二十歲的成人皆可正確的回答，而且他們在認知的本質上也不會有所差距。又如我們知道植物成長的條件必須有陽光、空氣和水，一個40歲的人和12歲的人對這種知識的了解及認知程度並不見得會有所不同。

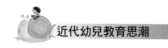

（二）知識內容的分類過於籠統

前面章節曾提到皮亞傑將知識的內容分為具體知識、邏輯數學知識及社會性知識。他對於知識的分類過於籠統，也未能涵蓋所有的知識內容，很多知識如天文、太空科學、生化科技研究等無法歸類。關於這一點請參閱前面的章節。

（三）對於認知發展過於強調數的概念

皮亞傑認為他的研究主要是針對兒童智力的發展，但我們可以發現他太過於強化兒童數學概念的形成、邏輯觀念的建立。他似乎認為數理能力的發展決定一個孩子的智力高低，這種看法和近代智力研究的專家學者們有所出入。其實智力所包含的面向除了數學邏輯之外，還有語文能力、空間概念、社會人際智力、實際生活智力、音樂運動智力等（Gardner, 1983; Sternberg, 1985）。雖然皮亞傑對於兒童語言發展及道德建立等相關主題也曾加以探討，但我們可以發現在他不同主題的研究裡，往往也存在許多的邏輯概念。

（四）後皮亞傑主義的迷思

許多皮亞傑理論的忠實支持者將自己稱之為「後皮亞傑主義者」（The Neo-Piagetians），其中以美國哈佛大學的Fischer、史丹福大學的Case最具代表性。後皮亞傑主義者將他們對幼兒認知的發展研究範疇拓展到更多的層面，包括社會認知及藝術創造等。可惜的是，他們仍然無法擺脫皮亞傑以數理為兒童發展重心的限制，例如：Case在他對兒童藝術創作的研究裡，他調查了兒

童在作畫時共包括了幾種不同的特色，而各種特色之間有何相關性；同樣的 Fischer 在研究兒童社會認知能力時，他檢視了兒童的各種不同社會角色扮演，如郵差、警察、醫生等的認知程度及他們之間的關係。後皮亞傑主義者雖試圖延伸他們對兒童認知領域的研究，但以比較不同角色或是涵蓋幾種特色的邏輯概念去研究社會及藝術認知時，可能會以管窺天，無法對研究主題有較深入的了解（Gardner, 1991）。

八、結語

皮亞傑的認知發展理論雖有其研究上的限制，但他卻替心理學及教育界提供了一份清楚的發展藍圖，他雖然未曾說過他的理論可以適用到世界各個國家的兒童，但在過去的半個世紀，他的理論卻成為兒童發展的主流。在經過不斷的驗證之後，世人更加肯定其研究的成果。無可否認的，今日的兒童在極度物化的情境中成長，來自外在的學習刺激極為豐富，對於知識的認知程度會和 3、40 年前的兒童有所不同，但卻也更加肯定了皮亞傑的主張：「兒童智力的增長是內在成熟及外在環境之間的一種交互關係」。

從皮亞傑對「知識論」的論述中，我們可以發現皮亞傑認為「具體知識」與「社會性知識」的獲得必須是學習的主體在直接與環境產生互動的過程中去獲得，而「數學邏輯知識」也必須運用實物為媒介去建構概念。對皮亞傑而言，「經驗」與「操作」是認知發展的必要條件，兒童必須在豐富的生活經驗中與周遭的人、事、物直接產生互動，如此才能讓智力的功能運作，經由同

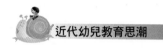

化及順化的過程中建立智力基模，促進發展。皮亞傑及維高斯基為兒童的學習與應用帶來了社會性的觀點，他們皆認為遊戲可以促進幼兒認知及內在學習動機（陳仙子、任凱譯，2006）。毫無疑問的，皮亞傑認知發展理論對於近代幼教的發展貢獻相當大，他的理論雖不是解決教育困境的萬靈丹，但幫助我們更加認識兒童成長的過程及其發展階段各種不同的特徵。不可否認的，皮亞傑的理論的確引領我們以科學的方法進入兒童發展研究的領域。

雖然皮亞傑對於知識的論點頗能獲得教育界人士的肯定，但試問今日以國內地狹人稠，以及教育資源，包括教室、教材、師資等的侷限，加上升學主義掛帥的情況下，國內有多少中、小學生知識的獲得不是經由老師或書本傳授而來的呢？學生得到的知識是否零碎而無系統，或得到的只是一種表象的知識呢？對於這些問題的思考與尋求改進，正是皮亞傑認知理論可以給國人的啟示。

參考文獻

中文部分

杜聲鋒（1989）。**皮亞傑及其思想**。臺北市：遠流。

林玉体（1990）。**一方活水**。臺北市：信誼。

張斯寧（主編）（2008）。**建構主義取向的幼兒課程與教學——以臺中市愛彌兒幼兒園探究課程為例**。臺北市：心理。

陳仙子、任凱（譯）（2006）。**兒童發展心理學**。臺北市：學富文化。

甄曉蘭、曾志華（1997）。建構教學理念興起與運用。**國民教育研究學報**，3，179-208。

英文部分

Duffy, T. M., & Jonassen, D. H. (1992). *Constructivism and the technology of instruction*. Hillsdale, NJ: Lawrence Erlbaum Associates.

Gardner, H. (1983). *Frame of mind: The theory of multiple intelligence*. New York, NY: Basic Books.

Gardner, H. (1991). *The unschooled mind: How children think and how schools should teach*. New York, NY: Basic Books.

Glasersfeld, E. (1995). A constructivist approach to teaching. In L. P. Steffe & J. Gale (Eds.), *Constructivism in education* (pp. 3-15). Hillsdale, NJ: Lawrence Erlbaum Associates.

Kaplan-Sanoff, M., & Yablans-Magid, R. (1981). *Exploring early childhood*. New York, NY: Macmillan.

Lincoln, Y. S., & Guba, E. G. (1985). *Naturalistic inquiry*. Newbury

Park, CA: Sage.

Piaget, J. (1952). *The language and thought of the child*. London, UK: Routledge & Kegan Paul.

Piaget, J. (1962). *Play, dreams and imitation in childhood*. New York, NY: W. W. Norton.

Piaget, J. (1963). *Problems of the social psychology of childhood*. Translated by Terrance Brown and Michael Gribetz. Manuscript, Originally published in Traite desociologie, edited by G. Gurvitch, 229-254. Paris: Presses Universitaires de France.

Piaget, J. (1963). *The psychology of intelligence*. London, UK: Routledge.

Piaget, J. (1977). *The development of thought: Equlibrium of cognitive structures*. New York, NY: Viking.

Sternberg, R. J. (1985). *Beyond IQ: A triarchic theory of human intelligence*. Cambridge, MA: Harvard University Press.

Wadsworth, B. J. (1989). *Piaget's theory of cognitive and effective development*. London, UK: Longman.

8 維高斯基的理論及
相關主張之探究

 一、前言

　　維高斯基（Lev Vygotsky, 1896-1934）為蘇聯著名的心理學家，他與認知心理學者皮亞傑同年出生，早期對於兒童心智發展的研究深受皮亞傑的影響。他與皮亞傑一樣都反對幼兒的發展完全取決於外在環境的主張，認為幼兒是主動的學習者，他們皆贊同內在成熟基因與外在環境交互作用下方能促成發展。維高斯基同意行為主義的主張，相信人類很多行為是刺激—反應下的結果，但他不同意行為主義將人與其他動物一樣的看待，他認為人類許多行為並不是單純的只是外在刺激的結果（Wertsch, 1985）。

　　維高斯基強調社會文化因素對幼兒成長所產生的影響，他對於教育上的主張接近於認知心理學派的建構論者，但他對於皮亞傑諸多主張卻也提出不少的批判，屬於後皮亞傑學派下的社會建構論者。維高斯基以社會文化取向進行心理學研究，他雖然英年早逝，然而他所提出的社會文化理論及諸多教育主張，包括「近側發展區」（zone of proximal development，簡稱 ZPD），鷹架理

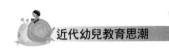

論（scaffolding）等人類心智發展的主張對於今日幼兒教育的發展有深遠的影響。本章將依序介紹他的生平與他所提出的理論學說，同時探討他的教育理念在幼教的應用及對近代幼兒發展的影響等等。

二、維高斯基生平

維高斯基出生在白俄羅斯東北方的 Orsha 小鎮，被喻為心理學界的莫札特。維高斯基出生於書香世家，父親服務於銀行界，精通數國語言，個性活潑；母親雖是一位合格教師，也精通多國語言，卻選擇照顧家庭和八個小孩。維高斯基從小天資聰穎，自幼養成閱讀的習慣，興趣廣泛，例如詩歌、文學戲劇、哲學、文學、歷史、藝術等等。維高斯基沒有接受正式小學教育，卻通過測驗進入公立中學就讀。由於受到父母語文能力的薰陶，本身精通德語、俄語、希伯來語、拉丁文、希臘文、法語以及美語。他在語言上的天份開闊了他的世界觀，且讓他能充分掌握其他國家思想及心理學上的精闢見解，進而提出他個人的理論（陳淑敏，1994）。

1917年維高斯基畢業於莫斯科大學。1917至1923年開始他的教學生涯，在一所學校中教授文學和心理學，並負責成人教育中心的劇場部門，在這段期間內，他出版了《藝術心理學》（*The Psychology of Art*）。1924年，在莫斯科的心理機構及他自己設立的殘障機構中工作，同時對於生理殘障及心智障礙兒童的教育有所涉獵。維高斯基對於佛洛依德、榮格（Jung）、皮亞傑及其他美國心理學家的理論相當熟悉，在1925年到1934年期

間，他與其他領域的年輕學者一起從事跨領域的學術研究。此外，他對醫學的濃厚興趣促使他接受醫學訓練，之後並受邀主持實驗醫學機構的心理系。可惜他英年早逝，於 1934 年死於肺結核，當時年僅 38 歲（維基百科，2013；Wardle, 2003）。

三、維高斯基的主張

維高斯基在他人生短短的歲月裡，提出了不少廣受教育界肯定的學說與理論，但當時並未受重視，主要原因在於他的著作在他過世後被史達林壓制長達 20 年之久。解禁後才由其追隨者將其翻譯成各國語言，由於其主張能完整的詮釋幼兒能力發展之現象，因此廣受矚目。他所提出的教育理論及基本信念，說明如下。

（一）社會文化理論

維高斯基從社會文化理論的角度主張，認知發展是一種複雜的社會現象（引自谷瑞勉譯，1999）。維高斯基對於教育及認知發展的核心信念在於，相信我們的行為表現及認知發展與我們所處的環境，有相當大的關係。他認為如果我們要了解一個人，可以從其所處的社會文化脈絡中去了解（引自谷瑞勉譯，1999）。維高斯基相信，人類較高層次的思考活動及能力展現都是社會與文化下的產物，是由合作分享的互惠過程中，發展出較高層次的心智能力，之後方能將認知內化成個體的能力（Wertsch, 1985）。換句話說，他強調社會文化在智力及認知發展中所扮演的關鍵角色，幼兒經由與其他同儕的互動及對話中增長能力，從

社會情境脈絡中去傳承文化、習俗、信念及價值觀。他以社會文化歷史來探討人類的心智發展，認為心智功能的發展起源於社會、文化和歷史，人類的心智功能在與他人互動的社會活動中，藉由心理工具或符號得以開啟學習之門並繼續發展，人類所集體創造的符號可以說是「特定情境下發展的產物」（游麗卿，1998）。

維高斯基從社會文化理論獲得許多中外學者的認同。孩子的認知需在特定「情境化」（contextualized）下從不同的社會活動和文化經驗中萌發，進而意義化自己的學習經驗（廖信達，2002；Berk & Winsler, 1995）。個體在文化歷史脈絡中滋養與成長，並與其他的個體產生交互作用而不斷的創造自我的文化歷史。人類的心智活動不斷的在文化歷史的互動中累積，進而影響到下一代的內在心靈發展與外顯的行為。潘世尊（2004）指出，知識是文化脈絡的產物，個體無法自立於文化脈絡之外，會透過內在驅使的心理活動將外在知覺的經驗轉化為對個體具有意義的知識，因此知識的獲得必須透過與群體的互動方能建構（徐映慈，2008）。維高斯基（Vygotsky, 1978）認為，人類心智的發展來自於與所接觸的世界之互動。外顯的行為除了受到遺傳和歷史累積經驗的影響，同時伴隨著與他人互動的經驗，所產生的多向度聯結，方能形塑出個體的全貌。由於人類在成長的過程中主動參與環境、改變環境以適合自身和群體的發展，因此，幼兒的成長歷程會隨著動態的社會文化，以及複雜的內在心智變化而不斷的持續發展（翁嘉聲，2001）。

與皮亞傑不同的是，皮亞傑主張幼兒能力的獲得是個體與環境互動下的結果，而維高斯基反對皮亞傑脫離社會情境下的實驗

研究，主張社會文化因素對幼兒的學習及發展有相當大的影響。他認為發展本身並不是單純從操作教具的過程中獲得，而是需要老師扮演一個積極的角色，經由示範活動與語言指導的過程中，讓幼兒從中建構知識，並從與別人互動、合作的過程中修正自己，內化知識（張欣戊、林淑玲、李明芝譯，2013）。

（二）近側發展區

　　近側發展區是維高斯基對於兒童能力發展與學習所提出的另一個重要概念。維高斯基認為在正常情形下，我們的能力發展會有一定的程度或限制，實際發展層次就如皮亞傑所主張的「智能發展階段」，意即哪一個階段的孩子，就會有怎樣的能力表現，屬於個體的「實際發展階層」，通常是個體獨立學習下完成的。然而如果在大人的指導下，或是與其他能力較佳的同儕互助合作下，我們的學習潛質會被激發而達到一個所謂的「潛在發展階層」。近側發展區，所指的就是實際的發展階層與潛在的發展階層間的差距，意即從實際發展程度所能獨自解決問題，或藉由成人的指導或是能力較佳之同儕合作解決問題，這中間所產生的能力差距，就是孩子潛在發展程度的距離，稱為近側發展區，屬於那些尚未成熟，但卻可以被激發出來的能力（Vygotsky, 1978；引自谷瑞勉譯，1999）。

　　維高斯基與皮亞傑的建構主義有一樣的看法，認為幼兒對於新知識的獲得，都是建構在舊有的知識及經驗下。他認為學習可以促進成長，學習者須經由工作（task）的歷程去發展能力，他認為在沒有外人協助下幼兒的發展只能停留在「實際發展階層」，在教師或專家的協助下，幼兒的能力發展可以達到「潛在

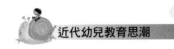

發展階層」，兩者間的距離即稱之為近側發展區。

（三）鷹架理論

　　維高斯基本身對於鷹架的著墨不多，事實上他並沒有使用鷹架的說法，而是在 1976 年由 Wood、Bruner 和 Ross（1976）依據維高斯基的學習理論所提出。鷹架就像我們建房子時所搭起的架子，為的是要讓工作得以順利進行，一旦工作完成後即可將鷹架移除。常常在幼兒學習的過程中，會由教師或有能力的同儕提供一個暫時性的學習鷹架來支持或協助幼兒發展能力，這個鷹架可以是一種教學策略或教學工具，然而當孩子學會時，這個暫時性的鷹架即可移除。通常教師會主動幫助幼兒搭起學習的鷹架，但隨著幼兒能力的增長，教師幫助孩子所搭建的鷹架亦會隨之減少。教師或父母應該要指導孩子掌握策略，學會自己去搭鷹架，以免造成孩子過度依賴。Wood、Bruner 與 Ross（1976）認為搭鷹架對學習會有正面的助益，包括：

　　1.引發孩子對學習的參與力。

　　2.能很快掌握學習關鍵。

　　3.經由示範的過程，讓孩子掌握解決的策略。

　　4.減輕學習時的負擔與挫折。

　　5.較能快速掌握學習的重點與方向。

　　維高斯基認為當我們給幼兒適度的引導，提供幼兒需要的幫助時，即使是一小步，都有可能將他們的潛能推展至智能較高層次的「近側發展區」（Vygotsky, 1978）。搭鷹架就如同幼兒學騎腳踏車時所使用輔助輪，可以調節平衡，增加幼兒學習的信心，一旦學會之後即可移除輔助輪（Wardle, 2003）。

（四）重視遊戲在發展中的重要性

　　當我們仔細去解析維高斯基的教育主張，即可發現他對遊戲行為賦予極高的評價。他認為幼兒從遊戲中可以促進認知發展，甚至創造了近側發展區，在遊戲中可以看到孩子超齡的表現及對活動高度的參與熱誠。對幼兒來說，遊戲是他們生活的重心，透過遊戲從環境、同儕與成人的互動中，幼兒增長對周遭環境的認知與知識（李芳森，2006）。維高斯基於 1933 年的作品中，有一段話說明遊戲對孩子發展的影響：

　　遊戲為孩子創造了最近發展區。在遊戲中，孩子總是表現超越他的一般年齡，超越他的每日行動；在遊戲中兒童似乎比自己高出一個頭。就好像放大鏡的焦點，遊戲在一個密集的形式裡包含了各種發展的傾向，而且本身就是一個主要的發展來源。（引自谷瑞勉譯，1999：89）

　　從這段話可知，維高斯基相當重視遊戲在幼兒發展所占的地位，認為遊戲能促使幼兒進一步發展到心理功能的更高層次。Baroody（1987）表示兒童藉著遊戲來探索及控制周遭環境，遊戲是一種有趣又有意義的學習方式。遊戲提供孩子一個既自然又快樂的學習環境，使他們從遊戲中產生連結的觀念並熟悉基礎技巧，遊戲是一種極富意義的學習方式，遊戲對於幼兒發展上的意義不容忽視（桂冠前瞻教育叢書編譯組譯，2000）。

　　維高斯基對於幼兒遊戲行為的重視獲得許多幼教專家學者的認同。對幼兒來說，生活中原本就充滿了遊戲，同時也是他們生活的重心，透過遊戲從環境、同儕與成人的互動，幼兒吸收到對

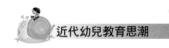

周遭環境的認知與知識，並建構對知識的認知基模（李芳森，2006）。遊戲是幼兒發自內在意志自我選擇、自我創造、自我引導的一種自主性行動的過程，幼兒在遊戲的過程主動的投入情感、想像讓遊戲的樂趣與學習發生於無形之中，並融入與呈現於遊戲主題之中。遊戲能引發幼兒對學習的熱愛、好奇和動機，因此英國教師聯盟就曾向政府提出訴求，「孩子需要以玩為本的學習」（play-based learning）（林玉珮，2008）。

皮亞傑認為幼兒透過遊戲增進認知能力，成人需要了解幼兒遊戲的意義與目的，才能進一步透視他們幼兒的認知發展活動（Piaget, 1962）。廖信達（2004）指出遊戲對學習有四個影響，分別為愉快的學習經驗、主動參與以及有助想像力、創造力和問題解決能力的發展。幼兒從遊戲互動中建構吸收生活環境中的符號、表徵與規範，並以無限的想像力與創造力，解決自己在活動中所面對的問題，正如 Saxe 及 Bermudez（1992）所述，幼兒在遊戲的社會互動過程中學會遊戲規則，在互動中建構出知識。

美國學者 Macintyre（2001）曾針對幼兒的遊戲行為進行觀察研究，他發現從遊戲行為中，幼兒不論是在社會群性、認知學習、動作技能及情性發展上都會得到充分的發展。愉快的學習經驗有助於幼兒自信心的建立，孩子會較勇於發問，對學習較有興趣且學習的觸角較廣。遊戲對幼兒來說不只是在獲得快樂，而是在滿足需要，是他們成為健康個體的過程中，不可或缺的學習及生活經驗。對維高斯基他的追隨者而言，遊戲不僅能增進幼兒正向的情緒發展，亦能將認知提升到更高的層次（引自陳淑敏，1999；廖信達，2002）。

（五）強調語言使用的重要性

　　人類由於有語言能力，方能達成較高層次的心智活動。維高斯基的理論非常強調符號或象徵工具，他認為語言是人類最重要的「心智工具」，是人類在進化過程中所使用的象徵工具（谷瑞勉譯，1999）。維高斯基認為語言能力的發展是一種思維內化的過程，幼兒在參與活動時，常會有自言自語的情況出現，那是一種屬於兒童的自我中心語言（egocentric speech），這種自我語言的發展途徑是由外往內發展的。換言之，自我中心語言是一種與別人的社會互動中，導向內在發展的歷程（Vygotsky, 1978）。

　　語言是學習的重要關鍵，維高斯基指出當幼兒與他人溝通時，語言會內化為內在思想，然後透過內在對訊息的解析，再將分析的內容表達出來，因此「言語」在此扮演中介的角色，心靈的發展是先來自於社會，然後個體才慢慢的轉化為個人語言（孫玉明，2008）。李淑娟（2007）、房昔梅（2004）等人的研究指出，幼兒在數學的學習和發展中，符號的使用就是語言和數學符號，因此成人在和幼兒互動時，有必要鼓勵幼兒發表意見和進行討論，才能藉此察覺其思考脈絡，然後才能進一步提供有必要的指導和協助。維高斯基認為由於人類具有運用語言與符號的能力，因此得以產生邏輯思考和複雜的學習行為以及知識的獲得，藉由語言、符號的掌握與精進，幼兒隨著能力和經驗的增加，其高層次的數理邏輯概念也得以不斷的提升。

　　當我們進一步解析維高斯基的認知發展理論可以看出他非常強調語言在認知發展中的重要性，且他認為語言發展的歷程植基於社會文化脈絡下，在不同的社會環境，語言是一種溝通及傳遞

社會文化的工具，同時也是促成思考成熟不可或缺的要素（陳淑敏，1999；廖信達，2002）。此外，維高斯基認為幼兒可以透過私語言（private speech）以自言自語的方式增加思考力，建立屬於自己得學習鷹架（Wardle, 2003）。

綜合上述我們知道維高斯基強調「自我中心語言」的積極正面功能，並認為自我中心語言隨著發展內化成「內在語言」（inner speech），是一種內隱的口語思考，有助益認知發展。他認為語言與認知發展有著密不可分的關係，經由社會文化互動中可以增進語言及認知發展。

四、皮亞傑學派與維高斯基後皮亞傑學派對兒童能力發展的不同主張

不論是皮亞傑學派或是後皮亞傑學派，基本上都屬於皮亞傑的追隨者，只不過在針對兒童能力發展及一些教育主張上有不同的見解。皮亞傑的知識論強調知識的獲得是一個相當活躍的過程，他認為知識的獲得與能力的增長必須是學習主體經由外在環境的互動，運用實物當媒介從中去建構內在的思維（Piaget, 1977）。皮亞傑對於兒童的心智發展提出了智能發展階段論，主張經驗是發展的關鍵要素，而維高斯基對於兒童的學習與認知發展，亦提出他個人的見解，包括：

1.知識從社會文化脈絡中建構。

2.學習經驗可以促進發展。

3.發展與社會經驗的學習不可分割。

4.語言是認知發展中不可或缺的元素。

　　維高斯基這些論點與倡導發現教學法（discovery learning theory）的美國心理學家布魯納看法一致。維高斯基和布魯納都認為皮亞傑學派的建構論者，忽略了社會文化層面在兒童建構知識或增長智能時所扮演的重要角色。布魯納與維高斯基皆主張知識的建構多半都是經由與他人討論、相互合作中獲得，兒童往往可以從與他人的互動中建構知識。維高斯基對兒童能力發展有些不同於皮亞傑的論點，算是後皮亞傑主義及社會建構論的代表人物（Bruner & Haste, 1987）。

　　除了社會文化因素外，社會建構論認為兒童是正在建築中的建築物，他們需要學習的鷹架，因此成人必須適時的介入孩子的學習，老師具有積極的角色，必須幫孩子搭設一個學習鷹架。社會建構論的主張符合後皮亞傑主義對孩子能力及學習的看法，他們主張「學習先於發展」，即使孩子某些能力尚未發展成熟，還是可以經由外在的學習刺激促進發展。維高斯基（Vygotsky, 1978）指出，個人與社會群體的互動，對兒童的認知發展具有關鍵性的影響，他認為兒童必須先在社會環境中學習，然後再將學習到的課題（learning task）內化為一種心智能力（mental function）（引自錢正之，2005）。維高斯基的主張有別於建構論者皮亞傑學派「發展先於學習」的主張。建構論者將學習者視為主動的發現者，強調兒童與環境的互動，老師是一位引導者及環境的預備者，不是孩子學習的主導者，建構論者對學習較側重於學習主體與環境的互動（Fleer, 1992; Vygotsky, 1978）。我們可以將他們之間的差異性，整理如表8-1所示。

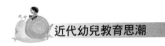

表8-1　皮亞傑學派與後皮亞傑學派對兒童能力發展的主張

皮亞傑學派	後皮亞傑學派
1. 認知先於學習	1. 學習先於認知
2. 低估幼兒能力	2. 肯定幼兒能力
3. 一般結構論	3. 特定領域觀
4. 建構論	4. 社會建構論
5. 突速晉升觀（六、七歲）	5. 漸進發展觀

資料來源：周淑惠（1999）。

　　後皮亞傑學派認為人類智力並非是水平結構，並不是所有一樣年齡的孩子都會有一致性的能力表現。甚至大人的認知不見得比孩子更豐富，後皮亞傑學派持「特定領域觀」的論點，主張有些孩子在特定的領域裡會比年長者有更突出的表現。此外，皮亞傑學派認為學齡前幼兒質量保留概念不成熟，而後皮亞傑學派認為只要給與豐富的外在學習刺激，即使是五歲幼兒也能具備有逆向思考的能力。皮亞傑學派認為孩子的能力發展有其關鍵期，例如在前運思期，孩子先天欠缺邏輯思維，關鍵期後突然有較成熟的邏輯概念，他們對孩子能力所持的是一種「突速晉升觀」。後皮亞傑學派則認為幼兒對於分類、排序、因果關係等邏輯能力是從嬰兒期就逐漸發展、日趨成熟的。

　　不論是皮亞傑學派或後皮亞傑學派對教育上都有相當多的啟示。布魯納（Bruner, 1966）主張以引導式的發現學習法帶領孩子進入學習的世界，他主張幼兒概念的發展始於與環境直接的互動。他認為教育必須重視社會文化因素對孩子的影響之外，也須強調從實物操作及人際互動中，運用啟發式的發現學習法增長孩子的能力。布魯納認為啟發式教學法至少具有下列四個優點（周

淑惠，1995，2003，2004）：

　　1.促進幼兒的認知發展：發現學習法能幫助幼兒從與環境互動的過程中，去發現知識，增進他們探索及解決問題的能力，對於幼兒認知發展有相當大的助益。

　　2.增加內在學習動機：幼兒從社會情境中的互動，或實物操作的過程中發現知識時，能獲得成就感及自我肯定，學習會變得有樂趣、有價值。

　　3.掌握知識增長的關鍵點：幼兒在實物操作過程中，可以從觀察及比較的過程中，掌握知識獲得的方法或技巧，激發他們主動思考、探索及解決問題的能力。

　　4.增加印象、加強記憶保留：依據幼兒發展上的特色，他們從實際的操作過程中所獲得的知識，印象會特別深刻，經由背誦所獲得的知識難以形成記憶，很快就會忘記，發現學習法有助於記憶保留。

　　由上述的論點可以得知，不論是皮亞傑學派或後皮亞傑學派都主張兒童的智能發展，必須與他們所處的環境產生互動，如此才能意義化自己的學習，他們都肯定實物操作及遊戲中學習對於建構知識的重要性。

五、維高斯基理論在臺灣幼教的運用

（一）社會建構論奠基於維高斯基的理論

　　社會建構論是由美國學者布魯納與一些後皮亞傑學派（Post-Piagetian）學者，基於維高斯基的「近側發展區」理論而提出。

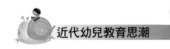

皮亞傑學派的建構論強調知識是個體與環境互動所建構而來的，其重點是放在個體與環境之間的互動經驗。皮亞傑之建構論將兒童描繪成一位獨立求知的科學家，但卻忽略了文化社會層面對知識及兒童發展所扮演的角色。

社會建構論者認為兒童知識的獲得與能力的培養需要大人及老師們幫忙建構一個學習的鷹架，同時在孩子學習的過程中，也需考慮到社會文化因素對兒童學習所產生的影響。兒童在與他人社會性互動時，更能促進其知識建構與智能發展。他們同意建構論者的主張，相信兒童必須與環境互動才能建構知識，但是他們認為此種知識的建構是透過成人與兒童一起共同學習的，其重點放在成人與兒童共同工作。在社會建構論下，兒童被視為正在建築中的建築物，需要鷹架支持，方能繼續建造新能力或創造更多的發展空間。

教與學的活動有一定的互動模式，幼兒在互動的過程中，修正自己認知上的概念。理解（making sense）屬於一種蘊含於文化與歷史情境的社會性過程。因此，兒童知識的建構並非僅只是透過與物理實體的互動而產生，還伴隨著與他人的社會性互動，並且在歷史文化的洪流中不斷的交互演變，藉以促進知識的建構與智能的發展（Bruner & Haste, 1987）。由於幼兒對於其所身處的環境會接受到特殊文化訊息，因此隨著不斷變動的時空背景與文化脈絡的互動下，接受的訊息和產生的回應也有所不同（林佩瑤，2004）。這顯示出不同地域的父母在教導幼兒時，會因著傳統文化觀念以及社會現況而改變自己的行為，並使幼兒的天生素質和後天的學習機能產生變化，並進一步形成和創造出新的行為（Vygotsky, 1978）。

（二）社會建構論在教學上的應用

　　維高斯基的近側發展區提供了優質的學習模式，幫助幼兒有效的學習，也就是當幼兒達到目前的發展水準或能力時，透過父母或其他能力較高的同儕的協助，能夠進一步提升的水準。因此，在他人的協助之下，幼兒的能力可以藉著適當的引導逐步往更高層次的發展邁進，由此可知，引導幼兒學習者在幼兒學習成長中扮演著極重要的角色。此外，近側發展區的主張，對老師在教學上很有幫助，因為教孩子過於簡單的知識無法激起孩子的學習興趣，然而教的超出幼兒能力的上限，會讓幼兒產生挫敗，如何掌握孩子能力上的近側發展區，考驗著教師的專業能力。維高斯基認為教育的功能除了幫助孩子將自己的能力發展到實際發展的階層外，需在社會文化脈絡的互動學習及老師指導下超越自己能力發展的現況，朝向近側發展區前進，讓個體認知能力產生質變（引自廖信達，2002）。換言之，在與成人的合作之下，幼兒的高層次認知能力可以提升，並逐漸成為一位獨立的思考者，維高斯基在親子互動的研究中指出，如果母親提供幼兒適當的指導，則幼兒問題解決的能力亦隨之提升，然而過多的協助反而會抑制能力的發展（丁惠琪，2000）。

　　從嬰兒誕生的那一刻，生命即展開心智的發展，隨著成長的腳步不斷擴展著與周遭人、事、物互動的接觸面，幼兒不斷的將身處環境中的一切訊息內化為個人認知。Tappan（1998）指出維高斯基的社會文化學習理論中所闡述的人類高層次的心理功能（例如概念性思考、邏輯性記憶、自我調節能力等）係來自於社會—溝通性互動（social-communicative interactions），也就是

說，人類透過社會活動、言語溝通，於個體內在產生高層次的心智運作，經由內化作用的心理歷程中成長（Confrey, 1995）。維高斯基的主張激勵了合作學習及團體創作的教育學習新趨勢。

此外，維高斯基的社會建構論提供臺灣幼教改革過程中一個清楚的方向，近年來國內幼教機構在實施開放教育時，皆能以其主張去架構幼兒的學習經驗，例如：在進行主題教學時，能以幼兒生活經驗為主題，掌握社會建構論的主張，以幼兒生活經驗為導向，在活動的規劃中能融入幼兒生活環境中的社區文化。因此，我們可以發現目前不論是都會地區所盛行的方案課程，或是在鄉鎮地區較為普及的單元活動課程，都能考量到社區文化教育的學習層面。

開放教育下的方案課程以「主題教學」的方式呈現，屬於社會建構主義思維下的產物，重視幼兒豐富的學習經驗及學習情境的布置，鼓勵教師與幼兒走出教室外，強調教師不再是課程的主導者，而是要把教室中的權利交給幼兒。不同於傳統的教學模式，教師是教室中的主角，主導教學活動，主題教學強調將決定權留給幼兒，師生透過討論，共同決定主題進行的方向，以發現或引導幼兒探索新事物（問題）的興趣為前提。在主題課程中，可看到其中真正有價值的學習，從「問題」開始到「解決問題」的過程中，逐步去建構有意義的學習經驗，課程中規劃不同的主題，讓幼兒有多元的學習經驗，並對知識有較深入的認識。主題教學的精神即以幼兒為中心的統整課程，從課程開始直到結束，教師的角色是引導者、協助者、提供者、尊重者、支持者，教師尊重班上所有幼兒的個別差異，以多元智能的角度協助每位幼兒的發展，使其學習具有意義（許婉菁、魏美惠、林珮伃，2011；

劉玉燕，2003）。

（三）建構論與社會建構論下教材、教具的使用

　　建構論下的教學，強調遊戲中學習，以實物操作的學習方式為主，主要是運用許多的教具或生活物品，可應用的教具、物品種類也相當多樣化。皮亞傑的認知發展理論強調學齡前幼兒處於「質量不成熟」的時期，對於數量的認知須依賴實物為媒介（Piaget, 1962）。許多研究顯示應用教具或實物於數學教學中，有助於數學概念的建立，劉蘊如（1993）運用福祿貝爾恩物於教學中，發現大班幼兒在認數與對面積的了解有所提升。黎佳欣（2007）探討個案幼兒在角落操作教具其數概念的發展情形，結果顯示角落情境提供許多具體教具，能提升幼兒的數概念，培養對數學的敏銳度。同樣地，當教師結合圖畫書與實物操作時，亦能顯著提升幼兒加法運算能力（張麗芬，2009）。

　　教材教具的使用，應配合幼兒的心智發展，使幼兒對數學的理解更加容易（劉秋木，1996）。從著名的福祿貝爾恩物、蒙式數學教具、狄恩斯數棒等都有助於幼兒數概念的學習，此外，生活中仍有許多物品可以應用於數學活動中，如撲克牌、大富翁、郵票、骰子、棋子、錢幣、彈珠等，幼兒園學習區中常見的教具也相當適合應用，如圖畫書、雪花片、各類積木、數彩蛋、七巧板、串珠等等。

　　建構論的學習觀，重點是放在兒童與環境互動，為他自己活躍地建構知識，而在社會建構論中，重點則在成人與兒童共同工作。因為社會建構論中，教師在幼兒的學習過程中扮演重要角色，教學中教師身為鷹架者，藉由各種活動和時間的調配，輔以

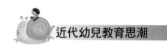

不同的教學方式，達到顧及到每一位幼兒的需求，可透過團體討論促進幼兒思維；透過小組教學讓幼兒與小組成員有更密切的互動機會（陳惠敏，2007）。因此，應用社會建構理論重視幼兒對知識的建構過程外，也相當強調幼兒與成人、幼兒與同儕之間的溝通互動，孩子們在討論與溝通過程，彼此分享不同的觀點，整理、澄清自己的想法。尤其是三至五歲幼兒，比其他年齡層兒童需要更多的鷹架支持與引導（周淑惠，1999）。

社會建構論在教學原則與教材、教具的使用基本上與建構論大致相同。然而，在社會建構論下，教師應了解幼兒先備的數學知識，找出其近側發展區，並多加提供開放性問題，激發幼兒的思考，引發彼此思考性的對話，使幼兒在透過成人或同儕的引導與說明以及藉由具體的操作活動下，強化幼兒語言與思維的聯結，提升幼兒的學習能力（林瑩惠，2011）。在社會建構論下，教師的角色是十分積極的，老師必須運用各種策略為幼兒搭構學習的鷹架，引導其理解概念，主張在幼兒學習過程中，成人必須在遊戲中與幼兒一起建構知識（黃凱祥、魏美惠，2012；Bruner & Haste, 1987）。

六、結語

有別於皮亞傑所持的觀點，維高斯基首先強調社會、文化及歷史層面在認知發展上造成的影響，同時主張成人為孩子搭建的學習鷹架能促進他們的認知發展。維高斯基的理論影響到其後的學者，修正建構論的觀點呈現出對於社會文化互動相關概念的闡述或應用。他認為個體能力發展根源於其所處的社會文化脈絡，

此論點與 Bronfenbrenner（1979）的生態系統理論，主張透由個體所處的微系統（指個體、父母及手足）、中系統（指各微系統間的關聯，譬如家庭與職場團體等兩個以上的微系統間的互動關係）、外系統（指外在制度與環境，如政治、經濟與宗教等）、鉅系統（此系統處於最外一層的社會文化體系與生態環境體系等，例如價值觀、習俗）去解析個體行為及能力發展之論點相符。根據 Bronfenbrenner 生態系統理論，父母、教師與孩子的互動方式，會受到環境系統中的情境及各種交錯因素等影響，經過自我調適之後，找出適合彼此的互動模式，而這些互動方式必然會受到不同生態系統的影響。這種論點與維高思基所主張的社會文化理論相同。

　　維高斯基（Vygotsky, 1978）對發展與學習所持的觀點與皮亞傑的不同之處，在於從「社會—文化」或「社會—歷史」的觀點來探討人類認知的發展，所以被學者稱為文化—歷史理論（cultural-historical theory）（引自李淑娟，2007）。他認為人類之所以異於動物在於具有獨有的高層次心智功能，這種能力源自於人類社會生活，並藉由心理工具（如：符號、數字、語言、圖表等），與他人溝通互動而提升（引自游麗卿，1998）。兒童的學習就如同構築一棟建築物一般，需要搭建一座足以支持發展的鷹架，才能夠持續的建造與創造新的能力（周淑惠，1999）。父母與教師的積極性角色可以協助幼兒搭建學習鷹架，而幼兒亦透過與其他幼童的互動、模仿、討論與社會互動衝突中建構數學的知識。

　　近年來在建構主義及社會建構思維影響下，我國的幼兒教育逐漸邁向開放的教育，常見的探索式教學、適性教育、發現學習

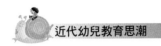

法、高瞻遠矚課程、主題教學、方案課程等等無不受社會建構論的影響。植基於社會建構論的「主題教學」具有統整特性，以探究取向進行課程運作，活動的進行具有探索性、統整性、建構性、鷹架性、遊戲性、啟發性及計畫性等多種特質，符合幼兒身心發展，是一種透過遊戲的方式統整各領域的學習方式。客觀來說，維高斯基所提出的教育主張已成為目前臺灣幼教界的主流之一，我們可以在許多幼兒園中看到維高斯基的相關教育主張遍地開花。

參考文獻

中文部分

丁惠琪（2000）。**合作學習應用在國小數學教學之探究**。國立臺北師範學院碩士論文，未出版，臺北市。

李芳森（2006）。提早學習與兒童遊戲。**幼兒保育學刊**，4，63-78。

李長燦（2003）。後皮亞傑認知發展理論與教學應用。載於張新仁（主編），**學習與教學新趨勢**（頁159-187）。臺北市：心理。

李淑娟（2007）。**父親和幼兒的互動與幼兒簡單加法運算能力之關係**。國立臺南大學碩士論文，未出版，臺南市。

谷瑞勉（譯）（1999）。**鷹架兒童的學習**。臺北市：心理。

周淑惠（1995）。**幼兒數學新論：教材教法**。臺北市：心理。

周淑惠（1999）。**幼兒數學新論**。臺北市：心理。

周淑惠（2003）。**幼兒教材教法：統整性課程取向**。臺北市：心理。

周淑惠（2004）。建構取向之幼兒自然科學教學之歷程性研究。**新竹師院學報**，19，61-88。

房昔梅（2004）。**小學高年級教師實施討論式數學教學之行動研究**。國立臺北師範學院碩士論文，未出版，臺北市。

林玉珮（2008）。如何讓學生在玩中學？**親子天下**，1，134-138。

林佩瑤（2004）。**幼兒生活經驗之研究**。國立臺灣師範大學碩士論文，未出版，臺北市。

林瑩惠（2011）。**幼兒教師實施數學遊戲活動之歷程探究**。國立臺中教育大學碩士論文，未出版，臺中市。

孫玉明（2008）。**透過社會建構觀點提升國小學童數學溝通能力之研究：以四年級課後數學社團為例**。國立屏東教育大學碩士論文，未出版，屏東市。

徐映慈（2008）。**幼稚園教師數學教學信念、教學行為與幼兒數概念發展之研究**。朝陽科技大學碩士論文，未出版，臺中市。

桂冠前瞻教育叢書編譯組（譯）（2000）。**兒童的數學思考**。臺北市：桂冠。

翁嘉聲（2001）。**國小數學教學形成群體討論文化之個案研究**。國立臺北師範學院碩士論文，未出版，臺北市。

張欣戊、林淑玲、李明芝（譯）（2013）。**發展心理學**。臺北市：學富。

張麗芬（2009）。**情境與父母對學前幼兒計算策略的影響**。行政院國家科學委員會專題研究計畫（NSC97-2410-H-024-009）。

許婉菁、魏美惠、林珮仔（2011）。**「科學好好玩」主題教學實施歷程探究：以臺中市一所公幼「白兔班」為例**。論文發表於舉辦之國立臺中教育大學「2011年教師教育發展趨勢國際學術研討會」，臺中市。

陳淑敏（1994）。維高斯基的心理發展理論與教育。**屏東師院學報**，7，119-144。

陳淑敏（1999）。**幼兒遊戲**。臺北市：心理。

陳惠敏（2007）。**導入企業資源規劃系統之績效評估：以臺灣紡織業使用者滿意度實證**。國立成功大學碩士論文，未出

版，臺南市。

游麗卿（1998）。Vygotsky 對研究概念發展的啟示。**幼教天地，15**，227-239。

黃凱祥、魏美惠（2012）。**幼兒遊戲行為與數學概念之探討**。論文發表於國立臺中教育大學「精緻師資培育計畫研討會暨成果發表會」，臺中市。

廖信達（2002）。建構主義及其對幼教課程的啟示：從皮亞傑與維高斯基的理論談起。**德育學報，18**，93-109。

廖信達（2004）。**幼兒遊戲**。臺北市：群英。

維基百科（2013）。**維果斯基**。2013 年 7 月 8 日，取自 http://www.zwbk.org/zh-tw/Lemma_Show/127563.aspx

劉玉燕（2003）。傳統到開放：佳美主題建構教學的發展歷程。載於簡楚瑛（主編），**幼教課程模式：理論取向與實務經驗**（頁 121-167）。臺北市：心理。

劉秋木（1996）。**國小數學科教學研究**。臺北市：五南。

劉蘊如（1993）。**福祿貝爾恩物教學對幼兒數學能力發展之影響**。臺北市：國立臺北師範學院附設實驗國民小學附屬幼稚園。

潘世尊（2004）。Rogers 人本教育理論與建構主義教學模式二之發展：國小數學教學的行動研究。**應用心理研究，8**，209-244。

黎佳欣（2007）。**角落情境下幼兒數概念發展之個案研究**。臺北市立教育大學碩士論文，未出版，臺北市。

錢正之（2005，2 月 25 日）。**圓周運動電腦模擬教材的學習效果研究**。2013 年 8 月 23 日，取自 http://snipurl.com/d3n1

英文部分

Baroody, A. J. (1987). *Children's mathematical thinking: A developmental framework for preschool, primary, & special education teachers*. New York, NY: Teachers College Press.

Berk, L. E., & Winsler, A. (1995). *Scaffolding children's learning: Vygotsky and early childhood education*. Washington, DC: National Association for the Education of Young Children.

Bronfenbrenner, U. (1979). *The ecology of human development*. Cambridge, MA: Harvard University Press.

Bruner, J. (1966). *Towards a theory of instruction*. Cambridge, MA: Harvard University Press.

Bruner, J., & Haste, H. (Eds.). (1987). *Making sense: The child's construction of the world*. New York, NY: Methuen.

Confrey, J. (1995). A theory of intellectual development. *Learning of Mathematics, 15*(1), 38-48.

Fleer, M. (1992). *From Piaget to Vygotsky: Moving into a new era of early childhood education*.(ERIC Document Reproduction Service No. ED360060)

Macintyre, C. (2001). *Enhancing learning through play: A developmental perspective in early years settings*. London, UK: David Fulton.

Piaget, J. (1962). *Play, dreams and imitation in childhood*. New York, NY: W. W. Norton.

Piaget, J. (1977). *The development of thought: Equlibrium of cognitive structures*. New York, NY: Viking.

Saxe, G. B., & Bermudez, T. (1992). Emergent mathematical environ-
ments in children's games. In L. P. Steffe, P. Nesher, P. Cobb, G.
Goldin, & B. Greer (Eds.), *Theories of mathematical learning* (pp.
51-68). Hillsdale, NJ: Lawrence Erlbaum Associates.

Tappan, M. B. (1998). Sociocultural psychology and caring pedagogy:
Exploring Vygotsky's "hidden curriculum". *Educational Psycholo-
gist, 33*, 1.

Vygotsky, L. S. (1978). *Mind in society: The development of higher psy-
chological process.* Cambridge, MA: Harvard University Press.

Wardle, F. (2003). *Introduction to early childhood education: A multidi-
mensional approach to child-centered care and learning.* Boston,
MA: Allyn & Bacon.

Wertsch, J. V. (1985). *Vygotsky and the social formation of mind.* Cam-
bridge, MA: Harvard University Press.

Wood, D. J., Bruner, J. S., & Ross, G. (1976). The role of tutoring in
problem solving. *Journal of Child Child Psychology, 17*, 89-100.

9 蒙特梭利教育本質的認識及探討

一、前言

當我們在探討幼兒教育的發展史及近代幼兒教育的思想與潮流之際，蒙特梭利對幼教界的重大影響已是不爭的事實。有人將她比喻為幼教史上的哥倫布，她對幼兒的成長所提出來的論點及有關教育的主張被視為幼兒教育研究的先驅，為天下許多的父母及幼教界同仁提供了一盞明燈。

曾經追隨蒙特梭利30年的Standing，在他的一本以蒙特梭利生平與貢獻為內容的書中感懷的指出：「瑪莉亞‧蒙特梭利博士給教育界注入了一股新鮮盎然的氣息，幾乎所有文明國家都或多或少地感受到她那生動理論的衝擊。隨著時間的流逝（其間經過兩次世界大戰），我們發現直到今天，蒙特梭利的理論仍是屹立不搖。數十年來，『蒙特梭利理論就像酵母一樣，幾乎在每個國家都多少影響到他們的教育制度，尤其是幼兒及小學教育』」（徐炳勳譯，1991：9）。蒙特梭利教育理論除了影響到歐、美一些先進開發國家的幼兒教育發展之外，同時對於亞洲國家，如南韓、臺灣、印度等的幼教界亦開啟了一扇門。

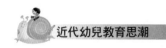

　　臺灣近三、四十年來經濟快速的發展及物質生活的提升，加上傳統家庭結構的改變與婦女就業率的提高，導致幼教及托嬰機構的興起。目前國內幼兒教育的發展已漸漸走向專業領域，雖然我國幼教發展已有不錯的成績，然而無可否認的，近年來我國幼教深受歐、美先進國家幼教理念的影響，其中以認知心理學派的皮亞傑及蒙特梭利為最典型的代表。皮亞傑的兒童智力發展理論我們已在前面加以介紹，本章及下一章將依序介紹蒙特梭利生平及其貢獻、蒙特梭利的教育理念及精神、蒙特梭利教學法及教具的評析、蒙特梭利教育法興衰因素之探討。同時我們也將分析蒙特梭利教育之所以能為臺灣幼教界廣為接受之原因及其適切性等相關問題。

二、蒙特梭利的生平及貢獻

　　瑪利亞・蒙特梭利（Maria Montessori, 1870-1952）出生於義大利希亞拉偉勒（Chiravalle）的一個小鎮，附近居民的民風相當純樸，她的父親曾任職於軍中，而母親是一位虔誠的天主教徒。雖然她是家中唯一的孩子，但其父母親從小就施予良好的家庭教育，培養其幫助窮苦人家、獨立及守紀律的精神。蒙特梭利很多的教育主張深受其早年經驗的影響，這應驗了幼教先驅福祿貝爾曾說過的一句話：幼兒時代如以吹灰之力養成的習慣，長大即使費千鈞之力也不易拔除。

　　蒙特梭利極早就對數學邏輯及科學產生興趣，然而在當時，婦女的地位較為低落，一些理工、科技的學科都以男性學生為主，加上其父母親希望其女兒能成為一名優秀的教師，在此情況

下，蒙特梭利仍忠於自己的選擇，排除來自外面的阻礙及壓力進入工科大學就讀，並於 1896 年以第一名的成績畢業於羅馬大學醫學院，成為義大利第一位女醫學博士。蒙特梭利之所以能有如此優秀的表現，其所憑著的又豈止是聰穎的資質而已，其中所表現的信念、堅忍不拔的精神都值得我們敬重（許興仁，1983）。

蒙特梭利取得醫學博士的學位後任職於精神科診所，其服務的對象絕大部分是智能不足的學童，她本著一股熱誠及對人類生命的關愛，深信一定有方法可以提升這些孩子的智能。於是蒙特梭利又展開另一段學習之旅，她開始研究特殊教育先驅 Jean Itard 及 Edouard Seguin 的作品，希望能從中發展出一套適合特殊兒童的學習教材。她深信拯救這些智能不足的兒童已不再是醫學的能力所及，而是教育的問題。

蒙特梭利於 1898 年被任命為羅馬國立啟智學校的校長，她發展出一套特殊的教具，也就是目前國內廣為使用在正常兒童身上的蒙特梭利教具。當然這其間有部分加以修正，蒙特梭利很成功的利用這一套教具提升了這群智力不足兒童的學習能力。蒙特梭利相信這一套為特殊兒童設計的教育方式及教具，即使應用到正常兒童的身上也會有不錯的成績。很快的，她有了與正常兒童接觸的機會，當時的義大利政府有意推動輔助貧窮社區發展社區托兒所的計畫，蒙特梭利就在這種情況下成立了一所「兒童之家」。學童來源主要以附近社區為主，年齡介於三至七歲，由於是屬於較貧窮的社區，絕大部分的家長都屬於勞工階級，這些學童們在家裡並沒有接受太多的學習刺激，如玩具、教材、書本之類的東西。

蒙特梭利所創立的「兒童之家」特色在於建築物的本身非常

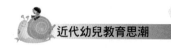

之單調、簡陋，是一所公寓中的學校，沒有任何的兒童遊樂設施。然而這卻是一所用愛心去營造出來的兒童教育機構，裡面的任何陳設都以兒童的尺寸為標準，包括了桌椅的高度及器具的大小⋯⋯等等。這種作法在當時是一種創舉，也是一種對學童們生命個體的尊重，這群孩童們也在這所學校裡學會了尊重別人。「兒童之家」唯一的一套教具是蒙特梭利先前為特殊兒童設計的教具，蒙特梭利發現這群孩童能在沒有爭吵及不打擾別人的情況下選擇自己喜愛的教具並專心學習、操作。從他們的表情中可以觀察到滿足與喜悅。

蒙特梭利的「兒童之家」很快的受到大眾的矚目及肯定，她的教育主張、理念及教具也得到了廣大的迴響，尤其在她 1912 年前往美國宣導自己的教育理念之際。當然她的教育主張也受到了嚴厲的批評，其中以哥倫比亞大學 Kilpatrick 所寫的《檢討蒙特梭利系統》（*The Montessori System Examined*）這本書影響最大。這一點將於本章後段再行討論，不過儘管蒙特梭利教育在美國引起了極大的爭議，但美國至今已有超過三千家的蒙特梭利學校。很多的公立幼兒園，甚至由聯邦補助貧窮幼兒的幼兒教育專案，如「提前就學方案」（The Project of Head Start）及許多的特殊幼兒學校也採用了很多蒙特梭利的教育方法（Hainstock, 1986）。

蒙特梭利的幼教理念融合了哲學、科學及醫學的觀點，她不但是一個博愛精深的教育家，也是一位實踐家，這是蒙特梭利和認知心理學家皮亞傑最大的不同。皮亞傑畢生專精於學術研究，他的研究成果主要是透由文章作品的發表與世人分享，皮亞傑一生的作品可謂汗牛充棟。而蒙特梭利對於其教育方法的宣導主要

是以遊學、講學的方法，其足跡遍布世界各地，包括印度、巴基斯坦、法國、挪威、瑞典、荷蘭……等。同時蒙特梭利在世界各大城市成立了蒙特梭利協會（Association Montessori Internationale），有系統的推展蒙特梭利教學法，且由這些協會大力培訓合格蒙特梭利教師，並以荷蘭的首都阿姆斯特丹為國際蒙特梭利總會所在地。

　　到目前為止，蒙特梭利的書籍已被翻譯成二十多種不同的語言，而蒙特梭利教育原則及方法廣泛的被歐、美教育界所引用，同時許多的開發中國家也引發蒙特梭利教學法，臺灣幼教界在1980年代對於蒙特梭利教學法的熱衷即是最好的證明。蒙特梭利的教育原則不但被使用在幼小的兒童，同時也有很多國家將蒙特梭利的教學方法及原則應用於一般的高中生身上，也都獲得相當不錯的成績。蒙特梭利於1952年逝世於荷蘭的努特維克（Noordwijk），她一生為教育所付出的及其表現出來的教育愛、教育精神足以令世人景仰。蒙特梭利窮其一生皆奉獻於教育事業，她那不眠不休、鍥而不捨的精神，古今中外無人能出其右。蒙特梭利對於幼兒教育的推動功不可沒，她喚醒了世人對於幼兒教育的重視，同時也能有系統經由蒙特梭利教育協會培訓師資，推廣其教育理念。蒙特梭利對於幼兒的觀察入微，她提出許多對於幼兒心智成長的精闢見解，將兒童視為一完整而獨立的個體，極力協助兒童建立自我及啟發潛能。蒙特梭利的教育哲學理念不但被歐、美許多先進國家奉為依歸，同時也提供了開發中國家在幼兒教育推廣上一個有力的藍圖。以下將針對蒙特梭利教育哲學的內涵加以申述及探討。

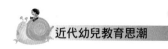

三、蒙特梭利的教育哲學

臺灣在 1980 年代對於蒙特梭利教學法趨之若鶩，不論是家長或幼兒園老師都視蒙特梭利教學法為必修課程。許多幼兒園大量的購買蒙特梭利教具，他們常以為擁有一整套的蒙特梭利教具即可實施蒙特梭利教學法。雖然我們常說「工欲善其事，必先利其器」，但在未掌握蒙特梭利教育精神，了解蒙特梭利教育哲學之前，斷然的實施蒙特梭利教學法則有矇蔽家長之嫌，同時對於幼兒能力的啟發不會有太多的助益，反而會造成學習上的阻礙。

由於臺灣社會深受「速食文化」的影響，功利主義彌漫，許多父母親在教育子女時觀念偏差，總認為既然付了那麼多的學費就必須馬上看到成果，他們不願意投資太多的時間去了解蒙特梭利教育哲學的真正內涵，卻樂於見到孩童們懂得操作蒙特梭利教具。在他們追求時髦的心態下，犧牲掉了蒙特梭利教育最有價值的精神。以下將簡扼的介紹蒙特梭利哲學的特點。

（一）蒙特梭利眼中的兒童

對蒙特梭利而言，兒童是一個獨立存在的個體，他們並不是成人的縮影，在兒童身上所散發出的生命力是光芒耀眼的。兒童並不如我們所想像般的無助或依賴，蒙特梭利主張兒童與成人是相互依賴的關係，只不過我們常常以成人的眼光去評斷孩子的行為，或以成人的標準去限制孩子，無形中我們阻礙了孩子的發展。蒙特梭利相信天底下為人父母者沒有不愛自己子女的，然而我們必須清楚的了解孩子們有自然發展的軌跡，外人任意的干擾

只會阻礙他們的發展。蒙特梭利認為在孩子們發展的過程中，成人往往成了他們發展的最大阻力，如果我們希望自己的孩子獨立，那麼就不該主導幼兒的活動或干預他們的學習，養成其依賴的習性。時下有很多父母基於保護孩子的心態，凡事都幫幼兒代勞。美國在 1990 年代出現許多的直升機父母（helicopter parents），指的是家長過度關心孩子，像直升機一般，在孩子的身邊不斷盤旋，凡是為孩子代勞，隨時準備幫孩子解決問題。嚴格說起來這種家長並沒有負起教育子女的責任，而是在服務孩子（李雪莉，2007）。這種家長或老師積極服務孩子的教養態度導致孩子生存能力的退化，美其名這些父母是愛護子女，實際上他們並沒有真正的尊重生命，在他們溫柔的慈悲中剝奪了孩子成長的機會。

　　蒙特梭利認為兒童需要的不是直接的幫助，成人最大的職責在於為孩子們預備一個不受干擾、非常豐裕的學習環境。蒙特梭利主張一個人個性的形成是經由外在環境不同的經驗中形成。三歲之時兒童的個性會慢慢定形，我們將之稱為「機能創造時期」，而三歲之後屬於「創造機能發展期」。不論創造或發展均必須借重於外在的學習環境。在蒙特梭利的眼中，兒童是人類之父，也是文明的創造者。蒙特梭利認為人類文明向來是建立在成人的價值觀上，並沒有充分利用兒童的潛力，如果人類文明可以從兒童們純淨、無邪的價值觀上著手，那麼我們即不需為今日的文明付出這麼大的代價，人與人之間也不會有種族、宗教的偏見，而處在於文明社會中的疏離及冷漠也不會應衍而生（Standing, 1984）。

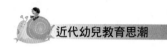

（二）兒童能力的泉源

　　蒙特梭利認為兒童本身具備一股神秘的心智能力，她將此種心智稱為「吸收性心智」（the absorbent mind）（Montessori, 1973），經由這種心智活動，幼兒們能從周遭的環境中學習。尤其是三歲以前的兒童具備無限的學習能力，他們一步一步建立自己的知識，開創自己的智慧。蒙特梭利認為：

　　這是一段創造的時期，在這之前，一切都是空白，然後個人特徵開始成形，我們所面對的不只是正在發展的個體，而是從無到有的創造（當然除了潛能之外），要完成這些奇蹟，新生嬰兒必須擁有與成人不一樣的心智，賦予不同的力量。（徐炳勳譯，1991：109）

　　在這個階段我們給與兒童的幫助最為有效，同樣的我們加諸於兒童身上的任何干擾對他們的影響也最深。

　　蒙特梭利將嬰兒從出生至三歲的階段稱為「機能創造時期」，在這個時期，嬰兒的學習很多時候是在無意識中進行，他們可能會在無意識的情況下吸收學習到很多的課程，然後會不斷的重複這些行為，進行所謂的同化作用，將之轉變為一種有意識的學習，建構自己的知識。蒙特梭利將三至六歲這個階段稱之為「創造機能發展期」，此時兒童的學習是在有意識的情況下進行，這個階段延續了上個階段的發展，使很多的學習機能更加的純熟。

　　我們清楚的知道在孩子們的身上有一股很強的學習力量，這是成人所不及的。就以語言的學習為例，一個三、四歲的兒童不

具備有太長的專注力、記憶功能也尚未發展完全，更沒有語文邏輯概念，為何能在短暫的時間裡同時學會兩種以上的語言。而成人們在學習一種外國語文時，即使有語言學習的環境也必須比兒童們費上幾倍的功夫，且往往有很重的鄉音。蒙特梭利認為兒童們之所以能不費吹灰之力學會各種生活技能，全需歸功於他們所擁有的「吸收性心智」，而這種特殊的心智可能在我們成長的過程中慢慢的喪失或被埋沒了。

根據蒙特梭利的說法，「吸收性心智」持續至六歲左右。她進一步的解釋，所謂吸收性的心智並不像一塊海綿吸收水份一般，而是兒童們對外在環境學習吸收之後的一種重新建構自己知識及智慧的歷程。兒童們就是擁有這種特殊的心智活動，因此可以在很短暫的時間內，從一位無助的嬰兒發展為一位能說、能寫、能走、懂得自我表達，具備有生存能力及懂得思考的獨立個體（Gettman, 1987）。

（三）兒童學習的敏感期

敏感期（the sensitive periods）是指人在發展的過程中，會在某一特定的階段對於某種學習特別全神貫注而融入其中，吸收力也特別強。蒙特梭利認為敏感期的產生是一種本能性的反應，她說：「這種本能，與其說是對環境的反應，不如說是微妙的內心敏感性——與生俱來的」。在每個敏感期，兒童們都能表現出特別的能力，而且會重複不斷的練習某種特徵，直到這些需求被滿足或完成為止，例如：孩子們在語言發展的敏感期時，我們會發現他們會對「發音」練習特別感興趣，他們不斷的重複練習很多的字、句，在這個階段裡他們很專注於語言、說話的練習，我們

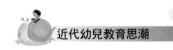

可以用不眠不休來形容他們的學習態度。當然，我們同時也發現在語言發展的敏感期裡，兒童們的語言發展及吸收能力特別強，他們從一個牙牙學語的階段進入到能以流暢的語言與別人交談。

根據蒙特梭利的論點，兒童們會在不同的年齡層裡出現特種能力發展的敏感期，也就是不同年齡會對不同的事物產生興趣，這種現象一般說來會延續至五歲左右。蒙特梭利博士認為，如果為人父母或師長者未能了解各個特質發展上的敏感期，那麼就無法為兒童們預備較佳的學習環境，而一旦錯過了發展階段的敏感期，那麼日後將很難得到完全的發展。在現實社會中有很多實例可以驗證，例如：臺灣曾經有一位小女孩被關在閣樓裡多年，她沒有任何交談與學習的對象，等到她被發現解救出來時，她的肢體協調、語言及社會性的發展都呈現緩慢或停滯的現象，日後雖經由語文專家的幫助也無法達到完全的發展。

蒙特梭利發現在兒童們的身上會有六種敏感期的出現，說明如下。

1.感官發展敏感期

從出生延續至五歲左右的兒童特別需要感官的刺激，他們會利用手、腳及身體的各個器官去觸摸，從捉、拿、握、丟……等這些動作中去滿足感官的需求，同時他們會從外在環境中發展出其對嗅覺、味覺、觸覺、視覺、聽覺各方面的敏覺度。成人們在此時若基於保護孩子的心理而處處設限，那麼將會阻礙孩子們感官機能的正常發展。

2.語言發展敏感期

蒙特梭利很細心的觀察到孩子們從三個月大開始即對周遭的任何聲響產生極大的興趣，他們不只會去觀察，同時也會去模

仿，但嚴格說起來，兒童語言發展的巔峰期是在一歲半至三歲左右，而敏感期則延續至五歲左右的年齡。一般說來，二歲左右的兒童語言學習能力特別強，我們可以發現他們可以整天喋喋不休的重複各種的語音練習，並且能樂此不疲。

3.秩序發展的敏感期

　　幼兒在很小時即對「秩序感」（order）有極大的需求。這裡所謂的秩序感並不是指將環境整理的有條不紊，而是對於物品所擺放的位置，或是生活起居習慣的一種秩序。我們可以了解到兒童們在幼小的年齡裡希望藉由一些可預測的秩序中去掌握及了解外在世界的一種需求。外在環境及生活起居作息的秩序可以幫助他們在知識的獲得上建立一套秩序感。我們可以在未滿一歲的孩童身上發現他們對秩序感的需求，而在兩歲左右是兒童秩序感發展的高峰期，這種現象會延續至三歲左右。當兒童對秩序感得到滿足時，例如：玩具擺放在同一位置、睡在同一地點、固定的作息時間……等，他們會表現出愉快，一旦這些秩序遭到破壞之後，不安、易怒的情緒反應則會隨之而至。

4.對微小事物觀察的敏感期

　　在成人的世界裡，我們常常會被一些醒目耀眼的東西或巨大的聲音所吸引，然而兒童們在二歲左右的年齡卻對周遭微小事物的觀察能力特別敏銳，他們所觀察的事物往往是我們容易忽略的。針對這一點，瑞士學者皮亞傑認為這是二歲左右的兒童具備有局部專注能力的思考模式所導致的。不過依照這種說法，似乎成人的觀察能力容易忽略細微事物也應可算是一種注意力分散的表現。

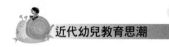

5.肢體協調發展的敏感期

兒童們在二歲半至四歲左右是他們肢體肌肉協調發展的敏感期，他們藉由肢體運動中學習如何去控制自己的肢體，但這並不意味著在這個敏感期裡，兒童較易於學習到較高難度的運動技巧或學習到各種不同樂器的演奏技巧。畢竟有些必須應用到較高難度肢體協調方面的學習並不是六歲以前的兒童能力所及。

在肢體肌肉協調發展的敏感期裡，兒童們會特別熱衷於一些需應用肢體控制的活動。他們不斷的重複同樣的動作，其目的只在於充分的掌握自己的肌肉及肢體動作，而不是有任何目的，例如一個二、三歲的孩子喜歡自己拿起湯匙吃飯，他／她不見得是肚子餓了，而是想從中得到樂趣。又如一個小孩子喜歡自己洗澡，這也不表示他／她想把自己洗乾淨，而是一種對自己肢體、肌肉協調練習的一種滿足。

6.社會群性發展的敏感期

一般說來，二歲半至五歲的兒童是社會群性發展的敏感期。我們可以發現三歲以前的兒童常常獨自活動或者是跟隨在較大孩子的身旁，無法參與大孩子的活動，其主要的原因在於三歲以前的兒童對於遊戲規則概念的建立還沒完成。在這個年齡之後慢慢對社會團體生活產生興趣，他們開始注意到別人的感受，也意識到要在團體中與人相處，必須遵守一些團體生活的規則及尊重各個團體中特有的文化。

人雖然是屬於社會性的動物，我們也希望被別人所肯定、接納，有所謂的歸屬感，然而人類社會性的發展卻必須經由學習而來（Piaget, 1963）。在社會群性發展的敏感期裡，兒童們漸漸的脫離「自我中心」的階段，學會了與人相處的方法，除了增長自

己的智慧之外，也同時為日後成為社會上真正一員做好準備
（Gettman, 1987）。

四、蒙特梭利教學法

　　蒙特梭利教學法到底有哪些特色？什麼樣的教學環境才可稱
之為蒙特梭利教室？為何蒙特梭利教學法會受到全球幼教界如此
的歡迎？事實上臺灣有許多的幼兒園以蒙特梭利教學法為號召，
但卻沒能把握蒙特梭利教學的特點，而只具備了一套蒙特梭利教
具而已。蒙特梭利教學法雖具備某些特色，但必須注意的是蒙特
梭利教學法並非一成不變，這種教學法是開放的，並且必須建立
在蒙特梭利教育哲學及精神之上。以下將分別針對蒙特梭利的教
學環境、蒙特梭利教師及蒙特梭利教具三個方向去剖析蒙特梭利
教學法。

（一）蒙特梭利的教學環境

　　蒙特梭利在她的教育主張裡非常強調環境對兒童的影響，她
認為兒童們雖然先天上具有「吸收性心智」，可以利用他們無限
的潛能去營造、建設自己，但先天的能力若沒有外在學習環境的
配合，則無法發揮所長。她主張理想的教室必須具備有以下五種
要素。

1. 自由的觀念

　　蒙特梭利認為兒童們只有在自由、開放及沒有壓力的環境下
才能將自己的學習潛能發揮到極點。然而蒙特梭利並不贊同沒有
經過過濾的自由，她主張「小孩子的自由必須以不侵犯他人的利

益為範圍,如此才是一般認為的好教養。我們對於小孩任何可能侵犯或干擾到別人,或者是可能造成傷害的粗魯行為,都必須加以防範」（Montessori, 1964: 87）。因此,我們在賦予兒童自由之前必須確定孩童們在人格上能達到相當的成熟度,也就是能擁有自制的能力,能分辨是非,可以獨立自主。在現今的社會中,能讓我們放心賦予自由的兒童並不多,因為物化的結果已導致兒童們在人格成熟度普遍的緩慢,其主要因素在於成人過分保護的心理,低估兒童的學習能力,而阻礙了兒童們自由學習的機會。

蒙特梭利所主張的自由概念較強調學習上的自由,兒童們可以依照自己的興趣選擇教具,也可以依照自己的喜好選擇學習的地點及時間。因此蒙特梭利教室的一大特點就是沒有所謂的上課或下課時間,孩子們可以自由的進出教室內外,孩子之間可以相互觀摩學習,是一種混齡式的教學。她同時也主張必須廢除傳統教學中慣用的獎懲制度,她認為這種威脅利誘會阻礙兒童們學習上的自由。

2.結構與秩序

由於蒙特梭利認為孩子在很小的年齡裡即產生「秩序感」,因而她主張在兒童學習環境中刻意的將教材依照其難度加以排列,唯有如此才有助於孩子們的學習,同時養成兒童們自動自發、物歸原處的生活習性,而他們在學習的過程中也能對於自己的學習進度有所了解而建立一套秩序感。

蒙特梭利教室比傳統的教室在陳列擺設上較有秩序及結構感,但蒙特梭利深怕她這種主張被人誤解是一種呆板、無生氣的學習情境,因而她一再強調,外在環境的結構只是為配合兒童的學習,教師們應視兒童的需要而適時的更換教室的陳設,在有結

構的秩序中仍可保有相當大的彈性變換空間。

3.真實與自然

　　蒙特梭利對於「自然」的主張有兩大重點，其一是針對外在自然原野，包括動、植物的生態、四季的變化等等。她認為人是屬於自然界的一份子，從自然界裡我們可以攝取許多生命的資源，也可從中了解到一些自然界的法則，及對美、藝術及創作的鑑賞能力。基於這個論點，兒童們應盡量與自然接觸。蒙特梭利對於「自然」的第二個重點在於強調「真實」的一面，讓教室裡的擺設盡量接近真實的生活。她主張教室應盡量置放真實的器皿及設備，例如冰箱、電話、水果刀等，也鼓勵同一教室的兒童共同使用一套教具，如此方可從中學習到耐心等待及尊重別人。蒙特梭利認為在現實的生活裡，並不是每個兒童都可同時擁有相同的東西，兒童應該學會與人分享的習性。

　　蒙特梭利亦主張兒童的生活必須務實，兒童們的幻想會阻礙學習。這種論點引發了教育界很多的爭議，中、外很多學者相信兒童早年很多的創造力是經由童話故事、幻想中激發出來，然而蒙特梭利主張根除所有可能造成幻想的根源似乎違背了兒童發展的自然本性，同時也剝奪了孩子們快樂生活的泉源。

4.美與氣氛

　　蒙特梭利教室非常強調美感，不過其美感是建立在整齊、簡潔上，同時也重視教室所使用的建材及教材是否有良好的品質。蒙特梭利教室並不強調精緻的裝潢或華麗的燈光，對於教室氣氛的營造著重於溫馨、和諧。在此必須加以澄清的是，國內很多以蒙特梭利幼兒園為號召的學校在實施蒙特梭利教學時只掌握其中之一要素，例如：學習中不加以干擾，因此要求小朋友們必須絕

對安靜，不可任意交談。雖然立意甚佳，但整個教室氣氛卻顯得肅穆，況且為了要謹守「安靜」的原則，忽略了蒙特梭利教學其他的精髓，且易將蒙特梭利教學誤導走向形式主義。這種特意營造出來的蒙特梭利幼兒園宛如「兒童修道院」，這應該不是蒙特梭利所樂於看到的情景。

5. 適合社會性的發展

美國學者 Kilpatrick（1914）曾批評蒙特梭利教學法中的孤立性無法培養兒童社會群性的發展。蒙特梭利博士針對這一點曾加以反駁，她強調在蒙特梭利教室裡兒童們學會尊重別人，對年齡較小的能給與照顧，使用後的教具能物歸原處。她認為蒙特梭利教學法採用混齡學習的方式，同伴之間彼此相互照顧，從中建立自制、守紀律、自動自發等美德，這些都是促成一個人社會群性發展的要素。

相反地，蒙特梭利認為在傳統的教學方式下同學之間極少有互動的機會，反而不利於社會性的發展。她很肯定的說：「不同年齡小朋友之間呈現的交流與和諧是很難在大人與小孩子之間發現的。如果不是親眼目睹這種年長者保護年幼者、年幼者敬佩年長者表現於教室中的濃厚氣氛，實在令人難以置信」（引自陳怡全譯，1992：94）。蒙特梭利基於她自己的觀察肯定了其教學法對於兒童社會性發展的價值。然而值得警醒的是，這種同儕之間相處得如此和諧而又懂得相互尊重的情景，在臺灣的幼兒園裡已不復多見，這是值得我們深入檢討反省的。

（二）蒙特梭利教師

一般說來，合格的蒙特梭利教師必須在接受蒙特梭利教育的

訓練及薰陶之後方能取得證書。近幾年來提供這種蒙特梭利教學的職前訓練機構愈來愈多，而它們之間也會有些差異性。以美國為例，早先在美國只有兩個機構可以合法的授予蒙特梭利教師證，即美國蒙特梭利學會（American Montessori Society，簡稱 AMS）和國際蒙特梭利協會（Association Montessori Internationale，簡稱 AMI）。但在 1967 年以後，美國專利局認定「蒙特梭利」這個頭銜屬於一般通俗性的形容詞而不認為符合申請專利的資格，因此造成了蒙特梭利職前訓練機構的興盛。

　　這些機構會因彼此之間對於蒙特梭利教育理念不同的見解而掌握不同的學習重點，有些機構較注重蒙特梭利教育哲學理念的薰陶，有些則較強調蒙特梭利教育方法。這種情況尤其在不同國度的蒙特梭利教育機構裡更加明顯，一般說來，西方歐、美國家較重視蒙特梭利教育哲學及精神的掌握，而東方國家如印度、中國、日本則較強調蒙特梭利教學情境的布置及蒙特梭利教具的操作。

　　蒙特梭利師資培訓中心由於沒有共同擬定出一套標準或規定，因此雖具備有蒙特梭利教師合格證也不能保證其絕對的教學品質或具有蒙特梭利教師的精神（Hainstock, 1986）。當然這種現象並不是蒙特梭利博士樂於見到的，她早年之所以會在世界各大城市設立蒙特梭利教育協會，其主要目的也是希望能有系統的推展其教育理念。她並不希望有些人對於教育哲學認識不清，只不過修過幾門有關蒙特梭利教學的課程即以蒙特梭利教師自居或創立所謂的蒙特梭利幼兒園，如此可能會造成一般人對於蒙特梭利教學法有不正確的認知。

　　雖然在蒙特梭利的整個教學架構裡並沒有特別的突顯出老師

的地位，然而蒙特梭利教師卻是扮演著環境預備與孩子之間學習的一個重要橋樑。蒙特梭利博士認為在蒙特梭利教室裡，老師的職責並不在於「教導」兒童，而是為兒童們準備一個豐裕而不受干擾的學習環境，她主張老師的重要任務在於「幫助兒童生命的成長」。為人師者應摒除自己的成見及大人獨裁的作風，以尊重、慈愛的心謙卑的向兒童學習。一個蒙特梭利教師並不是擁有滿腹經學就足夠，最重要的必須能給與自己一番精神建設，能拔除任何足以阻礙與兒童之間建立友善關係的習性或缺點。蒙特梭利明白的給與蒙特梭利教師們訓示：「你們第一件要做的事就是先除去自己眼中的樑木，如此才能清楚的知道如何移去兒童們眼中的芥草」（引自許興仁，1983：178）。

蒙特梭利教師的另一重要任務在於觀察兒童的成長，必須有充分的熱忱及能力去細心的觀察兒童。老師們必須扮演著一個被動者的角色，耐心的靜待孩子發展中各種現象的發生。老師們必須具備有敏銳的觀察力之外，也必須能分辨出兒童行為表現背後可能隱藏的意義及需求，也就是充當一位兒童的解釋者，能洞察兒童的心思，滿足其需求，如此方可給與兒童們適當的引導。蒙特梭利呼籲教師們必須謹守三個指導幼兒的原則，即儘量符合「簡潔」、「單純」及「客觀」等三項原則，並針對學生的需要給與個別指導。她相信每個孩子有自己學習的速度及興趣，因此老師可以充當一位個別課程的指導員，她反對傳統填鴨或灌輸性的集體教學。

蒙特梭利教師的任務在於激發兒童生命力的表現，他們是兒童無形的精神堡壘。由於蒙特梭利教師極少進行教學而著重於對孩子的觀察，因此蒙特梭利認為蒙特梭利教師以指導員來稱呼更

為恰當。除此之外，教師必須非常重視身教，除了身體力行、言行合一之外，也須留意自己的穿著是否整潔、端莊，如此才能贏得兒童們的信賴和尊敬，同時可以提供兒童們一個很好的學習榜樣。兒童的學習除了必須有很好的學習環境、關懷學生的指導員之外，也需學童家長的充分配合，因此學校與家庭之間必須仰賴老師從中擔任溝通的重任。蒙特梭利認為教師們同時也是學校、家庭與社區之間的聯絡者與溝通者。如此學童家長才能了解學校的教學理念，不至於在教養孩子時和學校的宗旨偏離太多，產生太多的衝突與矛盾，對兒童會有不良的影響（許興仁，1983）。

（三）蒙特梭利教具

蒙特梭利教學法裡少不了的就是那一套蒙特梭利精心設計的教具，由於其內容甚多，將於下一章再行論述。

五、結語

經由前面一番的介紹，我們對於蒙特梭利的生平、貢獻，她的教育理念及教學法有些基本的認識。蒙特梭利一生最大的貢獻在於喚起人們對幼兒教育的重視，提升兒童的地位。她雖致力於教育的革新，試圖將兒童從傳統的僵化制度中解放出來，強調給與兒童自由，然而卻仍有很多教育界人士批評蒙特梭利的教學方法太過於呆板，在講求秩序及兒童自制力訓練的同時，留給孩子們太少的自由及創造思考空間。

美國哥倫比亞大學 Kilpatrick（1914）更明白的指出蒙特梭利主張經由自由化的教學，啟發孩子善良的本性及發揮天賦的本能

這種論調過於老舊，落後美國當時的教育理論約有半世紀之久。我們姑且不論蒙特梭利的教育主張是否過於老舊，但 Kilpatrick 對於蒙特梭利的這點批評似乎有欠公允，因為老舊的理論並不能表示一定是較遜色或是不適合。從過往的半世紀裡研究人類心理及行為的自然成熟理論學派、行為主義學派及目前最受肯定的認知心理學派還不是一直世代交替各有其風光的時代。蒙特梭利教學法引來的一些批評，如太過於人工化、教學呆板等，事實上都是違反蒙特梭利本身的教育精神。可見蒙特梭利教育理念在傳承上產生誤解，分析其主要的因素可能是一般的蒙特梭利學校過於重視蒙特梭利教具的操作而未能掌握蒙特梭利教育的精神。

　　縱使蒙特梭利教學法仍存有許多的爭議，但它已受到世人極大的肯定，這可以從全球數以萬計的「蒙特梭利學校」得到印證，當然我們也必須要對蒙特梭利的一些教育主張持保留的態度。蒙特梭利對兒童們的觀察入微、見解獨到，她提出的「吸收性心智」及「兒童對於秩序感的需求」等都屬於震古鑠今的理論。但她當時在兒童之家所觀察到的現象，如喜歡安靜、拒絕糖果、不喜歡玩具、喜歡工作甚至於遊戲、獎懲無用、愛好秩序等等卻是目前在一般的蒙特梭利學校中較難以觀察到的現象，也鮮少有兒童會相互尊重、互相謙讓。其次，蒙特梭利認為兒童喜歡工作甚於遊戲，事實上，兒童們從遊戲中學習，他們的工作就是一種遊戲，他們從遊戲中肯定自己。蒙特梭利博士認為工作可以給與小孩子成就感，同樣的兒童們也可以從遊戲中成就人格。皮亞傑（Piaget, 1962）就肯定了遊戲的價值，他認為從遊戲中我們可以看出孩子的認知發展，更重要的是遊戲的本身可以促進兒童的認知發展。對兒童們而言，遊戲與工作並沒有太多的分野。

　　蒙特梭利所觀察到許多孩子純真、善良的一面，這可能與當時的民情風俗及「兒童之家」窮苦兒童的特質有極大的關係。蒙特梭利曾說康米紐斯及盧梭等人的教育主張不合當時的需求，那麼蒙特梭利的教育主張及教學法是否符合現代幼教的需求呢？這是值得深思的。針對蒙特梭利教育的適切性，下一章將有較深入的評析。

參考文獻

中文部分

李雪莉（2007）。**別當直升機父母**。2012 年 9 月 15 日，取自 http://www.cw.com.tw/article/relative/relative_article.jsp? AID=2955

徐炳勳（譯）（1991）。**蒙特梭利──生平與貢獻**。臺北市：及幼。

許興仁（1983）。**新幼兒教育入門**。臺南市：人光。

陳怡全（譯）（1992）。**蒙特梭利新探**。臺北市：及幼。

英文部分

Gettman, D. (1987). *Basic Montessori: Learning activities for under-fives.* New York, NY: St. Martin's Press.

Hainstock, E. G. (1986). *The essential Montessori.* London, UK: Penguin Books.

Kilpatrick, W. (1914). *The Montessori system examined.* Boston, MA: Houghton-Miffin.

Montessori, M. (1964). *The Montessori method.* New York, NY: Schocken Books.

Montessori, M. (1973). *The absorbent mind* (2nd revised ed.) (C. A. Claremont, Trans.). India: Kalakshetra.

Piaget, J. (1962). *Play, dream and imitation in childhood.* New York, NY: W. W. Norton.

Piaget, J. (1963). *Problems of the social psychology of childhood.* Trans-

lated by T. Brown and M. Gribetz. Manuscript, Originally publish-
ed in Traite de sociologie, edited by G. Gurvitch. Paris: Presses Un-
iversitaires de France.

Standing, E. M. (1984). *Her life and work*. New York, NY: New Ameri-
can Library.

10 蒙特梭利教具剖析

 一、前言

　　在目前的幼教界，蒙特梭利教學法稱得上是較富特色的一種教學方法，其主要原因在於蒙特梭利教學法除了有其理論根基及教育哲學之外，同時設計了一套蒙特梭利教具以配合蒙特梭利教學的需要。國內許多學術研究機構及幼兒園都擁有蒙特梭利教具。到底蒙特梭利教具涵蓋哪些內容呢？事實上，蒙特梭利教具為了配合時代潮流的趨勢及順應不同的民情、文化，蒙特梭利教具在不同的地域裡也顯現出或多或少的差異性。一般說來，蒙特梭利教具可分為四大種類，即日常生活訓練教具、感官教具、學術性教具及文化與藝術性教具，其中學術性教具又區分為語文教育及數學教具。以下將針對蒙特梭利博士設計這一套教具時的動機及目的加以探討，同時也將以圖片加以解說蒙特梭利教具的種類及其預設之目的。

二、教具設計之動機及目的

　　蒙特梭利於 1898 年受聘為義大利「國立啟智學校」的校長，在此之前，她曾經細心鑽研過 Seguin 及 Itard 為特殊兒童設

計的教育法及研究報告，當她實際的與一群智力不足及學習有障礙的兒童相處時，發現這群孩子所欠缺的是能讓他們利用雙手來操作的學習材料。蒙特梭利除了參考福祿貝爾的十四恩物外，也自行製作了許多的教具，她觀察到這群特殊兒童除了能專注於這些教具的操作之外，同時提升了智能及學習能力。在蒙特梭利接觸過正常兒童之後更肯定了教具的功能，於是蒙特梭利建立了一套蒙特梭利教育哲學，同時設計了蒙特梭利教具以期達到相輔相成的功效。

　　蒙特梭利曾對兒童進行長期的觀察，她觀察到當兒童們沉溺於嬉戲時，往往不能專注太久，但當他們在學習一項生活技能時，卻充滿著喜悅與滿足。蒙特梭利認為兒童對於工作的熱衷是一種生命的本能，因為這些生活技能的學習可以使一個無力的嬰兒成為獨立自主的個體。基於這個論點，蒙特梭利在教具的設計上都考慮到其實際的功能，她希望藉由這些教具的操作中，能給與兒童們自我發展的機會。以蒙特梭利教具中的「日常生活練習教具」為例，這些教具的設計以成人日常裡所需的生活技能及從事的活動為主，因此蒙特梭利日常生活練習的教具裡包括了洗碗用具、庭院用的掃帚、衣架、擦皮鞋的工具等等。這些教具的設計提供兒童實際的生活經驗，雖然蒙特梭利的日常生活練習教具為了配合孩子操作的方便，所設計的尺寸較小，但卻具有實際的功能，而不是一種模擬的展示品而已。

　　蒙特梭利教具的種類繁多，雖然每一種教具有其不同的功能，但整體說來蒙特梭利教具的功能，配合了兒童們心智發展及各個敏感期的學習需求，具有下列幾種主要目的：

　　1.提升兒童認知、學習的能力。

2.增進兒童們生活技能及自理的能力。

3.提供兒童們自我發展及自我滿足的需求。

4.促進兒童們視覺、觸覺、味覺、嗅覺及聽覺等感官的敏覺度。

5.增進兒童們對邏輯及算術分類等幾何概念。

6.協助兒童發展肌肉協調的能力。

7.培養兒童們對音樂鑑賞及音感辨識的能力。

8.增進兒童認字及語文的能力。

9.增進兒童們對文化、歷史、地理及動植物生態的認知。

10.增進兒童們對科學探究的心。

三、蒙特梭利教具

（一）日常生活練習

在諸多種類的蒙特梭利教具裡，最早被使用在蒙特梭利教室裡的是日常生活練習教具，其主要原因在於這類教具與孩子們日常生活的技能息息相關，它們能很快滿足兒童對於生活技能學習上的需求。蒙特梭利的日常生活教具包括的內容與成人日常生活中必須用到的工具類似，如掃帚、拖把、衣架、器皿、澆水用具、鑷子等等，其主要的目的在於環境的維護、衣物的整理、穿著打扮及生活禮儀的培養等。

由於蒙特梭利日常生活練習教具以務實為主，因此必須考慮到文化的差異，這類教具基本上具有較深的文化色彩。我們都知道美國屬於大陸型氣候，氣候乾燥，加上充分綠化的結果，雖然

屬於高度工業化發展的國家，但環境污染的問題較不嚴重。反觀臺灣氣候潮濕，空氣的污染是一大問題，我們可以發現臺灣及美國人民會因為某些客觀環境的差異導致不同的生活習慣，因此日常生活教具也會有所不同，例如中、美在飲食習慣上的差異，美國兒童從小必須學會使用刀叉，而中國兒童則必須學會用筷子。另外許多勞力密集以家庭手工業為主的國家，例如泰國、菲律賓，兒童們在很小的年齡就學會編織的技巧。

雖然蒙特梭利日常生活練習教具極富地方文化色彩，但依據Gettman（1987）的論點，這類教具有三種主要的功能：第一，生活基本技能的學習（manipulative skills），如打開及關閉瓶罐、衣服的折疊、剪刀的應用、將書歸位、桌椅的擺放等；第二，自我的發展（self-development），包括自理的能力及與人相處生活禮儀的培養，懂得如何梳理自己的頭髮、整理衣服、招待客人等；第三，對環境的關懷（care of the environment），指對於自己生活環境的整理及愛護，包括掃地、家具的清潔維護、清洗碗筷、澆水插花等。請參閱表10-1所提供的蒙特梭利「日常生活練習」目錄介紹。

表10-1的日常生活練習目錄是Gettman（1987）依據蒙特梭利日常生活練習教具的種類及功能加以分類。日本許多學者將這類教具分為四大類，包括基本動作、社交的行為、對環境的關心及對自己的照顧等（岩田陽子、南昌子、石井昭子，1991），雖然他們之間在分類上有少許的差異，但其內容及原則不變。總言之，蒙特梭利日常生活練習教具的目的，在提供兒童基本生活技能的學習，提高兒童適應社會生存的能力及養成關心自然及生活環境的習性。蒙特梭利日常生活練習教具是一種活生生的學習材

表 10-1　蒙特梭利日常生活練習目錄介紹

對環境的關懷	自我發展	生活基本技能
居住環境的維護 ・折棉被 ・擦桌子 ・清除灰塵 ・地板或地毯的清潔 ・清洗碗筷 ・擦拭玻璃或器皿 ・其他 **周遭環境的愛護** ・種植花、樹 ・澆水 ・施肥 ・照顧小動物 ・修剪花木 ・清掃落葉 ・採收果樹 ・其他	**自理能力** ・刷牙、洗臉、漱口 ・梳頭髮 ・穿鞋、脫鞋 ・穿衣服、脫衣服 ・洗手、擦汗 ・洗澡、洗手、洗腳 ・其他 **生活禮儀** ・打招呼 ・對別人的尊重 ・上、下車及與人相處的禮儀 ・關懷別人的用語 ・基本禮貌的練習 ・與別人道別 ・遵守規則 ・進退應對禮儀的訓練（如請、謝謝、對不起、不客氣……等） ・其他	**手腳、肢體協調動作** ・走、跑、坐、站、踢、跳 ・捉、拿、握、捏、絞、夾 ・拿取、搬運、放置 ・敲打、旋轉 ・剪貼、折疊 ・捲起、放下、前進、後退 ・削、擦、撕、拉 ・夾、縫、編 ・切菜 ・倒豆子 ・其他

料，兒童們不但可以從工作中學習到很多的技巧，同時可以培養出獨立、進取、負責、守紀律的習性，在鼓勵兒童關懷自然的同時，也可以激發兒童們的良善之心。以下列舉幾種日常生活練習的活動及其主要目的，如圖 10-1 至圖 10-12 所示。

圖 10-1　訓練兒童手、眼協調及早期的數量概念

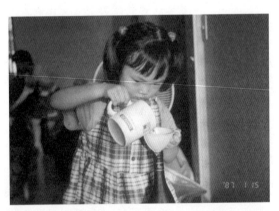

圖 10-2　培養兒童專注及手、眼協調的能力

圖 10-3　讓兒童了解水對花草的重要性，培養對環境的關懷

圖 10-4　剪的動作有助於兒童肌肉及手、眼協調的能力，培養獨
　　　　　立、專注的精神

圖 10-5 （梳）吹頭髮可培養兒童自理的能力，養成愛好清潔及
　　　　注意儀容的生活禮儀

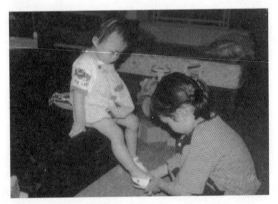

圖 10-6 協助幼兒穿鞋可養成關愛他人的生活態度，並可增進自
　　　　理能力

圖 10-7　扣鈕釦可增進日常生活自理的能力，有助於手、眼協調及小肌肉的靈活應用

圖 10-8　清除灰塵可培養兒童愛好清潔及對周遭環境的關懷

圖 10-9　端茶可培養社交性及良好的生活禮儀

圖 10-10　從與動物的接觸中養成兒童對小動物的關愛

圖 10-11　擦桌子可培養兒童對於居住環境的維護，有益於肌肉
　　　　　的發育

圖 10-12　從餵魚中可培養兒童對於自然生態的愛護

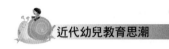

（二）蒙特梭利感官教具

　　幼兒的感覺動作期（sensorimotor period）是一切智力的發展基礎，任何兒童都必須經歷這個階段（Piaget, 1952）。蒙特梭利指出任何高層次的智能活動，必須以感覺的發展為基礎。幼兒在整個心智發展的過程中可以經由實物的接觸去形成概念，因此我們可以發現幼兒很喜歡從事感官方面的活動，例如用手去觸摸、用耳朵去聽、用鼻子去聞、將東西放入口中等等。很多時候人們雖然是在無意識的情況下學習，然而卻有其積極的目標，這是一種天賦的學習潛能。

　　感覺動作的增強可以促進學習認知的能力，早期的幼教先驅如盧梭及康米紐斯即非常重視感官實物教學。研究特殊兒童的專家如 Itard 和 Seguin 也主張外在環境對於感官的刺激，可以增進特殊兒童的認知能力。近幾年來幼教及醫學界亦非常重視兒童感覺統合，透過外在的感官刺激及肢體協調去影響腦神經的發展，提升兒童的學習能力。

　　蒙特梭利一再強調感覺發展對一個人心智成熟的重要性，她認為處於幼兒園年齡的兒童是感官發展的敏感期，我們必須提供豐裕的感官環境去刺激它的發展（Montessori, 1966）。因此蒙特梭利設計了感官教具，其主要的目的在於培養兒童對於外在感官刺激的敏覺度，例如觸覺板、溫覺筒、重量板、味覺瓶及嗅覺筒等等都具有這種功能。同時也希望經由教具的操作過程中培養兒童專注的能力。蒙特梭利感官教具非常強調觀察力及專注能力的養成，由於大部分的蒙特梭利感官教具都擁有「自動訂正錯誤」的功能，不需要經由老師特別指導，例如視覺教育裡的圓柱體組，每一組有十個

不同大小的圓柱及不同口徑大小的十個圓形凹洞，當孩子們擺放錯誤時，他們自己會察覺再行訂正（如圖10-13所示）。

圖10-13　從圓柱體組的操作中，可以增進兒童的專注力

　　蒙特梭利相信經由這種教具上的特殊設計，可以培養兒童們自發性的學習，以達到自我教育的功效，不過針對這一點，蒙特梭利也曾招來不少的爭議。美國學者Kilpatrick（1914）主張學校所提供的教育應該愈接近真實的生活愈能達到自我教育的目標，然而他認為蒙特梭利的教學法及教具太過於人工化，與實際生活有一段距離，無法培養兒童們主動解決問題的能力，因此，他認為蒙特梭利冀望從其教具中培養兒童們「自我教育」的目標有如紙上談兵，無法落實。Kilpatrick同時也認為蒙特梭利特意設計出來的感官教具如觸覺板、溫覺瓶、音感鐘等等，其主要目的是針對兒童的一種感官訓練，然而這些感官的刺激，兒童們會在他們多彩多姿的生活中得到充分的滿足，並不需要依賴這些人工化的教具。

　　雖然蒙特梭利的感官教具受到許多的爭議，然而蒙特梭利的

感官教具有很多正面的功能卻也是不容爭辯的。以臺灣為例，我們的國民生活日趨富裕，電視、音響、兒童遊樂器、各式各樣的兒童玩具成為家庭的必備品，在這種聲光化電的環境下，常常會混淆兒童的視聽，更何況很多時候身為成人的我們會習慣性的阻止兒童們從事於他們熱衷的感官刺激活動，如觸摸、跑、跳、吼叫等。事實上我們對兒童的種種約束會造成兒童學習上的障礙，其主要的原因歸諸於我們將孩子們擺放在一個不屬於他們的生活園地裡。蒙特梭利的感官教具雖有些人工化，但每種教具的設計上都有其正面的功能，對於兒童敏覺性、觀察力、肢體協調及專注能力的啟發有很大的功效。

　　蒙特梭利感官教具在國內較常使用的有 12 種，其主要目的除了在培養孩子們對於感官的敏覺度之外，同時也幫助孩子們建立邏輯的思考能力。表 10-2 是將各個感官教具的名稱及主要功能做簡易的介紹，圖 10-14 至圖 10-21 則為實品介紹。

表 10-2　蒙特梭利感官教具功能介紹

粉紅塔（圖 10-14）
・經由視覺建立三次元空間變化、差異的知覺 ・手眼協調及肌肉控制力的練習 ・堆高時精神的集中度及敏銳的觀察力 ・學習立方體的概念 ・數學教育的間接預備（理解＋進食的準備教具） ・培養邏輯思考力（順序）
圓柱體組（圖 10-15）
・培養以視覺辨別大小的能力 ・對應、順序性邏輯思考力 ・做為學寫字的預備學習（抓握圓柱的圓柄可當作握筆的練習）

（續下頁）

（續上頁）

彩色圓柱體（圖 10-16）
・手眼協調，手臂肌肉控制力，以視覺辨別大小
棕色梯（圖 10-17）
・由視覺的辨別，建立對二次元變異的知覺 ・發展手、眼、肌肉的動作協調 ・學習長方體的概念
幾何學立體（圖 10-18）
・感受實體 ・認識各式幾何學立體 ・進入幾何學的準備 ・刺激肌肉的感覺
構成三角形（圖 10-19）
・在三角形的構成及分解練習中，對平面幾何圖形間的相等概念有進一步的認識 ・培養圖形對稱的感覺 ・學習平面幾何的間接預備
色板（圖 10-20）
・培養分辨顏色的能力，顏色對比及組合的預習 ・培養色彩美感
重量板（圖 10-21）
・培養辨別重量的感覺 ・增進判斷力

資料來源：以上功能介紹參考岩田陽子（1988）。

圖 10-14　粉紅塔

圖 10-15　圓柱體組

圖 10-16　彩色圓柱體

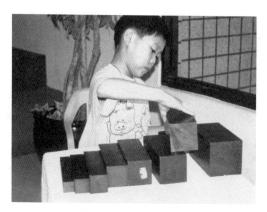

圖 10-17　棕色梯

圖 10-18　幾何學立體

圖 10-19　構成三角形

圖 10-20　色板

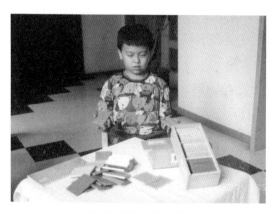

圖 10-21　重量板

在幼兒園這個階段，是否適合教授兒童們寫字或算術？這是很多從事幼教的人員及父母親共同關心的話題。以國內目前的趨勢而言，在一般大都市裡較上軌道的幼兒園並不會把習字、算術列為課程內容之一。我們同時可發現在全國幼兒園評鑑手冊裡，針對那些以強調習字、算術為主要教學內容的幼兒園是給與負面評價的。

臺灣近幾年來的幼兒教育發展深受歐、美國家的影響，而歐、美一些先進國家又非常強調幼兒的學習應配合其心智成長。以美國為例，很多學者認為我們不應該把正規的學校課程放在幼兒園這個階段，雖然這並不意味著六、七歲以下的兒童不具備有閱讀或數學邏輯的能力，他們所強調的是父母親應該把這個階段兒童的學習重點放在情性的發展及感官的刺激上。他們相信在兒童們心智還未成熟之前要求他們習字、練算只會事倍功半。更何況很多孩子們在這個階段裡小肌肉尚未發育完全，正規課業的教授只會得到反效果。

基於以上這些論點，蒙特梭利主張在幼兒園階段即可實施讀、寫、算的作法受到很多的質疑。然而，蒙特梭利卻反駁他們的說法，蒙特梭利認為我們不應該以成人的眼光去主導兒童的學習，因而限制他們的智力發展。蒙特梭利同時強調兒童可以從課業的學習上培養專注的能力，也可從中得到滿足與成就感，對於孩子們的情性發展會有莫大的助益（Montessori, 1972）。

蒙特梭利雖然主張兒童階段可以要求他們習字、練算，但我們可以從蒙特梭利語文數學教具的操作過程中發現，蒙特梭利非常重視兒童們能在毫無壓力的情境中促進認知的發展，她在設計語文算術教具時非常重視它們的趣味性。事實上我們並不需要擔

心是否在幼兒園這個階段練習寫字或教授算術會太早，當我們以所謂的「階段」去劃分它的適切性時，本身我們就喪失了客觀性，因為每個兒童在情性及認知發展上都有其個別差異性。當兒童們從事一項過於簡單或太難的課題時，他們在學習態度上自然會喪失學習的興趣。因此，只要我們不施加以外力，強迫他們學習，那麼蒙特梭利所主張的兒童階段可以多方面的學習並無不妥。更何況近幾年來行為主張學說已成為主流，人們漸漸相信外在的環境刺激可以促進兒童們的認知發展，增進孩子們的學習能力。以下將針對蒙特梭利語文及算術教具加以介紹。

（三）蒙特梭利語文教具

蒙特梭利的語文教具主要的目的在於培養兒童們聽、說、閱讀、認字及書寫等相關的能力。蒙特梭利認為二歲左右的幼兒學會了很多的「單字」，他們利用吸收性的心智將他們所知道的單字貯藏起來，爾後隨著語言能力的發展，他們會將之連貫為簡易的句子。蒙特梭利所設計的第一套語文活動「圖卡的分類」（Classified Card）即是要幫助孩子分辨事物之間彼此的相關性。這一套語文教具約有15種不同類別的單元所組成，每一單位有許多相關性的圖卡，例如：「廚房用具」這個單元，可以看到鍋子、冰箱、碗筷、電鍋……等等平常會擺放在廚房的一些設備，這些圖卡的製作可以經由拍照、繪畫或是從相關圖片剪貼而成。

蒙特梭利所設計「圖卡的分類」這套教具不但可以增進孩子語言發音的能力，培養孩子分類組織觀察的能力，為將來閱讀及書寫奠定基礎，在情性方面可以幫助孩子們脫離「自我中心」的階段。以往孩子們所學到的字彙都與自身較為相關，例如：「我

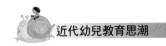

要吃」、「我要玩玩」、「我的車車」、「我要抱抱」……等等，這些句子都是為滿足孩子們的需求及慾望。從蒙特梭利的語文活動中，孩子們可以學習到語言有它獨立存在的意義及功能。蒙特梭利這一套「圖卡分類」語文教具受到極大的肯定，目前市面上可以發現許多類似這種功能的語文教具。

蒙特梭利語文教具種類甚多，其主要的特色在於以遊戲的方式帶動學習，類似「圖卡分類」教具的還有「動作卡」（action cards），在卡片上寫上各種不同的動作，例如點頭、跳躍、坐下……等，當小朋友看到圖卡指示時除了將看到的唸出來，也必須執行這個動作。除此之外，「聚寶盒」（object boxes），將許多模型放入盒中，再將它們的名稱寫在卡片上，讓小朋友們辨識。以下這些語文活動可以幫助兒童們認字、發音，同時也可增進兒童們語文閱讀的能力（如圖10-22所示）。

圖10-22　利用實體模型增進幼兒語文辨識的能力

　　蒙特梭利所設計的「砂字卡」（sandpaper letters），目的在於讓兒童們小肌肉還未完全發育成熟之前能利用感覺去觸摸字體的形狀，以為進入習字階段做好準備。在兒童們習字的過程中，很重要的一件事是兒童們在剛開始習字時，成人必須努力的去幫助他們營造學習的樂趣及建立他們的自信心，因此即使他們寫錯字或拼錯音，並不需要急於糾正他們。對一個初學者而言，他們經由文字或言語去表達自我是一件相當有成就感的事。

　　由蒙特梭利語文教具所延伸而來的「圖書角和小圖書館」設計，我們可以將之稱為語文區，其主要的目的在於提供一個安靜舒適，由兒童自己選擇讀物，找尋資料，從中得到學習樂趣的圖書角。這裡所提供的書籍必須配合兒童們的語文及閱讀能力，幾乎所有的書都以圖解說，除了一些與兒童們的日常生活相關的讀物，如衛生保健、認識大自然之外，同時提供兒童們所喜愛的童話故事。語文區的設計不只在於增進兒童的閱讀、寫作能力，兒童們可以在此學會不去干擾別人，懂得自制及尊重別人，也可以培養兒童們將書籍歸回原位的負責態度，對孩子們的情性發展會有很大的幫助。

（四）蒙特梭利數學教具

　　蒙特梭利數學教具深受國內幼教界喜愛，這除了國人對於數學的重視之外，蒙特梭利數學教具運用實物感官操作的過程，協助兒童們建立數學邏輯概念也是主因之一。據皮亞傑的說法，幼兒園的兒童在心智上屬於前運思時期（指二歲至七歲的兒童），很多的數學邏輯概念尚未具備，蒙特梭利許多的教具設計配合了孩子們的心智成長，並從中建立早期邏輯推理的基礎。在蒙特梭

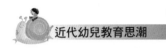

利的日常生活練習教具，例如：「倒豆子」、「倒水」這些活動可培養孩子對於容量準確度的概念，而在感官教具裡，類似「幾何學立體」或「構成三角形」這些實物活動的操作，也可以培養兒童幾何及空間概念。

蒙特梭利的日常生活練習教具及感官教具的設計並不是為了建立兒童們的邏輯概念，雖然這兩種教具都具有這些功能。蒙特梭利特別設計了一套數學教具，其主要目的即是希望藉由實物操作中讓兒童建立對數目、大小、分類、數數及四則運算……等方面的能力。蒙特梭利數學教具按照其難易度可分為以下兩大種類。

1.數字的認識

利用各種實體包括長短棒、紡錘棒、果實、彩色串珠等等讓兒童們建立對數與量的概念，同時利用「砂數字板」讓兒童們從實際觸摸的過程中認識數字，為數字書寫做好準備（如圖10-23所示）。

2.加、減、乘、除概念的建立

應用數字卡和其他的實物如串珠、籌碼、郵票等等，幫助兒童們認識較大的數量關係（如圖10-24、10-25所示），同時利用「數數架」或「分數嵌板」建立兒童們對於加、減、乘、除、整體及分數的概念（如圖10-26、10-27所示）。蒙特梭利的數學教具幾經改良之後，雖然應用了許多算術教具，如乘法板、除法板、畢氏板、填空心算板、修正板等等去增進兒童們演算的能力，短期間之內對於兒童們心算及四則運算的能力可能會有所幫助，但以長遠的眼光看來，並不見得有益於兒童們邏輯概念的建立。在幼兒園這個階段應該強調的是兒童們對於數量及邏輯推理等數學概念的建立，而不是強化兒童們算術演算的能力，過於強

264

化這些演算能力是捨本逐末的作法,且有違蒙特梭利教育精神。
這些算術教具利用實物增進兒童們演算能力固然其意甚佳,但如
應用在幼兒園以上各階段的學習將較為適合。

圖 10-23　砂數字板協助兒童從觸摸中認識數字,為數字書寫前
　　　　　的準備

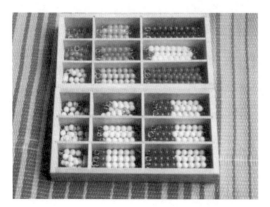

圖 10-24　利用串珠可協助兒童數數

圖 10-25　從郵票及籌碼的配對中認識數字、建立數量概念

圖 10-26　利用數棒和數字板認識數與量的關係

圖 10-27　分數嵌板可協助兒童建立除法及分數的概念

（五）蒙特梭利文化教具

19 世紀中葉，達爾文提出「物競天擇，適者生存，不適者淘汰」的進化論。在整個生物進化的過程中，人類始終居於領導的地位，可稱得上是「萬物之靈」，這除了人類有高人一等的智力之外，主要的因素在於人類有賴以維繫下一代，薪火相傳的文化。因為人類有文化的傳承，我們才可以在不同世代交替的演變中仍然生生不息，屹立於天地之間。

文化包括了歷史、宗教、地理、民情、風俗、天文等等，雖然文化會隨著不同的時空有其差異性，然而蒙特梭利認為只要是人類，就擁有許多相同的文化，有屬於人類的共通性，而這些人類共同的屬性即成為人類進化過程中追求進步的原動力。這些屬性包括了「探究」、「好奇」、「秩序」、「群居」、「創造力」、「追求完美」、「工作」、「溝通」、「獨立」、「自我

控制」、「計算能力」、「抽象概念」……等。蒙特梭利認為以上這些屬性或許我們可以在不同動物身上發現其一或其二，然而除了人類以外，沒有任何一種生物擁有如此多的屬性。

人類之所以有這些屬性傳承下來，主要是在進化過程中為了求生存及適應環境變化之下所應衍出的一些特質。因為人類有追求完美的屬性，因此我們會去探索未開發的資源，我們應用創造力，努力工作，發明新的科技，提升人類的生活品質，同時我們在群居的生活中為了維護社會的和諧，訂立了許多共同遵守的法則以維護社會秩序，我們可以應用語言及文字加以溝通，縮短彼此之間的距離。

人類的創造力除了應用於科技之外，也應用於藝術、音樂的創作，其主要的目的在於從藝術創作的過程中陶冶人類的性情，使整個周遭的生活環境更加的唯美，以達到完美和諧的境界。

蒙特梭利文化教具主要是針對人類這些共同的屬性加以設計，例如蒙特梭利有三種地理文化的活動，就是順應人類喜歡探究開發新資源及新環境的心態，這些活動包括「陸地與海洋」、「按圖索驥」、「環境的認識」等三種。這三種地理文化活動主要是以地球模型、拼圖、照片或圖卡加以解說，主要目的在於幫助兒童們認識地球、陸地與海洋的分布、不同的洲際、國家及政府。同時介紹各種的政府機構之間不同的功能。這些活動可以增進兒童們對自己居住環境的認識，同時拓展他們的世界觀。

蒙特梭利自然生態文化活動中主要包括動、植物生態的介紹，活動內容有「動物的分類」、「動物肢體器官的認識」、「葉子的分類」、「植物結構的認識」，同時包括了生物生存的要素介紹，包括水、空氣、地心引力、光、聲音等活動。這些自

然生態文化活動主要應用兒童們的好奇心去認識不同動物的種類、牠們的生存環境及身上各個肢體及器官的名稱及其功能。而在植物方面則經由不同葉片的歸類中去分辨彼此的不同及其生長的氣候環境，也了解到植物各個部位如根、莖、葉、果實等不同的結構及功能。蒙特梭利同時藉由水、空氣、地心引力、光及聲音的不同活動中讓兒童們認識這些生存要素的重要性，及行於天地間一些自然法則，兒童們可以從這些活動中培養早期的科學概念。

　　蒙特梭利另一文化教具屬於歷史文化活動，主要是利用故事陳述的方式，經由不同年代圖片的展示中了解到不同年代生活環境及物質條件的差異性，促使兒童們珍惜現在所擁有的，培養他們對「時間」的概念。此類活動同時包括了一項「成長日誌」的活動，也就是按照兒童們成長的階段及不同階段所具備的能力以圖片加以說明，主要目的是讓兒童們了解成長的軌跡、他們的進步及其追求獨立自主的本能（Gettman, 1987）。

四、結語

　　本章針對蒙特梭利教具進行簡略的介紹，我們可以發現在蒙特梭利「日常生活練習」、「感官」、「語文數學」及「文化」等四套教具雖各具特色且有其不同的功能，但我們卻同時可發現蒙特梭利很多的教具可以同時兼備各種不同的功能，例如：在日常生活「倒豆子」這項活動，除了培養孩子們日常生活技能，促進他們手、眼協調及獨立專注的能力之外，也可以增進兒童們對數學容量的概念。在文化教具裡有很多的活動同時也是一種語文

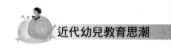

的活動，而許多的感官教具如「幾何學立體」及「構成三角形」等這些都可以是一種數學教具。

　　蒙特梭利教具是為了配合兒童階段各種能力發展的需求所設計完成的。事實上蒙特梭利教具原本是針對學習有障礙的特殊兒童而設計，包括智能不足、聽覺或語言等相關能力有障礙的兒童，他們對外尋求學習刺激的能力較差，因此蒙特梭利教具提供了他們很好的學習機會。

　　蒙特梭利教具是否能符合今日正常兒童的需求？國內很多幼教界的同仁對於蒙特梭利教學趨之若鶩，在他們還沒完全了解蒙特梭利教育哲學理念及蒙特梭利教具真正的內涵之前，可能就已先購置了蒙特梭利教具，而宣稱自己的幼兒園實施蒙特梭利教學或乾脆以「蒙特梭利幼兒園」立名，這些幼兒園很快的會遇到一個發展上的盲點，因為在還沒了解蒙特梭利教育哲學及掌握蒙特梭利教育精神之前，在教學上會受限於教具本身，而拘泥於教具操作的過程，同時無法靈活的應用這些現有的教具。

　　蒙特梭利教具雖然種類繁多，內容豐富，但我們必須承認的一點是，今日的兒童暴露在多元及高度科技的外在環境下，加上目前職業婦女的增多，兒童們入學的年齡降低，在校時間的增長，一所學校完全依賴蒙特梭利教具的作法可能無法滿足現今兒童極度好奇及探索的心。因此，多數幼兒園會以蒙特梭利教具做為教學輔助的資源，而不是唯一的教材，即使是以蒙式教學為主的學校，通常也會配合其他的主題教學活動或是才藝課程，以豐富幼兒的學習經驗。

參考文獻

中文部分

岩田陽子（1988）。**蒙特梭利教育理論與實踐：感覺教具**。臺北市：新民。

岩田陽子、南昌子、石井昭子（1991）。**蒙特梭利教育理論與實踐**。臺北市：新民。

英文部分

Gettman, D. (1987). *Basic Montessori: Learning activities for under-fives.* New York, NY: St. Martin's Press.

Kilpatrick, W. (1914). *The Montessori system examined.* Boston, MA: Houghton-Miffin.

Montessori, M. (1966). *Discovery of the child.* India: Kalakshetra.

Montessori, M. (1972). *Spontaneous activity in education* (F. Simmonds, Trans.). New York, NY: Schocken Books.

Piaget, J. (1952). *The origins of intelligence in children.* New York, NY: International Universities Press.

11 華德福教育的介紹

一、前言

　　18世紀英國的工業革命改變了人類生產方式，也改變了社會及家庭的結構，而人與人之間的關係不像農業社會時那般的相互依賴、彼此信任。偉大的德國思想家馬克思在19世紀時就曾對未來資本主義過度發展可能應衍出的危機提出警告，他認為資本主義過度物化的結果，會破壞使人與自然之間和諧共存的關係，且人與人之間也會出現疏離感及「異化」（alienation）的現象。

　　在進入21世紀的今天，我們發現科技文明雖然帶給我們生活上的便捷，卻也相對讓我們喪失了許多生存的本能，例如我們不會觀天星知氣象，也不再能夠刻苦耐勞，甚至在網際網路電腦資訊媒體過度發達的情況下，很快的我們寫字的能力也會跟著退化。不論醫學科技如何進步，總是有許多的文明病困擾著我們，而人類對大自然無情的砍伐破壞，終究須在大自然一連串的反撲行動中受到懲罰。當時代的巨輪不斷往前推進的同時，或許我們正驕傲的享受科技文明的果實，但人類的心靈及精神卻是相當枯竭的。此時，起源於德國的華德福教育思想提供我們另類的教育思維，也激起我們對教育本質的反省。

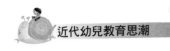

德國思想家及教育家史代納（Rudolf Steiner），認為教育是解決一切問題的源頭。他的教育思想強調身、心、靈，主張「以科學為基礎，來尋找研究心靈的新方法」。他對於幼兒教育的主張雖與人本教育及開放教育的主張不謀而合，但他特別重視人類心靈智慧的提升及真實自我的追尋。史代納將他的研究命名為「人智學」（Anthroposophy：源自希臘文，anthropos——人，sophia——智慧）（簡楚瑛等，1999）。主要是以人類學、發展心理學及生理學為基礎。他對教育所提出來的精闢見解值得我們學習，而他對教育的熱忱也是從事教育界的我們需加以效法的。

二、史代納的背景及華德福學校的起源

（一）史代納的背景

華德福學校教育理念的創始人史代納於 1861 年出生在奧地利，卒於 1925 年。他的父親是一位平凡的火車站站務員，史代納從維也納新城高中畢業之後，進入維也納科技大學攻讀數學和自然科學。史代納算得上是一位跨世紀的奇才，被定位為「有機建築」的建築師、人智學的創始人及教育家（余振民譯，1997）。他不但對於數學、自然科學、藝術、教育及建築學有專精，同時對於哲學、文學、心理學及醫學也有著濃厚的興趣。他認為哲學思維其實可以很科學，於是他開始鑽研了歌德（Goethe, 1749-1832）研究自然科學的方法。21 歲時，史代納受邀負責編輯和評論歌德的自然科學叢書。1889 年以後，他開始陸陸續續發表許多有關歌德以及自己哲學方法的作品。他不只是一位

思想家也是一位實踐家，他曾撰寫六十多本書和論文，並積極宣導自己的理念，在他有生之年，共發表過六千餘次的公開演講，他所演說的內容及相關著作被編輯成三百五十多冊的德文專書出版（Ogletree, 1974）。

　　史代納除了對學術研究有所鑽研外，也藉由自己從事不同家教工作中，累積許多教學實務經驗，同時也充分展露出他對教育的熱誠。他曾擔任一位水腦症兒童的家庭教師，許多醫生都認為這個小孩已無法正常學習，然而在史代納的教導下，這位男孩兩年後進入一所正常學校與同齡小孩一起學習，後來，這位男孩不僅完成高中考試，而且還成為一位醫生（簡楚瑛等人，1999）。史代納相信不論科學再怎麼進步，我們還是不能否定人類特有的心靈的體驗，及超感覺世界的存在。他主張我們可用科學的態度及方法來研究人類精神層面及超感覺世界，也就是所謂的「人類精神科學」。雖然他的許多論點並不見得容於當時的政府，甚至有許多學者認為他的主張太玄，應該算得上是「神智學」，但卻有許多人贊同他的理念，且將之發揚光大。

（二）華德福學校的起源與發展

　　第一次世界大戰結束，德國戰敗，國內的經濟崩盤，社會問題層出不窮，物質主義瀰漫了整個歐洲社會，當時社會就出現了一股反動批判的聲浪。許多人開始質疑傳統的教育方式對於解決當時社會困境及重建社會秩序的能力。此時，以「人智學」為基礎的華德福教育體系於是有了萌芽發展的機會。1907 年，史代納在德國境內開始宣導他的教育主張，他試圖從人文精神科學的觀點來談兒童教育，這些主張開始孕育了華德福教育的種籽。史

代納認為傳統的教育方式無法解決當時的社會困境，必須有一套能照顧孩童身、心、靈整體發展的教育方式，來擴展個人的內在潛能及生命視野，為更美好的人類未來奠定基礎。

史代納所主張的教育理念充滿了理想性，除了對當時的物質主義及社會風氣有著濃厚的批判意味外，也呼籲教育必須重新重視人的存在價值。雖然他有些教育主張理想性可能太高，但卻給了當時的德國人燃起了一絲的希望，而且讓我們重新思考，或許教育真正的本質應該如史代納所主張的才會更有意義。史代納教育植基於人智學上，主張以「人」為出發的教育，注重每一個人學習潛能的充分發展，強調個別心靈的成長。史代納主張教育是一種藝術，我們可以透由教育幫助兒童、青少年，他認為教育的本質是讓孩子從發現自我中去提升自我，進而去肯定自我。

1919年位於德國司徒加（Stuttgart）的一位工業家非常贊同史代納的教育主張，於是他邀請史代納協助建立一所學校，而這所學校日後成了全球華德福學校之母。這所學校是為華德福（Waldorf）菸草工廠員工子弟所建立的學校，因此稱之為「華德福學校」（Waldorf School），又稱之為「史代納學校」（Steiner School），其教育系統即稱為華德福教育（Waldorf Education）。華德福教育體系獨樹一格的教育主張受到廣大民眾的肯定，雖然它屬於德國體制外的學校，但卻很快的傳入瑞士、荷蘭及英國，且在1928年傳入美國紐約（Barnes, 1980）。史代納終其一生為實現自己的理想不斷的到各處演講宣導自己的理念，在他逝世後，他所創立的教育工作並沒有中斷。他的學生及追隨者仍然繼續著他未完成的志業，不斷的宣揚史代納的教育理念，因此華德福教育的種籽遍布全球五大洲、五十多個國家，共有六

百多所從幼兒園到高中的華德福完整學府，有一千多家華德福幼兒園，三百多所智殘障社區及治療研究中心，以及六十多所華德福師資培訊學院（柴爾德的黑皮窩，2004）。

根據《親子天下》在2012年的一篇文章指出，美國從1992年起，華德福學校已漸漸進入公立學校，目前全美西海岸有44所屬於華德福體系的公辦民營學校。臺灣也有著一群華德福教育的追隨者，他們對教育非常有熱忱，且懷抱著對追求教育更理想的境界而努力，默默耕耘，無私的付出，不求回饋，只求在混世中能為教育注入新血。如果我們以臺灣目前充滿商業氣息的幼教生態環境看來，我們不得不佩服這群華德福的教育工作者，他們為堅持理想所付出的心血及承受的挫折。近年來社會風氣的敗壞及民風開放下，華德福學校在臺灣快速成長，受到家長極高的肯定。從梧棲及臺中的善美真華德福學校，而臺中市磊川華德福實驗學校，除了經營娃得福幼兒園外，也漸漸將其辦學的範圍延伸至國小、國中，未來並規劃招收高中生。此外，已經深根於宜蘭縣的慈心華德福完整中學，從小學辦到高中，目前招收600位學生，且候補人數眾多。相信未來類似華德福教育理念，以成就幼兒身心靈的道德化教育，將會在臺灣形成另一股風潮（陳雅慧，2012）。

三、華德福學校的教育理念

當我們在探討華德福教育體系時，必須了解到華德福教育的中心思想是建構於史代納自創的「人智學」。每一位華德福的追隨者，尤其是華德福學校的教師們，除了對華德福學校的教育主

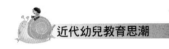

張及基本理念必須有所了解外，也須掌握人智學的基本精神。

（一）以人智學為出發點

史代納的人智學是一種對當代「唯物主義」（materialism）與「主智主義」（intellectualism）的反動思潮。Ogletree（1975）將史代納的學說視為一種批判唯心論（Critical Idealism），主要是在批判當時社會物化及人性異化的種種現象。史代納認為人類隨著科技的進步，慢慢走入唯物的世界，我們往往將人視為一個肉體感官的動物，忽略了人類精神與心靈的層面，於是乎屬於我們應有的人性慢慢消失。史代納認為我們應該重視個人的存在價值，我們不該被動的去接受生活，而是應該創造自己的生活，恢復心靈內在安定的能力，恢復去愛及感恩的能力。

史代納主張教育的本質不應只有重視認知層面，人類心靈及精神上的知識也應受到重視。他認為很多時候我們會以科學的態度，運用科學儀器來研究人體生理的奧秘，但卻無法以科學角度來研究「人的本性」，很多人會認為科學無法解釋精神層面或是人性方面的議題（Steiner, 1968）。史代納的「人智學」則主張以科學的態度探究人類內在的心靈，以人類學、發展心理學及生理學為基礎來研究人類的本質。他主張人可以發展更高的心靈能力，並藉此達到超然的智慧，看清自我的本質。

「人智學」對人的解釋除了一般發展心理學所提的生理、心理發展之外，更重視「精神存體」。史代納主張人的本質是由身體（body）、精神（spirit）和心靈（soul）所結合。因此要重視一個人的意志力（willing）、感情（felling）、思考力（thinking）的培育，這是生命成長的動力。人經由「身體」來認識他

所屬的世界，經由「精神」來建立他自己的世界，經由「心靈」來達到更完美的世界，因此，史代納教育的目標就在於促進個體的三元素之全面發展。

　　「人智學」又把我們在這個世上的身體分成四種：(1)物質的身體（physical body），指人類有形的肉體；(2)精神體（etheric body），是生命力量的泉源；(3)心靈體（astral body），是感覺之身體或稱光體之身體，人類藉由它感受喜怒哀樂及各種慾望、衝動；(4)自我（ego）或稱為我之身體，是我們思考與想像的基礎。這四種身體以循序的方式由內往外、由下往上發展，每個身體充分的發展是下一個更高層次身體發展趨於完善的基礎。史代納認為一個完整人必須包含這四大面向的發展，成長必須經由身體、精神、心靈與自我充分的融合，成長是一種身體與心靈融合的過程，從心靈進入四肢、軀幹然後進入頭部（鄭鼎耀譯，1997）。

　　此外，史代納將人類的發展分為三個主要的階段，分別是零至七歲長牙之前的學齡前階段（the preschool years），這個階段主要是以肉體發展為主，並從中培養孩子的意志力；第二階段是七至十四歲（the elementary school）的國小階段，以發展孩子的感知能力及想像力為主；第三階段是從十四歲至二十一歲（the adolescent years），以增進孩子獨立思考能力及認知學習為主要的目標（Steiner, 1965）。史代納認為每一階段都有一個主要的發展目標，不論是老師或父母都應該掌握孩子發展的順序，如此才能達到事半功倍的效益。

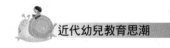

（二）重視人格教育，強調身心靈的「全人」發展

　　史代納在《幼兒教育》（*The Education of the Child*）一書中，指出孩子的心靈需要正直、真誠自然的愛，如此才能使物質的環境有溫暖的氣氛，且才能孕育出健康的身體（引自鄧麗君譯，1998）。「人格教育」是華德福教育的核心，史代納認為教育應肩負起啟迪人類心靈的重要任務。雖然華德福教育強調自由開放的學習環境，主張人應該經由身、心、靈充分的認識自己，但他們同時對傳統優良的價值觀非常重視。

　　華德福教育反對孩子接觸太多的聲光化電，認為物化的環境會迷惑孩子良善的心靈，因此他們更重視人格教育，希望能培養出懂得感恩、有責任感、節儉、勤勞、積極的孩子，尤其特別重視家庭倫理及社會道德。胡寶林教授認為華德福學校的教育獨樹一格，既不右、又不左，和反權威教育的英國夏山學校是反傳統的前衛教育，但華德福學校的教育理念並非反權威，有時候它們比正規傳統的制式教育更傳統。華德福的教師會以開放親和的教育態度，以身體力行的教育方法傳達一些重要的傳統價值觀，例如：真誠、向上、立志、感恩、虔誠和家庭歸屬感等等。

　　史代納認為孩子天生就具有主動性，他們往往會有自發性的學習經驗產生，且有敏銳的觀察力，只要我們提供一個良好的學習環境，不壓抑孩子自主學習的空間，則他們的發展無可限量。華德福的孩子從老師的生活態度及人格特質慢慢受到薰陶，在華德福學校，我們會看到老師不疾不徐的與孩子一起討論，他們沒有所謂的趕進度，也不會有預設的學習目標，每一個孩子的個別需求都充分受到重視。他們不求學習上立即性的學習成果，總是

給與孩子充分的時間去了解一個現象，讓孩子有機會思考、操作。華德福教育所樂於見到的是一位懂得自我學習，有獨立思考能力的孩子，他們重視孩子的人格教育並以全人教育為主要學習目標。

（三）以自由、開放的人本精神為主

華德福教育認為教育應該以人為本，提供自由、開放的學習環境，重視自我存在價值及開發個體的學習潛能。不過華德福教育更強調心靈的自由，主張一個人可以透過他的「生理組織」和「心靈功能」去認識自我，進而從自我的認識中去發展自己多方面的潛能。如此方能培養出一個充滿自信的個體，當然他內心所獲得的自由就愈大，而他所能表達其「自我」的能力也愈豐富。華德福的教育目的在於引導孩子成為一個身、心、靈完全自由的人。他們重視個體的心靈成長，由了解人的精神本質來幫助個體漸漸開展，讓成長的潛能在生命的過程中獲得滿足，從自我意識的覺醒中尋求邁向自由的途徑。

史代納認為教育的重要使命在於幫助學生找出自己的生命目標及方向，當個自由自在、有能力之人。華德福學校是人本教育的典範，它把對教育的愛與熱忱注入每位孩子的生命中，注重各種能力的發展，主張「教育為藝術」，強調藉由了解人的生命本質，以幫助幫助兒童、青少年「發現自我」以「完成自我」，並達到潛能發展。

Thomson、廖鳳瑞等人在1996年的專書中提到，華德福的幼兒學校尤其重視「自由遊戲」的活動，這種活動有老師在旁陪伴，但並非主導或過多的參與，而是由孩子在一個混齡的團體中

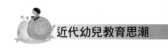

選擇適合自己的遊戲及玩伴。從模仿的過程中建構一個學習的典範，進而發展出孩子的獨立性格及自主性的學習方式（引自劉禧琴、吳旻芬譯，1997）。在此老師是一位自由的人，他不會被動的接受安排，而是主動的創造任何的可能性，啟發孩子學習的興趣，教師會以開放、自由的態度帶領孩子學習（王茜瑩，1999）。

（四）以自然為學習的教本，重視規律

隨著科技文明的進步，我們逐漸喪失對大自然觀察的敏銳度，對大自然不再存有敬畏之心，總是驕傲的想征服大自然。華德福教育主張孩子不應接觸太多足以混淆孩子視聽及價值觀的資訊媒體，他們認為教育的責任在保護孩子不受到現今社會精神及物質層面的污染，孩子必須以自然為學習的對象，追求簡樸、規律的生活。華德福教育非常重視自然教育，強調人與自然的關係，在他們的課程規劃裡也常常會以自然為素材，認為孩子是一個充滿想像力與創造思維的個體，他們的藝術常常會以自然為彩繪對象。在華德福幼兒學校，許多的作品都是孩子、老師及幼兒一起動手製作完成，具有自然原始的風味。華德福教育主張教育應給孩子接觸自然的機會，我們常常可以看到華德福的老師帶著孩子在田野鄉間、樹林草叢裡，尋找創作學習的素材，有人說華德福學校其實就是一幅由「自然」所彩繪而成的畫。

華德福的教育哲學裡對個體心靈的發展非常重視，因此他們強調兒童應配合自然節令的變化安排不同的學習活動，而我們的身體也必須配合自然法則養成韻律、節奏的生活作息習慣。史代納認為「規律」是生命力的基礎，是自然的律法。我們可以從日

夜星辰的轉換、海水的漲潮退潮、春夏秋冬四季的變化、生老病死的過程，甚至從我們的呼吸與脈搏中發現「規律」及「不變定律」的存在。人類就是要配合自然界的規律，從小養成規律性的生活方式及學習態度，追求自然、儉樸的生活，如此才會獲得心靈的自由及成長。

四、史代納的幼兒氣質論

史代納主張成人應尊重幼兒的本質，自由與自主是孩子健全發展的先決條件，他認為個人的氣質主要是由個人的感知力（perceptiveness）和堅持度（persistence）兩個基本的特質來決定的。感知力指的是一個人對外界及自我本質的一種敏感覺察度，堅持度則是一個人完成任務的強度、主動性、魄力與力量。史代納認為任何孩子在這兩大特質下會有不同的氣質，他將幼兒的氣質分為四大類型：急躁激進（choleric）、活潑樂觀（sanguine）、冷靜被動（phlegmatic）、憂鬱悲憫（melancholic），其中急躁激進氣質和冷靜被動氣質是相對的，而憂鬱悲憫氣質和活潑樂觀氣質是相對的。史代納除了對四種氣質的兒童加以定義外，也提出下列幾項不同的教育方式（王茜瑩，1999）。

（一）急躁激進氣質

急躁激進的孩子給人的感覺是聰明敏銳的，他們似乎永遠有用不完的精力，喜歡富挑戰性的工作，充滿爆發力，對活動的參與力較強。學習上面顯得較為積極、主動，但由於缺乏耐心及毅力，在學習上容易半途而廢。他們最大的缺點在於缺乏自我控

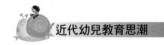

制,有時顯得脾氣急躁,比較容易與別人有口角及爭執的情形發生。這種孩子較易衝動,做起事情容易虎頭蛇尾。老師在幫助這種孩子時可加強學習專注力的訓練,課程中安排「靜心」活動練習固然不可少,但安排大動作的體能及遊戲活動藉以抒發過剩的精力也是相當重要的。這類型的孩子通常會尊重權威人物,認為老師是無所不能的,老師是他們學習的榜樣。如果老師以訓誡的方式糾正這類型孩子的行為通常效果不彰,教師可協助孩子掌控其脾氣,學習處理自己的情緒,或幫助他們轉移注意力。

(二) 活潑樂觀氣質

此類氣質的孩子較為活潑、健康,對自我較容易感到滿意,且對外界所有的事物都感到好奇與興趣,但常常缺乏耐心,事情半途而廢是常有的事。他們通常對事情很容易有高度的興趣,但興趣卻很容易改變,老師需給與這種孩子適當的引導與支持,讓他們的興趣得以延續。當他們做錯事時老師可以立即以友善的態度、堅定的語氣加以說明。這類型的由於比較容易看到生命的光明面,也比較善於交際,因此會有不錯的人際關係,且樂於服務人群(Ogletree, 1989)。

(三) 冷靜被動氣質

此類氣質的孩子性情和善,對新鮮的事物常退避三舍,對於嘗試新的事物總是興致缺缺,他們不熱衷於公共事務的參與,缺少主動學習積極進取的人生態度,嚴重者會導致無所事事,最後一事無成(Ogletree, 1989)。但他們通常處理事情時較有條理,喜歡規律性的生活,做事情總是有始有終,不會喜新厭舊,雖然

有時會給人感覺較為保守，但他們卻也樂於助人且憑著良善的本質做事情。教師面對這種孩子時最大的挑戰在於啟發他們的學習動機及興趣，必要時還需要透過同儕分享引發他們對學習的興趣，並在環境中增加活潑有趣的素材，藉此激發學習動機。史代納在1966年指出，在指導這類型的孩子時需借助於特別的暗示效果，經由他人的興趣，才有可能喚起他們的興趣（引自王茜瑩，1999）。

（四）憂鬱悲憫氣質

此類幼兒通常較為安靜，常常悶悶不樂且容易受到傷害，即使對方不是故意的。這種孩子缺少活力，總是一付悲天憫人的神情，常沉溺在自我的世界，喜歡獨處安靜學習，在班級裡容易被忽略，有時喜歡鑽牛角尖。教師可引導這種孩子情緒紓解的多元管道，盡量幫助其表達痛苦的恰當方式，教師必須能主動關懷他們。史代納認為這類孩子有自我奉獻的特點，喜歡為別人做事，可藉此幫助其走出自我中心的世界，老師可以善加運用這種特質，讓他們從中肯定自己的價值（王茜瑩，1999）。

處於現代社會中，要觀察出人的本質是一件不容易的事，而且大多數的人都非單一氣質可以界定，教師可依幼兒不同的氣質（如表11-1所示），提供適宜的相處方式，及做為教學、輔導的依據。了解學生的氣質不僅是為了能掌握學生，更是要去調和學生的氣質，從圖11-1中可以清楚的了解活潑樂觀者與憂鬱悲憫者的特質是相互對立的，而急躁激進者的特質則與冷靜被動者也是相互對立的，教師的責任之一在於調和學生的氣質朝圓心趨近，使他們的身心發展更為健全。

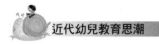

表 11-1　兒童四種氣質差異性比較

類型 特徵	急躁激進 氣質	活潑樂觀 氣質	冷靜被動 氣質	憂鬱悲憫 氣質
走路 儀態	鏗鏘有力、步伐穩健	腳步輕盈	左右搖擺的慢走	步伐緩慢、無精打采
眼神	充滿精神活力	活潑	半睡眠狀	悲傷痛苦
手勢	敏捷而突然	優雅、活潑	緩慢、沉思狀	無精打采
說話方式	說話有力、針針見血	口若懸河、詞藻華麗	合邏輯、立論清晰、有些沉悶	猶豫、中斷、話常說一半
性情	喜歡自誇，慷慨但容忍力低，沒有耐心	善變、仁慈、友善、沒耐心	忠實、穩定、可信賴的	易沮喪、膽小的、悶悶不樂、藝術的
人際關係	喜歡當領導者、支配別人	對所有人都很友善，但善變	友善、情感內斂	孤獨、常屬於同病相憐的友誼

圖 11-1　孩子氣質調和圖

在史代納的眼中每個孩子都是與眾不同的，教師與父母應提供良好的示範，並準備一個自由的環境讓幼兒按照自己的發展時間和方式成長。史代納將幼兒的氣質做出分類，便於教育者對幼兒的個別差異有所了解。氣質雖為天生，但會隨著環境、經歷的人、事、物，以及後天的教養而有所改變，教育者應該了解孩子的氣質差異，針對不同的氣質給與不同的引導與協助，重視學生的特性，而非以刻板印象將學生貼標籤，以期讓幼兒能有適性的發展空間（王茜瑩，1999）。

五、華德福幼兒學校的特色

華德福幼兒學校是在史代納博士熱烈的期盼下，由他的追隨者在史代納過世後的一年於德國司徒加所成立的華德福幼兒園，日後成了全球一千多家華德福幼兒學校的始祖。華德福幼兒園秉承了華德福教育的精神，重視幼兒身、心、靈的發展，尊重孩子的自然發展，重視自然學習情境的營造，強調老師身教及幼兒學習典範的樹立。

華德福幼兒學校是一所由「美」、「自由」、「活動」、「自然」、「創造」交織而成的學校，它是人本教育的最佳典範代表，希望把對教育的愛與熱忱注入每位孩子的生命中。在這樣的學校中，我們可以看到許多希望的種子，正在萌芽。

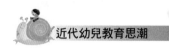

（一）對幼兒教育的主張

　　史代納認為教育是一種活的藝術，老師教學方式及課程安排的時間序列都應符合兒童的身心發展（鄭鼎耀譯，1997）。華德福的教育理論架構於「七歲週期」的觀點上，他主張要發展健康有力的意志力，必須奠基於生命頭七年正確教育原則的運用及掌握，且必須以完全發展的身軀做基礎（鄧麗君譯，1998）。史代納認為每一個孩子都與生具備三種要素，包括從父母所獲得的「身體」、獨特的「心靈」及內在特殊的「精神」。幼兒在七歲之前，是一個發展階段，這個階段最重要的是家庭教育，因此幼兒園需要有家的感覺，老師的角色就好比母親一樣。在這個階段裡父母及教師的主要任務在於保護幼兒，除了安全環境的選擇，也要保護幼兒避免接觸太多的污染源，包括噪音、吵鬧、不良的學習環境等等。父母及老師應該營造一個溫馨、和諧適合孩子學習模仿的情境。此外，我們另一個任務在於引導幼兒由簡到難循序漸進的方式學習，讓孩子在生活中學習生活。

　　史代納將零到七歲的孩子稱之為幼兒期，是人生發展的第一階段。從兒童發展的觀點看來幼兒必須從實際操作中學習，由行動及活動的參與中逐漸激發思考及想像力。史代納認為孩子有不同的生理發展順序，他主張教育首先要由四肢做起，也就是先強壯幼兒的體格，重視運動及幼兒體能以增進幼兒的活動力，從中培養孩子的意志力。接著是與胸腔有關，必須強調幼兒情性發展，重視幼兒感情的抒發，最後才是頭部的認知學習及智能發展（簡楚瑛等，1999）。史代納的教育主張讓後來的華德福幼兒學校在課程及教學重點上依循了「意志→情感→思考」（willing→

felling→thinking）的教育重點。

（二）重視幼兒遊戲及藝術創造的學習經驗

　　史代納認為幼兒是天生的藝術家，美感的經驗及美育的活動是他們生活不可或缺的要素，不論是學校或教師都需提供孩子藝術創作的機會，從中培養孩子對萬事萬物的感動，滋潤孩子的心靈。史代納認為美育活動會使人產生熱情激發我們良善之心，紓解負向情緒包括失望、憤怒、悲傷等等，藝術教育讓孩子們對自己的情感、思考及感覺更加的敏銳，使幼兒的身、心、靈有充分發展的機會。藝術教育在華德福學校扮演著非常重要的一環，從幼兒的藝術創作中幼兒情緒得以紓解，也從作品中追求「美」的境界，達成情感教育的目標（Easton, 1997）。

（三）華德福幼兒學校的學習環境

　　華德福幼兒園將學校特意營造出一種家的感覺，老師就像媽媽一般，讓孩子有溫暖、安全的感覺。學校的建築以大自然的素材為主，使用的教具總有著自然原始的風味。在色彩的選擇上也以柔和、單純的色系為主。環境的設計特別重視感官，所使用的建築材料、地板、牆壁、家具都特別重視視覺與觸覺感受。

　　在華德福幼兒學校裡可以感受到一種有機、自然的氣息，庭園中到處可以看到取自於森林原野的教材，例如大小不一的木頭、石子、布料、貝殼、麥穗、松果、水彩、蠟筆等等。

　　此外，配合不同的季節及節令在教室的一角布置有「季節桌」。桌上會擺置著不同季節中孩子拾回的果實，有時也會配合大自然的規律變化，布置著代表季節的顏色、花果或是相關節慶

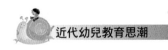

所象徵的物品，例如他們會在「秋收桌」上擺滿麥穗、烤好的麵包、蠟燭等等。為了讓孩子更有家的感覺，大部分的教室會有一個廚房，提供老師準備餐點，而孩子們也會主動幫忙。由於所採行的是混齡教學的方式，常常可以看到大孩子照顧小小孩，當大孩子在進行創作時，較小的孩子會先默默的觀察，或在戲劇扮演時當起配角。幾天後會發現這些小小孩也會模仿起大小孩的活動。這種混齡的學習模式對華德福的孩子而言，不只落實了史代納所主張的從「模仿」與「典範」中增長意志力，也提升了幼兒的創造力及社會智能。

（四）華德福的老師

德國著名的教育家福祿貝爾說：「教育無他，愛與榜樣而已」，這正是華德福教師最佳的寫照。老師透過引導與協助，從身教中去影響孩子，孕育孩子的氣質，幫助個體的潛能發揮而達到自我實現。華德福幼兒園的老師是兒童生命的「保護膜」、心靈的保護者，他們用愛來溫暖孩子，用正直及真誠自然的愛來陪伴孩子。史代納認為：「只有這種正直、自然之愛才能使物質的環境有溫暖的氣氛，同時才能孕育出健康的生理器官」。教育是引導自我健全的過程，華德福學校的老師關愛孩子，提供孩子心靈上的支持，在孩子的學習經驗裡所扮演的角色是：(1)環境及教材的預備者、教材與資源的提供者；(2)學生的支持者、引導者、協助者、示範者；(3)是一位自我成長與自我充實者；(4)活動的參與者。此外，他們也是幼兒模仿及學習的對象，當幼兒需要他們時，他們會隨時提供協助，老師的工作態度及行為無形中會影響孩子們，造就出一群氣質出眾，學習專注的幼兒。

　　華德福的老師不會去責怪孩子或訓誡孩子，他們用溫柔的聲調與孩子講話，重視自己的「身教」，隨時注意自己的言談、行為、態度與反應，例如：他們不叫幼兒收玩具，而是很自然地動手收自己使用的用具，因為幼兒喜歡模仿，所以不用老師開口，幼兒自然而然地模仿老師，也開始收拾自己的玩具。在華德福幼兒學校，我們深深的體認到孩子並不會經由「道德的規範」或「理性的言教」而改變行為，影響孩子最深的是大人們的一言一行。當老師以愉悅的心情處理園內的事務時，幼兒可以感受老師工作時是快樂的，他們學習到工作是一件快樂的事（鄧麗君譯，1998）。

（五）華德福學校的作息及活動安排

　　各地不同的華德福幼兒園雖會因著不同文化背景因素，而在作息的安排上有些許的不同，但整體而言，華德福體系的幼兒園都會有一定的作息安排。他們在孩子生活作息的規劃上相當重視韻律節奏，就像人的呼氣和吸氣一樣具韻律節奏，活動在動靜交替中和諧地進行著。華德福幼兒園主要的活動，說明如下。

1. 自由遊戲時間

　　自由遊戲時間是華德福幼兒園的一大特色，每天早上幼兒們約從七點三十分起至八點三十分陸續入園，入園後大約有一個小時的自由活動時間，直到九點十五分左右。這段時間，孩子隨著自己的喜好自由遊戲，有些小孩會聚在角落搭建橋樑或房子，有的則喜歡獨自遊戲或由大小孩帶入遊戲。當然有些孩子會圍繞在老師身旁觀看老師所從事的工作，或是在老師身旁坐一會兒再開始投入遊戲。

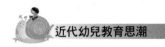

2. 晨圈

在自由遊戲即將結束時，老師會開始動手整理收拾，用行動來提醒孩子，引導孩子模仿一起收拾。接著小孩上洗手間去洗手，有些孩子會幫忙準備早餐、布置餐桌、餐具，用早餐之前大家先圍成圓圈進行團體活動。晨圈中可能進行唱遊、慶生、手指遊戲、說故事或輪舞的活動。「輪舞」是一種結合語言、詩歌、舞蹈的韻律遊戲，有時會配合季節來設計不同主題的活動，很多華德福幼兒園會將「輪舞」安排在一天中活動的後半段，每一種輪舞都會有一定的動作，通常每一個主題的輪舞會持續二至三週。

3. 優律思美

優律思美（Eurythmy）是華德福幼兒園中很重要的一種律動課程。「優律思美」這個詞語在希臘語中意味著「美麗的規律」、「調和的規律」。「優律思美」又稱「音語舞」，它可以說是「看得見的語言」和「看得見的歌聲」，是由語言本身出發，是母音和子音的身體表達藝術，每個母音和子音都具有其特別的動作。每當我們發出一個聲音，在我們的內心就會產生一種看不見的「意志表情」，而這正是「優律思美」運動中想要表達出來的，使聲音成為「看得見」的「姿勢」（音聲、舞動、色彩與Heidi相遇，2003）。

史代納認為生命力是身體構成的因素，是七歲以前的孩子的成長動力，而生命力的基礎是「規律」。我們的呼吸、脈搏、海水的漲退潮、晝夜的交替、四季的變換等等，這些都在規律中展開，故藉由優律思美律動可以有效地促進孩子身心發展。幼兒園中優律思美的設計是以兒童生命力的規律性為基礎，把想像力具

體的呈現在動作中，例如：孩子們手牽著手圍成圈，向著圓心縮小，或向外擴展，這就是優律思美基本的動作之一，代表著呼吸的規律。

在華德福幼兒學校，優律思美的動作是由受過訓練的老師帶領，有時他們會學習「童話」中的各種人物，或是各種小動物，都各有其特別的動作，孩子此時一方面會有想像的喜悅，一方面能體驗動與靜、內與外等生命的規律。藉由身體的活動，四肢的伸展，進而刺激腦部的發展，這個觀點在現代已被證實。要讓孩子思考更加的靈活，需要適當的活動肢體，以增加各種感覺的體驗，這不是使用測驗卷，或是任何填鴨式的課程可以替代的（劉禧琴、吳旻芬譯，1997）。

4. 餐點

幼兒園的早點是師生共同準備的，一星期中每天的食譜不同，但每週的星期幾會固定吃一樣的食物。他們的飲食強調自然健康的有機食物為主，各地不同的幼兒園會配合當地及當季的食物而加以變化。在德國華德福幼兒園常會看到自烤的蜂蜜麵包、粗麵包、黃米粥、水果麥片、小麥片和當季的水果。

5. 戶外活動

點心用完之後，有一段戶外自由遊戲時間，提供孩子大肌肉運動的機會，有時在老師的陪同下，孩子們會一起到附近的公園或田野活動、散步、玩遊戲。他們偶爾會在教室外就地取材從事創作，華德福的孩子們認真專注的工作著，或者在沙坑中玩沙，在花圃種植花木、修剪整理麥穗、規劃田園等等。

6. 童話故事時間

孩子們會跟隨著老師的步伐在十一點半回到教室。老師和孩

子們洗手打理自己後，孩子們會自動的聚集在說故事角落等待老師說童話故事。通常老師會拿一本書唸，以自然平穩的聲調說故事給孩子聽。華德福說故事的特色在於，孩子除了會有一週的時間重複聽到一樣的故事，華德福的孩子總是會對老師所說過的故事倒背如流，且老師並不會加入生動活潑的動作或表情，他們認為這樣才可以提供孩子無窮的想像空間。

華德福幼兒園的生活作息配合孩子生理的需求提供了兩次的「呼吸」，自由遊戲時間及戶外活動是一種「呼氣」的動作，孩子們可以盡情的活動，而安排晨圈是要讓孩子的心思靜下來再享用餐點，餐點及放學前的童話時間則是一種「吸氣」的表現。這種具有韻律節奏的作息安排是配合孩子生理的需求，是一種最簡單也是最有益於孩子的學習方式（鄧麗君譯，1998）。

劉禧琴、吳旻芬（1997）在翻譯的專書中提到，除了每日作息的安排強調節奏和韻律外，每週的主題課程安排也有固定的節奏，例如：週一的美術創作時間，週二的園藝布置，週三的手工活動，週四做麵包，週五的律動等等。當老師或孩子過生日時就會安排蛋糕製作的活動，而老師會在童話時間固定講「生日快樂」的故事。過生日在華德福算是相當具有特色，每一個過生日的主角不論是老師或孩子都會聽到同樣的生日快樂的故事。故事的內容大致是這樣敘說的：

在離地球很遠的地方，有一個叫做星星的美麗神殿，那裡雖然很美，可是住在那裡的孩子們還是最喜歡地球。在天國的孩子中，若有人將成為人類的孩子時，就會舉行盛大的祭典，天國的使者會用星星的光線織成美麗的衣服送給那孩子。孩子走在通往地球的星

星樓梯上，每走一步就會發出一個美妙的聲音，經過了土星、金星、木星、水星、火星及月亮還有太陽城的路，也收下每個星球送給他的禮物。最後會站在一扇巨大的門前，從門的小洞可以看到孩子即將出生的地方（如某個城市、鄉鎮）、看到爸爸媽媽正在為他準備尿布、奶瓶、衣服……等的情形，及討論孩子的名字應該叫什麼比較好？這時天國的孩子會在耳邊小聲說：「我覺得叫×××（壽星的名字）比較好。」（此時四周會暗下來）於是，天國的朋友說：「我馬上要把地球的門打開，你背上黃金的翅膀及美麗的天衣，我將暫時幫你保管。你在地球上要認真的活著，一直到再次經由此門回到天國。去吧！你可能不會像過去一樣看得見我，但我永遠都在你身旁守護著你。」說完，通往地球的門打開了（燈光亮了起來），小寶寶來到地球，爸爸媽媽看到了都很開心。小寶寶受到爸媽的疼愛，他睡了很多的覺、喝了很多的奶，現在已經長那麼大了！×××（孩子的名字），恭喜你。

　　最後唱「生日的歌」，及送禮物給壽星後結束。

　　華德福重視人與自然的關係，當季節變化時，可以明顯的從教室的布置和季節桌的改變感覺出來，加上節慶和生日慶祝會中，孩子可以體會到季節的變化，花謝花落及生命的意義。

　　以下為德國羅特林根（Reutlingen）華德福幼兒園的作息表。

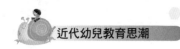

　　7：30-8：30　　到園

　　　　　　　　　　自由遊戲（角落、個別、小團體活動）

　　9：15　　　　　收拾玩具、用具

　　　　　　　　　　準備早餐

　　　　　　　　　　晨圈（韻律活動：朗誦詩詞、歌謠或輪舞）

　　　　　　　　　　用早餐

　　　　　　　　　　自由遊戲（幼兒園的戶外場地或公園、森林）

　　11：30　　　　　收拾玩具、洗手

　　11：40　　　　　說故事時間

　　12：00　　　　　離園時間

六、華德福幼教理念對臺灣幼教界的啟示

　　2011年10月，來自美國《紐約時報》的一則報導，指出許多美國科技公司高級主管，紛紛送孩子到華德福幼兒學校接受教育。這篇標題為「一所不教電腦的矽谷學校」，引起了教育界及家長們廣泛的討論與關切，這種現象反映出一般人對現今過度重視科技及表象式教育的不滿。臺灣地窄人稠，在高度競爭下長大的孩子，會擔憂未來出路問題，於是我們可以明顯的看到家長不論如何都希望孩子學愈多愈好，深怕輸在起跑點，愈早學習愈好。在重重的招生壓力下，臺灣多數幼兒園會推出各種深具特色的教學，提供類似綜合維他命般多采多姿的課程。許多幼兒園除了在建築上獨樹一格，如同高級度假村一般，還提供了各式各樣的進口遊樂設施及教具。值得省思的是，到底我們要傳達給幼兒

的是什麼樣的價值觀。華德福幼兒學校崇尚自然，他們沒有很豪華的庭園設計，也沒有設備新穎的教室，但他們給了孩子一個相當自由、充滿生氣的創造學習環境。他們不重視孩子的才藝課程及學習的成果，而是希望藉由教育的過程去培養出身、心、靈健全發展的孩子。華德福如同活水般提供家長們另一種選擇（引自陳雅慧，2012）。

華德福教育體系反對學校使用科技產品，認同此一理念的家長，也需避免讓幼兒在家中接觸到不當的視聽媒體。華德福的老師散發出一種「人師」的特質，他們總是公平、溫和的對待每一位孩子，他們重視身教，希望讓孩子們可以受到良好氣息的薰陶。華德福的老師是孩子的「保護膜」，他們的使命在於保護孩子不會受到外界太多的干擾或污染。他們讓孩子在一個充滿安全感的環境下健康快樂的成長。華德福的教學不側重於知識的灌輸，而是給孩子充分的時間，在操作的過程中，享受發現知識的快樂。在自由遊戲的時間裡，孩子們可以享有學習上的自主權，這和臺灣目前講究速食文化，重視孩子學習成效的作法截然不同。此外，華德福幼兒園堅持的簡樸、自然，以及日復一日，重複說著同樣故事的作法也讓我們有著另一種的省思。我們常常可以發現這一代的孩子在情性發展上總是會出現不知足、不懂得感恩惜福、缺乏耐心，追求刺激、喜新厭舊的特質，或許我們應該思考是否過於寵溺孩子，有時為了增加學習的樂趣而增添太多不必要的刺激，或許我們應該讓我們的孩子回歸自然，學會等待，讓孩子遠離塵囂，不要急著太早接觸電腦資訊媒體，為自己累積更多終身學習的能量。

七、結語

　　華德福教育和啟蒙於英國的夏山學校一樣是重視人本關懷的學校，主張教育功能不應該是以市場為導向，只服務資產階級。華德福的教育哲學觀雖然在臺灣有許多的追隨者，但嚴格說起來，華德福幼教理念不曾是臺灣幼教界的主流，但毫無疑問的他們卻是臺灣幼教界的一股清流，他們在不同的角落裡默默的耕耘。當我們仔細去了解華德福教育體系，如何從史代納博士那裡傳承下來的哲學思維時，我們就會了解他們多年來所堅持的理念，及他們在教學上所堅持的學習模式，其實是有其背後深奧的哲學理念做基礎。華德福教育充滿理想，幼兒階段他們不教寫字，教室裡沒有紙本教材，回家後也沒有作業的書寫，有別於傳統的幼兒園。雖然有許多家長認同他們的理念，但卻擔心未來幼小銜接上，會趕不上小學的學習進度，或擔憂自己的小孩成績落後。然而一則刊登在美國知名教育期刊《遇見》（*Encounter*）的一項 2008 年由史丹佛大學 Oberman 所進行的長期追蹤研究，顯示華德福學校小學二年級的學童，語文和數學平均成績低於公立學校學童，但這種現象漸漸產生變化，華德福學校八年級的學童在學業表現上漸漸超越公立學校學生（引自陳雅慧，2012）。

　　史代納的教育理念替華德福幼教建構出一個清楚的學習藍圖。他們的教學配合孩子的身、心、靈發展上的需求，不強調知識的灌輸，追求心靈的平靜。史代納教育希望發展出一個和諧、均衡的人格，充分發展個人的潛能，使其成為獨一無二的個體。他們相信學校最重要的不是老師教什麼，而是做什麼。教師提供

幼兒學習的榜樣，教師的職責在於保護幼兒遠離物化社會下來自科技產品的傷害。

　　華德福教育能在臺灣目前混亂的教育環境下生存下來，其過程所付出的心血及承受的壓力不得不讓我們格外的佩服。當我們審視今日臺灣的幼教生態時，可以發現一種普遍的現象，似乎所有的家長都怕孩子輸在起跑點，於是乎我們以有別於傳統填鴨的方式進行一種另類的填鴨。這種態度促成了臺灣幼教機構推陳出新，將許多才藝教學包裝在頗富理想的教學模式之中，強調幼兒的學習成效。值得省思的是學齡前幼兒需要學那麼多嗎？我們應該反省的是我們希望孩子聰明、有能力，但或許史代納所提倡的對靈性的追求，才應該是教育的重點，那是一種智慧的果實，是人類未來希望的種子，也是長期以來被忽視的教育目標。

參考文獻

中文部分

王茜瑩（1999）。**Rudolf Steiner 幼兒教育思想之研究**。國立政治大學碩士論文，未出版，臺北市。

余振民（譯）（1997）。**教育的藝術**。臺北市：光佑。

音聲、舞動、色彩與 Heidi 相遇（2003）。**關於優律思美**。2005年1月9日，取自 http://rcsdl.ngo.org.tw/done/j6heidi.htm#01

陳雅慧（2012）。享受學習‧安心做自己：華德福教育。**親子天下，40**。

柴爾德的黑皮窩（2004）。**娃得福（Waldorf）教育**。2004年11月30日，取自 http://www.tmtc.edu.tw/idcen/waldorf

劉禧琴、吳旻芬（譯）（1997）。**日本華德福幼稚園**。臺北市：光佑。

鄧麗君（譯）（1998）。**幼兒的工作與遊戲**。臺北市：光佑。

鄭鼎耀（譯）（1997）。**善美真的學校**。臺北市：光佑。

簡楚瑛、盧素碧、蘇愛秋、劉玉燕、漢菊德、林玉珠、吳嬿華、張孝筠、林士真、鄭秀容、幸曼玲（1999）。**幼教課程模式**。臺北市：心理。

英文部分

Barnes, H. (1980). An introduction to Waldorf education. *Teachers College Record, 82*(3), 323-326.

Easton, F. (1997). Educating the whole child, "Head, Heart, and Hands": Learning form the Waldorf experience. *Theory into Practice, 36*(2),

87-94.

Ogletree, E. J. (1974). Rudolf Steiner: Unknow educator. *Elementary School Journal, 74*(6), 344-352.

Ogletree, E. J. (1975). *Waldorf schools: A child-centered system.* U S: Illinois.

Ogletree, E. J. (1989). The temperaments and Waldorf education. *Journal of the Society for Accelerative Learning and Teaching, 14*(4), 259-285.

Steiner, R. (1965). *The education of the child: In the light of anthroposophy* (Trans. By George & M. Adams, Trans.). London, UK: Rudolf Steiner Press. (Original published in 1909)

Steiner, R. (1968). *The root of education* (H. Fox Ed.). London, UK: Rudolf Steiner Press.

12 幼兒完整學習與多元智能理論

一、前言

　　何謂完整學習？幼兒園課程必須涵蓋哪些內容才可稱之為完整學習？早在18、19世紀幼教先驅裴斯塔洛齊即主張教育的目的在於發揮人類無限的潛能，使每個獨立的個體成為完整之人。裴氏認為教育的功能在於培養一個完人，也就是手——指身體及運動技能的訓練、腦——包括智慧及思考、心——指精神層面包括道德及宗教等各方面的均衡發展。英國夏山學校的創辦人尼爾亦主張教育的功能除了在知識的傳授之外，也需提供情意教學及人格教育，同時注重身體及各種技能的訓練。尼爾認為教育應強調德、智、體、群、美五育均衡發展，使每個人能成為完整之人（the whole human-beings）（盧美貴，1991）。長久以來，幼教從業人員在規劃幼兒教育課程時，往往會以1987年教育部所修訂的「幼稚園課程標準」為依據，也就是將幼教課程內容分為六大學習領域，即健康、遊戲、音樂、工作、語文、常識。我們希望經由這些領域的學習充實幼兒的生活經驗，擴充幼兒知識和能力，培養幼兒良好生活習慣，增進幼兒良好人際關係，以奠定幼

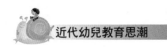

兒健全人格的基礎，達成我國「幼稚園課程標準」中的幼兒教育目標（教育部，1987）。幼托整合之後，隨著「幼兒園教保活動課程暫行大綱」的頒布（教育部，2012），將新課綱分為身體動作與健康、認知、語文、社會、情緒和美感六領域，課程內容以兒童為中心，透過自由遊戲統整各領域的學習，以達到幼兒完整學習及全人教育為目標。

不論是新課綱或舊的幼稚園課程標準，皆依據幼兒發展上的需求去規劃出適合幼兒的學習內容，尤其在幼教新課綱的擬定上，美國學者迦納博士（Gardner, 1983, 2000）所提出來的多元智能理論，以人類具備的學習潛能為基礎，提供了教育界在規劃幼兒完整學習課程時一個更清楚的藍圖。本章試圖從多元智能的觀點去剖析優質幼兒教育的內涵，除了介紹迦納博士多元智能理論的八種智能面向外，也對多元智能理論建構下的幼兒完整學習有所探究。同時，也針對臺灣在落實幼兒完整學習之成效及未來可努力的方向逐一加以探討。最後，我們對於多元智能理論如何運用在特殊幼兒的學習及多元智能對於國內特殊教育上的啟示亦有所論述。

二、迦納的多元智能理論

（一）研究動機及背景介紹

美國學者迦納的多元智能是1980年代美國智力研究的主流之一，他的智能理論為完整學習開拓了一個新的里程碑。迦納批評傳統對於智力的認定深受智力測驗的影響，因而產生了狹隘的

智力觀。迦納認為人們對於智力（intelligence）一詞的認定會受文化因素的影響，不同社會往往會鼓勵不同面向的智力發展，也因此限制了智力多重面向的啟發。

　　迦納的多元智能理論有助於我們對自身具備的學習潛能有更明確的認識，同時對於教育內容及教材的編訂上提供一個可依循的方向。

　　迦納教授是一位傑出的心理學家，任教於美國哈佛大學，他曾贏得美國心理學會 1984 年所頒發的傑出研究獎章，也是全美最高榮譽麥克阿瑟研究獎的得主。他一生最大的興趣在於對人類智力的研究。迦納從神經學、人類發展進化學及智力心理測驗等觀點去探討智力的組成。他試圖去打破傳統狹隘的智力觀，認為目前世界各國受到西方優勢文化的影響相當深，西方國家過於重視測驗，而導致一般人對於智力的認識受限於傳統的智力測驗，而認為所謂的智力即是智商的高低。雖然傳統的智力測驗也包括了幾個不同面向，如語文、空間概念、數學邏輯等，但迦納反對這種只憑一個測驗結果去評斷一個人智力高低的作法。他認為這些不同面向的「智力」測驗有相當高的相關性，也就是說如果一個人語文方面表現好的話，他在其他面向的「智力」測驗裡也會有不錯的表現。迦納進一步指出，我們所測驗的並不是智力的高低，而是一種知識的多寡及一個人所接受的學業訓練。更重要的，這些傳統的智力測驗及成就測驗，如學校的考試、聯考……等，往往所測驗的是一個人對筆試的反應能力，也就是考試技巧，例如我們常看到某些人程度很好，但每次參加考試總是考不好，或成績與真正的程度相距甚遠。這個原因有可能他是屬於考試焦慮群，無法很釋然的面對傳統的筆試測驗。這種人在面對任

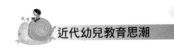

何的考試，成績都會和實際程度差上一截。

迦納認為傳統的智力測驗只不過是一種變相的成就測驗，無法評估一個人真正的智力。如果我們仔細分析傳統智力測驗的內容不難發現，它們最強調的是語文及數學方面的能力，只要在這兩大面向的智力有不錯的資質，那麼幾乎在所有的「智力」測驗，都會有不錯的表現，反之亦然。這種情形就整個測驗的內容而言，是不夠完善的。迦納認為目前許多智力測驗的設計缺少了所謂的「建構效度」（construct validity），好比建造房子時只打了地基，開了一扇門就將它稱之為屋子一般。因此迦納所提倡的多元智能理論強調智力的組成，並不只是涵蓋數學與語文兩方面的能力而已。

迦納基於多年對智能的研究心得指出，人類至少具有八種不同面向智能潛能，包括語文智能（linguistic intelligence）、音樂智能（musical intelligence）、肢體—動覺智能（bodily-kinesthetic intelligence）、邏輯數學智能（logical-mathematical intelligence）、空間智能（spatial intelligence）、人際智能（interpersonal intelligence）、內省智能（intrapersonal intelligence）和自然觀察智能（naturalist intelligence）。迦納深信這些不同的智力面向是正常人都擁有的潛能，只不過每個文化會重視不同的智力面向，而給與不同的發展空間，例如：如果我們對邏輯數學這方面的智力給與較高的評價，那麼數學邏輯智力就能得到充分的發展。相反的，如果我們的文化不重視音樂能力，那麼大部分擁有音樂智能的人，就無法有較好的發展機會。

（二）迦納的多元智能理論介紹

1.語文智能

　　語文智能常被傳統智力測驗視為智力的重要表徵之一，其主要的原因在於，語文發展與內在思維成長有極密切的關係。語文能力是人類文化賴以維繫的重要工具，也是人類最普遍共同擁有的智能。一般說來，兒童在二歲至三歲時會達到語言發展的高峰，而到了四歲左右則能很熟練的學會說流利的母語。語言學家Chomsky（1980）指出，語言的表達只是語文智能的一部分，這種智力還需具備有抽象語文規則的變化及推理能力。語文雖然只是一種溝通傳達訊息的工具，但是語言發展的過程，卻是相當複雜的，其中包括了對語言（phonology）的認識、語法（syntax）的運用、語義（semalltics）的了解及修辭（rhetoric）等的能力表現。皮亞傑（Piaget, 1959）肯定了語文智能的重要性，他認為語文可以增進一個人的思考能力，而人與人之間語言的溝通則是促使社會性行為的開端。語文智能可以看出一個人的認知過程、思考方式及思維的發展，進而增進人類社會群性的發展，是智力不可或缺的主要面向之一。

　　當我們看到或想到什麼時，會將這些訊息傳給大腦，而由大腦將它們轉換為一種符號後透過語言或文字表達出來。值得一提的是，並非只有耳聰目明的人才能擁有語文能力。以先天聾啞的兒童為例，他們雖然沒有口頭言語表達能力，但卻可藉由其他的符號系統，例如手語，或文字書寫表達。雖然如此，聾啞人士在語文智能這個面向的表現會比一般正常人來得低，其主要的原因在於手語受限於很多不利的客觀條件，無論在具體形象思維或是

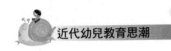

抽象意義的表達上都較為困難。他們雖然能從後天的努力學習中建立一套不同的符號系統，但在語文能力的深度及廣度上，都較正常人低（引自 Gardner, 1983）。

2. 音樂智能

音樂智能主要指對音樂的鑑賞能力（包括音感的強弱、節奏、音調、節拍、歌譜的掌控），及歌唱、演奏、歌曲、音樂創作等各方面的能力。在人類所有的天賦潛能中最早擁有的應屬於音樂方面的智能，一個還不會說話的孩子，聽到音樂時往往能隨著樂曲的節奏擺動身體。幾乎每一個人都擁有欣賞音樂的能力，這似乎是上天賦予我們的一種能力。Bomberger（1982）本身是一位音樂心理學家，他曾以皮亞傑對數學邏輯思考發展的模式去研究音樂智能的發展，發現音樂思維有其不同於語文或數學邏輯思考方式內容。雖然迦納（Gardner, 1983: 126）同意音樂智能和其他面向的智力在表面上可能會有些相同的屬性，但他也進一步指出：「然而，根據我個人的分析，音樂智能運作的精髓並沒有和其他面向智力的主要運作方式有直接的關聯，因此，音樂應該被視為智力的一個獨立面向。」

很多人可能會認為一個人在音樂上的表現受先天資質的影響相當大，而認定「音樂智能」應屬於一種較為特殊的才華。我們常會聽到有些人說：「我沒有音樂細胞」，這基本上是對音樂智能持較為狹隘的觀點。很多時候，我們對自我能力的認識會受外在主觀環境及別人對你的評價而定。如果我們的社會對音樂沒有賦予較高的評價或是在對音樂持有偏見的家庭中成長，那麼生長在這種環境下的孩子，可能沒有太多的機會去發掘自己是否有音樂智能。又如一個教授音樂的老師在評估孩子是否有音樂資質

時，只以小孩對樂理及認譜的能力而定，那麼這可能會錯失很多音樂才子。許多的研究指出，音樂智能是一種先天及後天相輔相成所發展出來的能力，它是每一個人都擁有的智力潛能，音樂智能不該被視為只有少數人所擁有的特殊才能（Rubinstein, 1973; Vygotsky, 1978）。

3. 肢體—動覺智能

中國人一向不重視運動，也不認為運動神經發達是一種智力的表徵，因而有所謂的「頭腦簡單，四肢發達」這個說法。西方的文化雖較注重運動，但卻也對肢體—動覺智能給與不高的評價。這是當今知識爆炸、資訊發達的時代裡，運動智力被貶低的普通現象。其實，在人類的歷史中，有很多時候肢體—動覺智能是受到極大重視的，早在古希臘時代，人們即非常強調身心平衡。古羅馬戰士的競技場及從希臘延伸至今的奧林匹克運動會足以證明。

肢體—動覺智能指一個人對於身體、肌肉的控制，手、腳協調、身體平衡等的能力。這些能力與大腦和神經系統的組織有密切的關係。值得一提的是，人雖為萬物之靈，但卻有很多的能力必須經由學習得來。不像其他很多的動物一出生就會爬行，很快就能獨立行走，人類必須經過數個月後才學會俯、仰、坐、爬及行走等各方面的能力。一般幼兒的智力量表所憑藉的即是肢體—動覺智能，例如：幼兒貝蕾心智量表（The Bayley Scales of Infant Development; BSID），其主要的目的是在測出幼兒心智成長狀況，對象是以兩歲以前的兒童為主。而依據皮亞傑對於心智成長的劃分，零歲至二歲屬於感覺動作期，在這個年齡層的孩子，其心智狀況必須透過肢體動作表達出來，例如：在貝蕾測驗裡面，

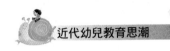
幼兒常會被要求將特定物體（球或方塊）推到指定的地方，這種能力的測驗即需應用到手、眼及肌肉的協調能力，這是一種肢體—動覺智能的表現。

很多學者主張，智力是一種學習認知的能力，如果說在課業上的學習能力與智力相關，那麼對不同運動技能的學習又怎能說與智力無關呢？一個運動神經較發達的人，其手腳應用較靈活，對於需要應用到手、眼、腳協調能力方面的學習，如汽車駕駛、工藝、美勞等也能較快掌握學習的技巧。享譽國際的籃球好手林書豪即是個典型的例子，他不只學業表現出色，畢業於美國頂尖學府哈佛大學，更是個運動健將。肢體—動覺智能和其他面向的智力一樣，是一種認知學習能力，一個運動選手需要有高度的肢體—動覺智能，才能有好的表現（Mailer, 1977）。根據迦納（Gardner, 1983）的說法，有些職業對肢體—動覺智能有較高的要求，如舞蹈家、運動選手、演員及其他藝術工作者。

4. 邏輯數學智能

邏輯推理是奉科學思考的方式，它包括了推論及歸納兩種主要的思考模式。數學和邏輯通常是指一體兩面的能力，但嚴格說起來，邏輯思考是數學的根基，我們發現任何高難度的數學題裡都可發現簡易的邏輯概念（Whitehead, 1948）。因此我們可以說數學的領域涉及到較高層次的抽象邏輯概念（Quine, 1966）。

邏輯數學智能泛指一個人的推理及對數的認識、演算及運用等能力。它和語言智力一樣，長期以來一直是傳統智力測驗用以評量智力的一種指標。皮亞傑（Piaget, 1952a）將人類智力的發展分為四個階段，邏輯數學思考是屬於最後一個抽象運思時期的階段。他指出數學邏輯思考能力的建立必須在「質量保留概念」

之後才能有好的發展。一般說來兒童到五歲才會有質量保留概念，而六歲之後才有重量保留概念，七歲後才有容量保留概念。因此皮亞傑認為六、七歲以上的兒童才能夠有簡易的邏輯思考能力。

皮亞傑將孩子七歲到十一歲這個期間的智力發展稱之為具體運思期。在這個階段裡，兒童雖能有邏輯概念但仍需藉助於具體事物，換言之，這個階段的孩子們發展出的邏輯概念是屬於較基礎的，如對事物的分類（classification）、順序（serialization）的觀念和數學上的可逆性（reversibility），例如：能夠了解到某甲比某乙高，言下之意也就是說某乙比某甲矮。在皮亞傑的智力發展理論裡，他將十一歲以上到十五歲這一期間的智力發展階段稱之為抽象運思期（formal operations）。在這個階段裡，可以不假其他具體的事物而有較高層次的抽象邏輯概念，對於「數」的概念建立及應用都較為靈活（Piaget, 1952b）。

5. 空間智能（Spatial Intelligence）

空間智能主要是應用視覺對於物體形狀、空間組合及具體目標正確掌握的一種能力。心理測驗學家塞斯通（Thurstone, 1938）指出空間智能具備有三個要素：(1)它是指個體從不同角度去辨認物體及目標的能力；(2)它是指從物體或建築物的外表去揣測內部組成的一種能力；(3)空間智能同時也是指對自己所處的位置或對於物體內部建構之間的組合關係及對於空間概念掌握的能力。雖然空間智能的建立必須藉重於良好的視覺，但迦納（Gardner, 1983: 174）指出：「空間智能和語言智力一樣，並不完全依賴『聽覺—口語』這一個表達管道，即使在沒有正規通訊模式的情況下，語言智力仍然有所發展。而盲人雖與外面世界沒

有直接的視覺接觸，但卻也可以發展出空間智能。」

從上述對空間智能定義的陳述中，我們可以知道空間智能所涵蓋的範圍相當廣，它涉獵到的領域包括天文、地理、物理、雕刻、舞蹈、繪畫、運動等。一個籃球運動員在球場上除了必須有好的運動技巧外，也需有敏銳的空間智能去判斷如何移動步伐，在重重的防衛下如何掌握有限的時間及空間。同樣的，如米開朗基羅之類的雕刻藝術家，必定有很好的空間概念去刻劃出身材比例分配均勻的作品。當然並非每一個具有空間智能的人都能成為畫家、舞蹈運動家或天文學家，但我們必須知道這些人基本上都擁有不錯的空間概念。就如方向感不錯及擁有解圖能力（如看地圖）的人也都會有敏銳的空間智能。

左右腦功能學說的學者們相信，人類智力的高低與腦部功能組織有很大的相關。他們將空間智能歸屬在右半腦，右腦所專司的功能包括視覺空間的合一，例如空間概念、藝術創作、路徑探索的能力等很多都和空間智能有極密切的關係。根據迦納的研究發現，空間智能的發展和邏輯數學智力不一樣，它會隨著年齡增加而成長。換言之，環境和經驗在個體空間智能的獲得上扮演一個重要的角色。

6. 人際智能

人際智能和內省智能一樣是處理「人」的一種能力，只不過前面我們所討論過的內省智力是對自己的了解，而人際智能是指與別人相處的能力，是一種了解別人、洞察別人心思的一種能力。迦納博士（Gardner, 1983）指出人際智能的精華在於能區辨不同個體之間的差異性，說的更明確一點，能區別他們不同的心情、個性、動機和目的。檢視這種智力可以從最基礎的表現行事

中察覺出,如小孩子是否有察言觀色的能力,能分辨在他身邊之人的不同心情,這種人際智能可以讓一個人猜測出別人內在潛伏的動機及目的。

我們可以從一個人的「人際關係」中看出他們在這個面向的能力表現。有些人雖然滿腔的熱情但卻無法洞察別人的心思,較自我本位,很少花時間去了解別人,總以為天下所有的人都應該了解他、接受他,有這種態度的人,基本上較不易與人建立互信互賴的關係。迦納所提的內省及人際智能,即是許多研究智力的學者專家所主張的社會智力,它們同樣都是處理人事的一種能力,而不是對一種概念的理解。擁有這兩種智力的人較易與人建立良好關係,適應社會群體生活,也較易於在社會上展露頭角。

迦納認為這兩種智力的養成和我們的成長背景,尤其是與母親或照顧者之間有極密切的關係。很多的研究陸續指出在嬰兒時期若未能與母親或照顧者之間建立一個安全的依附(attachment)關係,那麼將會影響到孩子未來人格健全成長,他(她)可能會缺少安全感、較自我中心,無法以別人的立場設身處地為別人著想,當然也會直接影響到他的社會適應力,在人格的發展上也較難達到成熟的階段(Klaus & Kennell, 1982)。

7.內省智能

內省智力是指個體對自我內在情感發展的了解,這是一種自我反省的能力,不只能坦然面對自我,還可以超越自我去看內心世界錯綜複雜的情感反應,能了解自己各種行為背後的真正原因及動機。這是著名的精神分析學家佛洛依德長期以來最有興趣研究的一個智力領域。佛氏的工作即是幫助一些精神病患藉由自我解析、自我反省的過程中得到心靈的解放。我們常說的「心智成

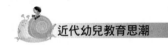
熟」，除了意味著「懂事」之外，言下之意也是指某人做事守本分，懂得拿捏，對自己的優缺點及長短處有深入的了解，進而加以靈活應用，這便是迦納所說的「內省智能」，它是一種智力的表徵。擁有這種智力的人會坦然面對自己，適時的反省自己。

8. 自然觀察智能

自然觀察智能是迦納教授最近才提出來的一個新的智力面向，這種智力指的是對周遭環境觀察的敏銳度，能分辨出其間的差異性及相同點。人類對於大自然的觀察能力是一切創作的源頭，我們許許多多的發明無一不是起源於大自然的巧思，也因為我們對自然敏銳的觀察力使得人類的生命得以延續，文化得以傳承。

自然觀察的能力表現是多元的，例如有些人善於分辨植物、動物、昆蟲，而有些人精通自然原野中各種生態的觀察。這種能力其實是物種進化過程中必須保有的能力，任何在地球上生存下來的動物必須能分辨出哪些生物是友善的、是可捕食的，哪些是侵略者應加以防禦。在各種不同的職業中，例如：漁夫、獵人、農夫、汽車技工、程式設計師等等都需擁有自然觀察智力，而他們所依賴的並非只有視覺管道，一個漁夫可能會運用視覺觀天星來判斷自己所處的位置，而汽車技工可能需要借重聽覺來檢查車子馬達的功能。迦納指出即使是盲人也會擁有自然觀察的能力，他們往往可以正確地辨認不同的物種，其中荷蘭著名的自然觀察家弗米奇（Geermat Vermij）是個盲人，他就是運用觸覺來分辨物種的（Gardner, 2000）。一個觀察力敏銳的人應該是個聰明的人，對大自然觀察的能力是一種智力的指標。

（三）多元智能發展上的特性

迦納的研究指出，多元智能不同面向的能力基本上是獨立存在的。他曾對一群波士頓醫院的腦傷患者做過深入的研究，他發現這些腦傷患者雖喪失部分的智力，但並不表示所有的智力活動都停止。左腦受傷的病人在語言的表達上可能會受到影響，而呈現反應較遲鈍的跡象，但卻仍能擁有音樂、創作的智力。同樣在現實生活中，我們可以觀察到有些人的語言能力很強，但不表示他一定會有好的空間概念。大部分的人總會有一些智力面向較強，而有些面向較弱。這除了是先天遺傳因子所造成的差異之外，更重要的還是決定於外在的學習環境。我們可以發現迦納所提出的多元智能理論具有下列幾種特性（王為國，2000；田耐青譯，2002；李平譯，2003；林心茹譯，2005；魏美惠，2002）。

1. 每個人皆具有這八種智能面向

迦納認為，他所提出的八種智能普遍存在於每個人身上，這些智能經由人與環境互動中逐漸形成，它的發展有其脈絡可循，隨著年齡的增長而有不同的智能發展及其高峰（王為國，2000；李平譯，2003；魏美惠，2002）。迦納認為或許我們的遺傳基因裡有每一個智力面向發展的最高極限及最低極限，但事實上我們極少將我們的潛能發展到最高極限，原因是我們沒有提供很豐裕的外在環境去刺激它的發展。很多時候我們白白的浪費先天既有的資質而停留在最低極限，我們甚至從沒發現自己擁有某些面向的能力。如果一個具有高度音樂智能的人，一生從沒接觸過音樂或樂器，那麼他的音樂潛能將無從發展。同樣的，一位傑出的溜冰選手若不是從小有良好的溜冰環境，他也無法有出色的表現。

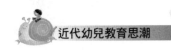

2. 每個人皆具有屬於自己的優勢智能及弱勢智能

美國CNN「亞洲名人聊天室」節目中曾對韓國巨星Rain進行專訪，記者問他：「你年輕的時候害羞又內向，那樣的你為什麼會選擇踏上這個會受到眾人注目的職業？」Rain的回答是：「舞蹈改變了一切，舞蹈改變了我的人生，當時我發現我有舞蹈天分，了解這一點之後，我就變得比較不那麼內向，也比較積極主動了。」無論是一般幼兒或特殊幼兒，如果我們能運用孩子本身的優勢智能配合屬於他們的學習風格進行學習，較容易引起孩子的學習動機與興趣，自然就能看到學習成效（引自鞠宗紋，2011）。

多元智能理論強調每個人都會有不同的優勢智能及弱勢智能，依個人及遺傳經驗有所不同。它提供了教育界兩個思維方向，其一是當我們在規劃課程時必須能考量到每一個孩子不同的優勢智能，課程必須豐富、多元，讓每一個孩子都能找到自己的舞臺，增進他們自我肯定的機會，其二是每一個孩子都因著自己不同的優勢智能而偏好不同的學習方式，例如：語文能力強的可能會喜歡老師以繪本教學的學習方式，音樂智能強的則會偏好以音樂性活動為主的學習方式（魏美惠，2002）。

多元智能理論強調每一種智能都有其多元的表現方式，我們應該從幼兒的優勢智能著手，從增進幼兒學習信心的領域為主，自然能提升他們的弱勢智能領域的學習。我們應該尊重幼兒個別化的展現方式，例如在教學過程中，鼓勵幼兒依個人的能力與興趣去發揮，尊重他們智能表現的個別差異性。

3. 每一種智能皆有其發展空間

迦納（Gardner, 1991）認為智能可以透過教導而發展，且會隨著人生的各項經驗持續擴展與改變，不同的環境、文化、國

家，會鼓勵不同的智能表現，亦會影響到這些智能面向發展上的完整性。智能是可以透過後天的學習而激發出來的，掌握學習的關鍵期，給予充分的機會加以教導，智能的發展是可以達到適當的水準。多元智能理論提供教育界一個課程規劃藍圖及學習方式的參考架構。

　　Lazear（1991）針對迦納多元智能的發展提出四階段的發展模式包括：喚醒智能（awaken intelligence）、擴展智能（amplify intelligence）、激發智能（teach with/for intelligence）、遷移智能（transfer intelligence）。教師可以掌握這些特性運用多元化的活動規劃及引導方式喚醒智能，從喚醒智能的同時亦可擴展其他智能面向的學習，進而從課程中激發副智能；在課程目標達成後，訂定下一階段的教學目標，運用遷移智能的方法，導向其他領域的學習。

4. 智能的運作是經由整合不同面向智能交互進行

　　多元智能理論廣泛的綜合了多種學科的研究成果形成的，如發展心理學和人類學等。迦納認為智能的運作並不是單一進行，它是一個複雜的過程中展現出來，在突顯某一智能面向的同時，往往必須配合運用其他智能才能完成學習，例如樂器的演奏，除對音樂的較好的敏感度之外，也必須運用肢體—動覺智能等。智能是可以透過後天的學習而激發出來的，掌握學習的關鍵期，給予充分的機會加以教導，智能的發展是可以達到適當的水準。迦納認為每個人會依據自己的優勢智能發展出一種屬於自己個性化的智能運作模式，進而形塑出屬於自己的學習風格，例如空間智能強的孩子，通常是屬於視覺學習型的孩子，教師在教學時宜運用繪本或視聽媒體輔助教學。教師如能掌握學生不同的智能運作模

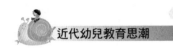

式，在教學上較能達到事半功倍的效果（王為國，2000；田耐青譯，2002；李平譯，2003；林心茹譯，2005；魏美惠，2002）。

（四）多元智能及學習態度的評估

心理測驗學家相信組成人類智力特質的重要因素是在於人內在的「g」智力動能，而這「g」因素是可以有效的被評量出來。迦納並不否認「g」因素的存在，但他認為我們用來評估「g」因素的傳統智力測驗或許能有效的預測一個人的學業表現，但卻無法評估課業之外的個人成就。他認為如果傳統的智力量表果真能有效的評估一個人的智商高低，那麼為何有很多相當有才能的人未能在那些測驗中有好的表現。迦納認為過分注重「g」因素的評估，只會造成一個人對於智力觀念的偏差而已。迦納（Gardner, 1983）基於此而反對傳統智力測驗，他主張人類所有的傑出能力都應該被評估出來，而不是那些學校所重視的智力面向而已。智力測驗學家們最大的挑戰在於如何建立一份公平、非人工情境的智力量表，去評量出不同面向的智力表現。

根據多元智能的論點，每一個面向的智能發展都得經歷一個相當複雜的發展過程，數學邏輯能力的發展和音樂、肢體－動覺智能發展有相當大的不同。如果我們能及早評估出一個孩子在各個面向的智力資質，那麼他將會有較大的發展空間。依據迦納的論點，他認為藉以輔助教學的評量工具是絕對有需要的，我們可以藉由這些評估工具去了解學生的個別差異，以便因材施教。考試與評量最大的差別在於考試往往必須在較不自然、人工化的情境下施行，而不論我們引用何種評量工具，如果施測者在不自然的情境下測量學生，那麼往往這個測量結果的正確性會大打折

扣。迦納批評一般學校的成就測驗，完全失掉了教學評量的功能。學校老師極少會以考試結果去評估學生的個別需要及教學改進的方針，相反的，這些成績往往會成為老師或家長們論斷好壞學生的標準。這種結果深深影響孩子自我肯定及對自我形象的建立。

　　多元智能理論深深影響美國學校教育的課程發展，其中最具代表性的應該算是應用多元智能發展的教學計畫。這份計畫從1984至1992年，由迦納和佛德曼（Feldman）共同推動，稱之為「光譜計畫」（project spectrum），以發展學齡前兒童的多元智能評量為主（王為國，2001）。光譜計畫中的評量並不是直接套用八個智能，而是看這些智能在幼兒身上所出現的情形，且各智能非獨立出現，個體需綜合運用幾種智能去完成一項工作任務。他所包含的領域非常廣泛，所評量的認知領域含蓋數字、科學、音樂、語言、視覺藝術、動作以及社會等七個領域（莊雯心，2002）。光譜計畫之特性及貢獻包括：

　　1.光譜計畫對幼兒多元智能的啟發與評估，改變了學校及家長對於傳統智能的看法，智力測驗的分數不再是評估孩子能力的唯一指標。

　　2.消除課程與評量間的界線，活動中提供的材料除了可讓兒童確實置身於不同領域中，老師可在活動中同時對幼兒的能力進行評量，而非使用紙筆測驗，例如語言和邏輯做為評量工具。

　　3.光譜計畫強調辨識及發現幼兒的優勢領域，幼兒能很明顯的感受到自己的成就，尊重幼兒的個別差異，培養幼兒的優勢能力，包括給幼兒一些機會去展現自己的想法，進而去分享成果，表現給別人看，並從中反省自己的工作（王為國，2001）。

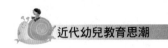

　　迦納和佛德曼試圖從光譜計畫中發展出一套較公平,且能評估出不同面向智力的工具。他們相信每一位幼兒都有其個別差異,擁有不同面向的智力潛能。和一般傳統評估方法不一樣的是,他們所引用的評量工具是兒童日常生活中常有機會接觸到的教具或玩具。在整個評量進行的同時,迦納儘量提供豐裕的學習環境去激發孩童內在的潛能,然後再從多種角度去評量兒童不同面向的智能表現。整個評量的過程歷時一年,評量活動主要包括了15種涵蓋各種不同能力評估的活動,這些活動的設計以四歲兒童為主。活動的內容有的是屬於結構性較強的活動,例如在數學或音樂這兩大領域的評量,所設計的活動較有結構,也有些是沒有結構性的自然觀察評量,例如:在科學區及社會學習這兩大領域裡。整體活動的設計是以迦納當時的多元智能理論為根基。在這項評量活動裡,有兩大重點:第一是從這15項活動中去評估孩童們在七大智力面向的學習認知能力(請參閱表12-1),第二是評估孩童工作學習態度及解題方式。換言之,他們試圖了解孩童們是否運用不一樣的策略去解決不同的問題。表12-1簡述了這15種活動的名稱及試圖評估出的認知能力:

表 12-1　光譜計畫檢視的認知能力領域

數學	
接龍遊戲	這種活動的設計主要在評估孩童對數字的概念,數數的技巧,遵守規則的能力及策略運用的能力。
公共汽車遊戲	評估孩童利用不同符號表示數字的能力及對數的組織能力,如分數。

(續下頁)

（續上頁）

科學	
組合活動	目的在評估孩童機械統合能力，要成功的完成這個活動的組合，必須要有好的運動技巧，敏銳的觀察力，好的視覺空間概念及解題能力。
尋寶遊戲	評估邏輯推理的能力。每一位孩童會被要求整理出這些被尋出來寶藏的共通性。
戲水的活動	用來評估孩童觀察此活動後，去引出一些假設性問題的能力，並且他們會做些簡易的實驗。
發明角落活動	評估在整年的活動中能激發孩童對一些自然現象的觀察、感激及了解的程度。
音樂	
音樂作品活動	藉以評量孩童對保持正確音調，歌唱時抓住旋律及對音樂屬性認識的能力。
音感活動	評量孩童區分音調的能力，包括對歌曲的認識，找出錯誤及分辨音度的能力。
語言	
講故事活動	評量語言發展的能力，包括較難的單字，複雜的句子，連接詞、形容詞的運用，對故事內容理解的能力等。
報告活動	評估孩童對事件描述的能力，其標準包括報告內容的正確性，詳盡的程度，所引用句子結構及運用的單字。
藝術造型	評估對線條、形狀、色彩、空間、明暗及設計方面的能力，並且參加三次有計畫結構性的畫畫比賽活動，藉以評估出孩童們在藝術方面的能力。
運動	
創造性運動	這類動感課程的安排目的在評估孩童對舞蹈和創造性活動五種不同能力的表達，包括對旋律的敏感度、肢體語言的表達能力、手腳協調、動感和對音樂的感受力。

（續下頁）

（續上頁）

體能活動	有一個障礙課程的設計，重點在於評估孩童在不同運動中所表現出來的身體協調平衡感及動感方面的能力。
社會	
教室模式	評估孩童日常生活中對周遭環境及不同經驗的觀察及分析能力。
同伴相處狀況檢視表	這種檢視表被利用來檢視孩童日常生活中與同伴相處的情形，不同的行為模式會導致不同的社會角色扮演，如追隨者或領袖等。

資料來源：取自 Gardner（1993: 91）。

以上這 15 項活動融合了多位專家學者的見解，精心設計出來用以評估幼兒多種學習潛能的活動。事實上，這些活動並非特殊，國內外一般的幼兒園常廣泛的運用這些活動，所不同的是極少有學校會利用這些活動來評估幼兒的個別差異及他們內在不同面向的智力發展。迦納同時也非常重視幼兒的學習態度、解題方式及策略運用的評估，他認為我們往往可以從幼兒的工作態度看出他們的優勢智能。他們的研究指出，一般幼兒在他們較強的智力面向裡比較能有正向的工作態度，例如：一位音感好的女孩，她在參加音樂活動時除了有好的表現之外，她的工作態度是專注、愉快、有信心的。迦納和佛德曼所評量的幼兒工作學習態度內容包括：

1.易進入狀況或是不易進入狀況。

2.有信心的或是畏縮的。

3.輕鬆的或是嚴肅的。

4.專心或是不專心的。

5.有始有終的或是易產生挫折感的。

6.工作細心或是做事衝動的。

7.傾向於慢慢工作或是草率結束工作。

8.是否對周遭所看到、聽到的信號有反應。

9.是否有一貫工作的方法。

10.是否有個人的工作原則。

11.工作時表現出幽默感。

12.對於教材的運用具有創意。

13.完成作品之後表現出榮譽感。

14.對事之細節觀察入微。

15.對教材、教具有好奇心。

16.不只關心「正確答案」而已。

17.注意與大人之間的接觸。

18.對工作及教具能靈活變化。

迦納和佛德曼將一年下來對幼兒觀察及評估的結果，包括孩子在不同面向的智力發展，哪方面較強、哪方面較弱，寫成了報告提供幼兒家長、學習教師參考，並建議了一些可以幫助孩子激發不同智力成長的具體活動（Feldman & Gardner, 1989），例如：前面所提的 15 項活動即是（如表 12-1 所示）。光譜計畫的實施內容、過程及以自然情境對幼兒進行長期的觀察及多元能力的評估等等歷程，成為日後美國及世界各地許多有意落實多元智能於其教育機構者一個參考的模式。

三、多元智能理論在教育上的運用

我們可以從迦納（Gardner, 1999）對多元智能理論的相關主

張，發現其主要教育哲學核心為「個別式的教育」（individually configured education）。他強調透過多元智能理論了解學生的專長、興趣、思考模式與解決問題的方式，進而提供合宜的教學活動。教師可以以多元智能理論為課程的核心，從中去建構、激發、擴展學生的多元智能，幫助學生發掘優勢及弱勢智能。教師亦可以多元智能理論為基礎去設計教學活動，以學生的優勢智能為學習途徑，建立孩子自信心進而提升其他弱勢智能領域的學習（陳密桃、陳埩淑，2004；魏美惠，2002）。

　　迦納提出多元智能理論之後，美國有多所學校或研究計畫就運用多元智能的觀點來進行相關研究。除了前面論述的「光譜計畫」外，美國也開始進行「以藝術為核心的多元智能課程」實驗，將多元智能成為藝術核心課程理論之依據，讓學生開展多向度之智力潛能（Armstrong, 1994; Campbell & Campbell, 1999）。此外，迦納的多元智能理論亦在臺灣及澳洲等地發光發熱，他對於人類智能發展的主張引起廣泛的共鳴，提供教育改革之方向。

　　迦納的多元智能理論實為完整學習的理論根基，多元智能理論的推廣有助於教育的革新及促使教育功能更加的多元化。這裡所謂的完整學習，意指德、智、體、群、美五育並重的一種學習內容。以迦納的觀點看來，能提供豐裕的學習環境，激發學生在八大面向智力的充分發展即是完整學習。當然完整學習並非只重視學習成果，最重要的是在學習過程中的動機、態度及方法。簡言之，人類潛能的啟發及健康身心的培養是完整學習最終的目標。

　　多元智能理論特別強調智能在實際生活情境中之運用，教師採用多元的教學活動與不同的教學策略來配合幼兒的學習（陳慶

斌，2004；黃榮貞，2006；賴坤弘，2002；魏美惠，2002）。迦納（Gardner, 2000）的多元智能理論並不是解決教育問題的萬靈丹，他本身相當擔心多元智能理論在被誤用的情況下可能會導致更多的學習壓力。他強調多元智能理論並不是教育的目標，它只是一個能協助教師達到真正教育目標的工具。近年來國內受到廣大推崇的遊戲中學習開放教育理念，在多元智能理論的推波助瀾下成就優質幼教之學習內涵。多元智能理論下建構的幼教課程，會尊重幼兒為一個獨立的個體，在學習上則是一個完整主體，不以培養幼兒的八種能力為目標，而是形塑出一個有自信、喜歡學習，充分發揮各種潛能的幼兒（詹文娟，2001）。天生我才必有用，多元智能理論呼籲教師重視幼兒不同學習潛能，以幼兒的優勢智能為主，重視幼兒不同的學習的學習風格。事實上，人類將各項智能以豐富及多元的方式展現，例如：一個人可能語文方面的能力不佳，但藝術智能很高，因為他能畫一幅獨特的作品；有的人可能數學能力不好，但音樂智能極佳，因為他會使用樂器彈奏出美妙的曲子。然而，我們經常把語文或數理邏輯智能的某一方面較差的學生視為智力較差學習有問題的學生，而忽略他們在其他面向能力的表現。

四、多元智能理論對特殊教育之影響

　　長期以來，國內的特殊教育常常將教育的重點聚焦在「如何補救特殊幼兒」上，關注於如何提升其所缺少的能力，我們總是花很多心血在於改善他們所缺乏的能力上，這種作法所帶來的往往是學生與老師的共同挫敗。所以將多元智能概念運用於身心障

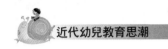

礙的幼兒，對身心障礙的幼兒而言將是一大福音。以下就多元智能理論對於特殊教育有哪些影響分述如下（鞠宗紋，2011；吳武典，2003；張英鵬，2006；Gardner, 1983）。

（一）對「身心障礙幼兒」不同能力的肯定

我們一向是以傳統的智力測驗結果去評估國內智力障礙幼兒，之後再針對特殊幼兒進行補救教學，我們往往忽略了即使是特殊幼兒，在他們身上也可以發現屬於自己的優勢智能，即使這種優勢智能可能比不上一般幼兒的程度，然而，他們可能在某些面向的能力表現不錯。從多元智能的角度而言，我們必須拋開過去對「身心障礙」的刻板印象，而以全新的觀點去重新評估所謂的「身心障礙幼兒」。國內學者鄒小蘭、盧台華（2009）從他們對國小學習障礙學生優弱勢智能分析之研究結果，呼籲我們要以開放的心肯定特殊幼兒身上所擁有的不同能力表現，接受特殊幼兒身上的優勢能力，即使這些能力多數不屬於學業智能的表現。

（二）標籤化的去除

多元智能理論主張我們對幼兒能力的評估需是包含全面性、多元能力的評估。我們應避免因為幼兒某些智能表現的缺陷而抹煞其他能力表現，多數身心障礙幼兒是某種智能受到損傷，但卻常常因此被貼上低能的標籤而預設立場，阻礙他們其他能力的發展。雖然多元智能理論並不否定學習障礙的事實，但對特殊幼兒最有幫助的不是發現他們的不能，而是他們的能，教師應以正面的態度與積極的立場去協助特殊幼兒，盡量避免標籤化他們。

（三）從多元能力之評量發現特殊幼兒智能強項

多元評量對特殊教育有重要的貢獻，它已開始取代標準化的診斷評量，成為發展適合個別化教育計畫的方法。國內外多位學者皆認為多元智能探索評量是一種有效的評量工具，對聽障兒童而言亦是如此。他們認為由多元智能觀點進行評量，確實能發現學習障礙學生內在智能差異（鄒小蘭、盧台華，2009；Schone baum, 1997）。鞠宗紋、魏美惠（2012）以多元評量為途徑，評估兩位聽障特殊幼兒的多元能力，從中發現個案的優勢智能，並配合他們的學習風格進行圖像教學，發現能有效能提升個案特殊幼兒之多元智能。

以郭靜姿（2006）的研究發現，建構於多元智能與解決問題能力充實的方案，不僅提升學前資優幼兒的學習成效表，亦能改善學習障礙自閉症幼兒的社會技巧。多元智能理論可以開發身心障礙幼兒的優勢特質，與提升幼兒成就感，增進教學成效（吳武典，2003）。教師應以積極、正向的角度，發掘學生各方面的能力，進而從其優勢能力去發展適合其能力的課程。

多元智能理論對教學實務工作者的一大啟示，是它能夠協助教師發現身心障礙學童智能的強項及其所喜歡的學習方式，對於特殊教育而言，具有深遠的影響（王為國，2000；鞠宗紋、魏美惠，2012）。此一理論最大特點是將身心障礙幼兒視為完整個體來對待，提供正向的學習管道，並藉由多元智能的角度了解彼此間個別差異，使每位身心障礙幼兒擁有均等的受教權，達到「因材施教」的教育目的（吳武典，2006）。

綜合上述可以知道，實施多元智能必須因人因地因事制宜，

多元智能理論主張要以幼兒為中心，強調每一位幼兒均有其個別的優勢智能，教育就是要針對幼兒個別差異設計符合幼兒個別需求的課程進行教學與評量，以確保每位幼兒在受教育後皆能發揮其最大潛能，滿足身心障礙幼兒的特殊需求，也才能符合個別化教育所欲達成的教學效果，而且符合現代教育潮流需求（王為國，2000）。

五、優質的幼教課程必須以啟發多元智能為主

迦納博士的多元智能理論主張人類具有至少八種學習潛能，他的多元智能理論提供幼教課程規劃的一個明確的方向，同時也建構了幼兒「完整學習」的教育目標。教育有一個非常重要的任務，那就是發掘學生不同的學習潛能，並給與良好的發展空間，這也正是所謂優質幼教課程必須完成的目標。綜觀近二十多年來，在國內外廣泛被接受的幼教課程及教學模式，包括蒙特梭利教學、夏山學校、德國的華德福幼兒學校、單元教學或主題方案教學等等。儘管這些不同的教學模式會有不同的理念及潛在的哲學思想，但基本上這些被廣泛接受的教學模式都擁有開放教育的精神，多以啟發幼兒多元智能為導向。事實上，多元智能理論之主張與開放教育的幼教理念有頗多相同之處，例如迦納主張每個人都具備有八種智能，只是每個人都會有不同的優勢智力及弱勢智力，依個人及遺傳經驗有所不同。每個人的智力之發展、使用或連結，會受後天環境或文化的影響。多元智能理論相信每個孩子都有多元的發展潛能，並且認為潛能的實現必須有環境配合的看法，可說是完全符合開放幼教的基本信念（詹文娟，2001）。

　　美國幼兒教育學會 NAEYC（National Association of Early Young Children）所極力倡導的「適性發展課程」中，強調幼兒教育是全人的教育，並著重每位幼兒的個別差異性，了解每位幼兒的獨特發展形式，以期能達到適性發展的目標。這種重視孩子個別差異性的主張與多元智能的核心理論「正視個人差異」的主張相同。

　　以多元智能為主的教育內涵強調課程、評量皆會考量個人的差異，考慮到孩子不同的學習潛能，認為單一的教育方式只能適合極少部分的兒童（黃娟娟，2003）。多元智能理論提供了人類發展中的綜合心智模式，促使教育者體認並重視所有學習者不同的天賦及學習方式，鼓勵教師在原有學校環境下建構課程並改善教學，以期能啟發個人的智能、潛能，使所有的孩子們經由他們獨特的智能專長獲得成功的學習經驗。在許多以多元智能理論為基礎的教學中，發掘出孩子的優勢智能及對孩子能力的提升是他們的教學重心（引自莊雯心，2002）。

　　德國教育家史代納的教育主張與迦納博士的多元智能理論一樣，都是以「個人」的學習潛能為出發點，注重每一個人學習潛能的充分發展，強調個別心靈的成長。他們都主張從教育的過程中去發現孩子的能力，進而去提升自我的存在價值。教育的本質是讓孩子從發現自我中去提升自我，進而去肯定自我。優質的幼兒課程必須啟發幼兒各種學習潛能、培養積極正向的人生觀及健全的人格、讓孩子能具有主動探索的學習精神，並擁有一顆柔軟、容易感動的心。優質的幼教內涵應豐富孩子的學習經驗，替孩子儲備各種能力，為將來的生活做好準備。

　　然而不可諱言的，幼教人的共同心酸是幼教課程往往受到太

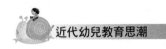

多市場的牽制，而這種以市場導向為主軸，符合家長需求的幼教課程很容易偏頗於單種智能的提升。優質的幼教指的是能提供幼兒完整學習的經驗，許多幼托機構將美語視為教學重點，反而忽略學前教育的重點在於培養一個完整的幼兒（the whole child），增加生活自理能力、培養幼兒主動探索的學習精神及與人相處、解決問題的能力……等等（陳伯璋、盧美貴，1991）。

優質的教育必須以多元智能理論為藍圖，如此才能達成「完整學習」的教育目標。如果我們過於重視單向智能的啟發，無疑對兒童的能力資源是一種浪費。優質的教育應該跳脫時空的限制，擺脫文化的主觀意識及價值評斷，以開闊的胸襟擴展孩子的生活領域、展現自己能力的機會，努力經營自身的各種能力，讓每一個孩子可以有自我肯定的機會。

六、多元智能理論建構幼兒完整學習經驗

對於多元智能的發展，迦納非常重視社會文化的影響因素，不同的社會往往會鼓勵不同面向的智力發展，也因此限制了智能多元的啟發（蔡明富，1998）。迦納認為多元智能理論本身並不能做為最終目的，也絕不是一種教育處方或萬靈丹，可以解決所有的教育難題，因為每一個組織都有自己的教育目標與任務。多元智能理論本身沒有規定要教什麼，也沒有規定要怎麼教，但迦納呼籲如果要以多元智能理論為學習的架構，那麼就應以多元切入的管道，達到對某一主題、學科及領域有深入的理解（引自陳密桃、陳埩淑，2003；Gardner, 1991）。我們可以將迦納的智力面向指標及學習領域整理如表12-2所示。

表12-2　多元智能學習領域及項目分析

智能面向	智能指標	課程內容
語文智能	語言、語法的運用，語義的了解及修辭等的能力表現。聽、讀、說、寫的能力。	說話、正音、唐詩背誦、美語、臺語、說故事、扮家家酒（娃娃角）、遊戲、角落時間……等等。
音樂智能	包括音感的強度、節奏、音調、節拍、歌譜的掌控，及歌唱、演奏、作曲、音樂創作及音樂欣賞等各方面的能力。	音樂、奧福音樂、樂器演奏、兒歌教唱（中文、臺語、美語）、音樂欣賞。
空間智能	應用視覺對物體形狀、空間組合及具體目標正確掌握的一種能力。方向感及對空間能力的掌控。	工作課、美勞創作、畫畫美術、積木、拼圖、走迷宮、建構組合性教具的操作。
邏輯數學智能	推理、對數的認識、演算運用等能力，包括數數、唱數、計數，數的組合及分解。	珠心算、MPM 或 CPM 數學、數學、蒙特梭利「數」及其他各種「數」的教具操作及遊戲。
肢體─動覺智能	指一個人對於身體、肌肉的控制，手眼協調、身體平衡等肢體動作能力。	教具操作、幼兒體能、幼兒舞蹈律動、感覺統合遊戲、球類及大肌肉活動等等。
人際智能	處理「人」的一種能力，也是一種了解別人、洞察別人心思與人建立友善、互信互賴關係的能力。	幼兒團體遊戲、戲劇扮演、角落遊戲時間、情意教學及感性課程。

（續上頁）

內省智能	是指個體對自我內在情感發展的了解，這是一種自我反省的能力，能了解內心世界錯綜複雜情感反應的能力。	情意教學、感性課程、幼兒遊戲、角色扮演遊戲、自由遊戲及宗教課程、分享時間。
自然觀察智能	對周遭環境觀察的敏銳度，能分辨出其間的差異性及相同點，善於分辨植物、動物、昆蟲，精通自然原野中各種生態的觀察。	幼兒科學實驗課、自然生態觀察相關課程、動物昆蟲飼養、植物的養殖、觀察及戶外參觀教學。

　　黃娟娟（2003）在一份行動研究中，發現多元智能理論融入班級主題課程中，教師更能尊重幼兒不同的潛能，更關注其個別需求、智能發展及潛能激發，且在課程發展時，更能關注幼兒多元智能領域的探索機會，以改善單向智能主題教學的有限性。此外，學者張景媛的研究報告亦發現應用多元智能理論架構下的多元思考教學策略可以提升學童的學習興趣及學習成就（張景媛、呂玉琴、何縕琪、吳青蓉、林奕宏，2002）。

　　綜上所述，課程中結合多元智能的理念，不僅對於學童的學習興趣與成效有提升的效果，且能從發掘孩子的優勢智能中提升其他的弱勢智能。整體而言，多元智能理論的應用若是得當，可讓教師反省自己的教學，以及了解學生的個別差異，進而提供對學生最為有利的學習方式。

　　以多元智能為幼教課程規劃的依據，主要的目的在於讓孩子的學習經驗裡能接觸到各種領域的學習，老師在設計課程時應考慮孩子能力上的差異，針對孩子不同的特殊能力設計多元的學習

活動（Checkley, 1997）。一家優質的幼教機構在課程規劃上必須
能讓孩子接觸到各種課程，且在各種能力的啟發上盡量做到均衡
的原則，如此才能啟發幼兒各種的學習潛能，過於偏頗單一面向
的課程學習或者忽視不同領域的學習會阻礙幼兒的發展。

　　近年來，政府有感於完整學習之重要性，而予以全力推廣，
但由於傳統的包袱及升學壓力，完整學習的理念無法落實在幼兒
園以上的各個學習階段，這可經由國中、高中課程內容上得到驗
證。雖然表面上國、高中也有美術、音樂、健康、體育等課程的
安排，但由於這個階段的學習完全是考試取向，以升學為主，因
此整個教學重點完全摒除了這些科目的重要性，使之流於形式，
甚至有些老師會利用這些所謂「副科」的上課時間來加強其他
「主科」之用。完整學習的目標主要在於啟發人類各項學習潛
能，同時強調人格的健全發展社會能力的培養，以及運動、藝術
創造力等各方面的學習。過度的重視學業智能的表現，恐無法成
就完整學習之目標。

七、結語

　　近年來幼教業蓬勃發展，不論鄉鎮或都會地區的幼教業者都
會配合市場及父母的不同需求設計出豐富多元的課程，但優質的
幼教課程應強調幼兒各種學習潛能的啟發，過於偏頗某一領域的
學習，可能相對的就會侷限幼兒不同學習潛能的發展。優質的幼
教內涵應以提供孩子完整的學習經驗為主，如果我們以家長的需
求做為課程設計的主軸，如果幼教的本質是商業導向，自然而然
的幼教理念就會蕩然無存，而呈現在下一代的問題會愈來愈多。

　　多元智能理論認為每位幼兒因為不同智力的組合，皆有不同的優勢智能，沒有只運用一套教學策略就能滿足幼兒的需求，一位教師如果想落實多元智能於教學場域，則他本身需對多元智能領域有充分的了解，配合教師靈活的教學技巧，考慮學生特質、教學現場的人力、物力資源、社會資源、學校理念、政策、行政支持及家長因素等各方面的配合，才能發展出最合宜的教學方式及課程內容。迦納博士的多元智能理論提供了幼教從業人員在幼兒教育課程時一個清楚的方向，優質的幼教課程應涵蓋各種不同的學習內涵。在此筆者要呼籲的是一份優質的幼教課程，除了豐富孩子的生活經驗之外，應該以多元智能為課程設計的藍圖，以遊戲中學習的教育理念成就幼兒完整學習的目標。老師應掌握多元智能的基本精神，將多元智能的理念統整於平日的教學中，提供學生豐富多元的學習環境，透過多元的教學活動，讓孩子的優勢智能得以發揮，並增加孩子的學習興趣，啟發孩子的學習動機，以多元智能理論做為工具，協助我們達成教育目標應是指日可待的。

參考文獻

中文部分

王為國（2000）。**國民小學應用多元智能理論的歷程分析與評估之研究**。國立臺灣師範大學博士論文，未出版，臺北市。

王為國（2001）。多元智能理論在幼兒教育之應用：以光譜計畫為例。**臺灣教育**，606，10-20。

教育部（1987）。**幼稚園課程標準**。臺北市：教育部。

田耐青（譯）（2002）。**統整多元智慧與學習風格**。臺北市：遠流。

吳武典（2003）。多元智能與學校經營。**教育研究月刊**，110，20-40。

吳武典（2006）。師資培育的正思與迷思。**臺灣教育**，638，2-6。

李平（譯）（2003）。**經營多元智慧：開展以學生為中心的教學**。臺北市：遠流。

林心茹（譯）（2005）。**活用多元智慧：哈佛零方案MI研究成果：41所學校的成功秘訣與最佳課程範例**。臺北市：遠流。

張英鵬（2006）。多元智能模式應用在身心障礙教育之綜合討論。**特殊教育文集**，8，35-62。

張景媛、呂玉琴、何縕琪、吳青蓉、林奕宏（2002）。多元思考教學策略對國小數學教學之影響及教師專業成長模式之建構。**教育心理學報**，33（2），1-20。

教育部（2012）。

莊雯心（2002）。**多元智能教學研究光譜計畫在班級實施歷程分析**。臺北市立師範學院碩士論文，未出版，臺北市。

郭靜姿（2006）。**多元智能與解決問題能力充實方案對學前資優幼兒的教學成效研究**（3/3）。行政院國家科學委員會專題研究計畫（NSC94-2511-S003-003）。

陳伯璋、盧美貴（1991）。**開放教育**。臺北市：師大書苑。

陳密桃、陳埩淑（2004）。多元智能理論在幼兒品格教育教學上的探討。**教育研究月刊**，110，48-56。

陳慶斌（2004），高職聽障學生數學多元智能教學之嘗試。**教育研究年刊**，12，133-144。

黃娟娟（2003）。**多元智能課程發展之行動研究**。國立中正大學碩士論文，未出版，嘉義縣。

黃榮真（2006）。由多元智慧觀點探析學前融合班幼兒音樂教學活動之設計。**特殊教育研究學刊**，000（030），261-282。

詹文娟（2001）。多元智能之教學原則與幼兒多元管道學習。**國教新知**，48（2），44-49。

鄒小蘭、盧台華（2009）。一名國小學習障礙資優生之優弱勢分析探討。**資優教育季刊**，112，8-19。

蔡明富（1998）。多元智能理論及其在教育上的應用。**臺南師範學院初等教育學報**，11，305-334。

盧美貴（1991）。**幼兒教育概論**。臺北市：五南。

盧素碧（1990）。**中日新頒幼稚園課程標準之剖析**。日本：日本文部省。

賴坤弘（2002）。淺談檔案評量：另一種優質的學習評量。**國教之友**，53（3），57-64。

鞠宗紋（2011）。**從多元智能及學習風格角度探討圖像教學對兩位身心障礙幼兒語言學習之成效**。臺中教育大學碩士論文，未出版，臺中市。

鞠宗紋、魏美惠（2012）。以圖像教學檢視身心障礙幼兒多元智能及其發展。**幼兒教保研究期刊**，9，103-122。

魏美惠（2002）。**孩子的能力與學習：從多元智能談起**。臺北市：一家親文化。

英文部分

Armstrong, T. (1994). *Multiple intelligences in the classroom*. VA: Association for Supervision and Curriculum Development.

Bomberger, J. (1982). Growing up prodigies: The mid-life crisis. *New Directions for Child Development, 17*, 16-78.

Campbell, L., & Campbell, B. (1999). *Multiple intelligences and student achievement: Success stories from six schools*. Alexandria, VA: ASCD.

Checkley, K. (1997). The first seven and the eight. *Educational Leadership, 55*(1), 8-13.

Chomsky, N. (1980). *Rule and representations*. New York, NY: Columbia University Press.

Feldman, D. H., & Gardner, H. (1989). *Project spectrum: July 1987-June 1989*. Final Annual Report to the Spencer Foundation.

Gardner, H. (1983). *Multiple intelligences*. New York, NY: Basic Books.

Gardner, H. (1991). *The unschooled mind: How children think & how schools should teach*. New York, NY: Basic Books.

Gardner, H. (1993). *Frame of mind: The theory of multiple intelligence*. New York, NY: Basic Books.

Gardner, H. (2000). *Intelligence reframed: Multiple intelligence for the 21st century*. New York, NY: Big Apple Tuttle-Mori Agency.

Kimura, D. (1973). The symmetry of the human brain. *Sci. Amer.*, *228*, 70-78.

Klaus, M., & Kennell, J. H. (1982). *Parent-infant bonding*(2nd ed.). St. Louis, MI: C. V. Mosby.

Lazear, D. (1991). *Seven ways of teaching: The artistry of teaching with multiple intelligences*. Palatine, IL: IRI Skylight Publishing Inc.

Mailer, N. (1977). *The beauty of sport: A cross-disciplinary inquiry*. Englewood Ciffs, NJ: Prentice-Hall.

Piaget, J. (1952a). *The origins of intelligence in children*. New York, NY: International Universities Press.

Piaget, J. (1952b). *The child's conception of number*. London, UK: Humanities Press.

Quine, W. V. (1966). *The scope and language of science: In the ways of paradox and other essays*. Cambridge, MA: Harvard University Press.

Rubinstein, A. (1973). *My young years*. New York, NY: Alfred A. Knopf.

Schonebaum, J. A. (1997). *Assessing the multiple intelligences of children who are deaf with the discover process and the use of American sign language*. The University of Arizona. AAC 1387962.

Thurstone, L. L. (1938). *Primary mental ability*. Chicago, IL: University of Chicago Press.

Vygotsky, L. (1978). *Mind in society*. Cambridge, MA: Harvard University Press.

Whitehead, A. N. (1948). *Science and the modern world*. New York, NY: New American Library.

13 情性發展、社會智力與情意教學

一、前言

　　1960 年代，歐、美興起一股「反智」的熱潮，反對傳統教育上過於重視課業學習，而忽略了學生的情性發展。歐、美國家在這股「反智運動」的風潮下，開始對教育的內涵有了一番的反省與改革。一些較具人性化、以人本為主的教學方法，如「開放教育」、「華德福教育」及「夏山學校」等學習模式於是受到歡迎，而在教育內容上也較先前重視學生的情性需求及學習態度。可惜的是，西方國家重視測驗（test）的結果，導致一般學校仍然無法在認知、情性及技能三大領域上得到均衡的學習。許多美國學者一再呼籲營造一個尊重、具有美德的教室，讓孩子從中學習、薰陶（Miller & Pedro, 2006）。美國教育部（The U.S. Department of Education）也深刻體認到品格教育的重要性，積極在 12 州推廣品格教育，雖然無法達到標竿立影的成效，但多數學校宣稱學生的行為表現有顯著性的改變。著名學者柯柏格（Kohlberg, 1976）的道德發展理論即主張孩子在較高的道德推理情境中成長將有助於個人道德層次的進階，因此愈早實施品格教育有助於兒

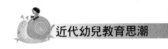
童的道德發展。

東亞國家如臺灣、中國大陸、韓國及日本等，由於課業壓力及聯考制度的推波助瀾下，比歐、美國家更不重視學生的情性發展。學校及家長們在得失心的驅使下只強調孩子的學業表現，而忽略了教育重要的使命在於培養學生健全人格及啟發各種學習潛能。長期以來，我們在考試制度及西方優勢文化的影響下，誤以為人類的學習潛能，也就是智力，是單指課業上學習認知的能力而已，這是對智力內涵的偏見。美國學者Sternberg（1984）就極力主張個體的社會行為能力及情性發展上的學習能力亦是智力組成的重要面向之一，他將這種能力稱之為社會智力（social intelligence）。

本章的重點在於介紹社會智力與情性發展的意涵及其重要性，它們之間的關聯性。同時，探討國內在幼兒階段如何實施情意教學或品格教育，以提升幼兒正向情性特質及社會智力。又父母親的教養方式如何影響兒童社會智力及情性的發展。

二、情性發展的意涵

情性發展（affective development）或稱情感發展，是指一個人情緒、感覺、性情、態度、價值觀、人生觀……等等各方面的發展。個體內在情性發展的成熟會直接影響到一個人在社會上的角色扮演。換言之，情性發展是社會智力的基礎。在當今社會遽變的速食文化中，一般人很容易忽視情性發展的重要性，情性發展成熟的個體較易具有「利社會性」的人格特質，例如：積極、進取、易於與別人分享、開朗、合群等等。

情性發展在狹義上是指一個人情感的發洩,如喜、怒、哀、樂及性情的表現,而在廣義上則泛指一個人的個性、人格特質、自我形象、心理狀態、人生態度、人際關係、社會適應力等等。個體的情性發展深受外在環境的影響,雖然無可否認的,人一出生即或多或少具備有某些的個別差異,顯示出獨特的人格特質。然而,愈來愈多的研究證實,後天的環境對兒童情性發展有舉足輕重的關係。遺傳可能會決定孩子原有的氣質(temperament),然而這種特質會因外在的環境慢慢被淡化,而外在的學習環境或人生際遇會漸漸扮演起塑造人格特質的重要角色(Rutter, 1981)。

情性發展的大師佛洛依德將人格的形成分為三個要素,即本我(id)、自我(ego)和超我(superego)。「本我」是一種本能的衝動、生物性的滿足,不受制於道德的約束,佛氏認為這是人格結構中最重要的。「自我」則是處於「本我」與現實環境之間,它是理性的,遵守現實社會的規範,壓抑「本我」生物性本能的衝動。「超我」代表完美無缺的道德倫理。依據佛氏的論點,「超我」具有監督個體行為的功能,當「自我」約束不了「本我」的衝動,經由「超我」的審判,「自我」會顯得不安及罪惡感(李丹、劉金花、張欣戊,1991)。

佛洛依德認為一個人的人格發展與其是否得到性滿足有很大的相關,他將性本能視為一種發展的力量,他的論點引來很多的爭議,雖然佛氏的人格發展理論強調本能的作用,但他同時也特別強調父母對兒童的教養態度及早期兒童心理健康教育對於情性發展的重要性。

美國學者艾瑞克森試圖從文化、社會及心理發展的觀點去闡

釋人格發展的八個重要階段。這八個階段會出現在不同的年齡層（如表13-1所示），而在每一個階段裡會出現人格成長上的危機與衝突，例如：在第一階段（出生至16個月左右），會出現信賴與不信賴（trust v.s. mistrust）的危機，幼兒們經由與外在的接觸，尤其是與母親或養育者之間的關係建立「信任感」，這是情感發展的要素之一，也是人格發展的基礎。信任感的建立會直接影響孩子將來安全感的建立。艾瑞克森呼籲為人父母者必須重視親子關係，尤其是嬰兒與母親之間的依附關係。

艾瑞克森認為人是社會性的動物，個體的人格發展端視外在

表13-1　艾瑞克森心理社會發展的八個階段

心理社會的危機	年齡範圍	積極的結果
基本的信任感對基本的不信任感	嬰兒	安全感的獲得
基本的自主感對基本的羞恥感與懷疑	嬰幼兒	獨立和自主的能力
基本的主動感對基本的內疚感	學齡前期幼兒	主動、積極、進取之性格
基本的勤奮感對基本的自卑感	學齡兒童	勤奮、掌握各種技能
基本的認同感對基本的失落感	青少年	自我角色認同
基本的親密感對基本的孤獨感	成年早期	與人交往、愛與被愛的能力
基本的繁殖感對基本的停滯感	成年中期	自我實現
基本的自我整合感對基本的絕望感	成年晚期	性格成熟、充實的感覺

資料來源：參考李丹、劉金花、張欣戊（1991：424）。

環境的刺激，如果我們能了解人生各個階段可能出現的危機，而以積極正確的態度面對它，則可成就自我，克服各個階段可能出現的負面情性因子，使自己的人格朝向正向人格發展。

人本心理學之父馬斯洛認為，個體要擁有健康的心理必須先滿足人類五大基本需求，這五大需求如下。

（一）生理的需求（physiological needs）

指飢餓、口渴、感官……等方面的基本需求。依據馬斯洛的說法，這種生理的需求雖然是屬於較低層次的需求，但卻是人格健全成長最基本的需求，所謂的「衣食足知榮辱」意即此。

（二）安全的需求（safty needs）

指心理上的安全感或外在的安全環境。個體如果長年處於恐懼的環境下，則情性發展會受到阻礙，不易信任別人，會有失落感，易於退縮、逃避。

（三）愛與隸屬的需求（love and belongingness needs）

每一個人都希望在「愛」的環境裡成長，能愛別人也能被別人所愛，能和別人建立良好的關係，被別人所認同，隸屬於某些團體。當這種需求不能得到滿足時，則易產生挫折、失落感而與社會顯得格格不入，會有孤僻自憐的傾向。

（四）自尊的需求（self-esteem needs）

指自我尊重及他人對自我的尊重。馬斯洛認為每一個人都需要被別人尊重，從中建立自信心之後，進而自我尊重，對自己的

人生才能充滿希望，並肯定自己的價值，建立良好的自我形象（self-image）。當一個人的自尊受到損傷時，則會顯得自卑、脆弱、無助、消極。

（五）自我實現的需求（self-actualization needs）

人生的目的是在追求自我實現，在不排斥或不侵犯別人的前提下，充分的發揮自己的才能。然而，要達到自我實現必須有自我認識的能力，知道自己的優、缺點及長短處，如此才能掌握自己的生活命脈，滿足自我實現的需求，這樣生命才會顯得多彩多姿。同時，藉由自我實現的過程中提升自己的人格，當自我實現的需求未能滿足時，則易對社會產生疏離感，生活枯燥乏味，無法建立安全的心理環境。

馬斯洛認為這五大基本需求是具有層次性的（如圖13-1所示），其中以生理需求為最低，而自我實現的需求最高。當較低層次的需求無法滿足時，那麼高層次的需求就不會被滿足。馬斯洛認為一般情性發展受挫，導致人格不健全的個體或出現心理變態行為之主要原因，在於他們的基本需求沒有被滿足。當人類的基本需求獲得滿足時，則個體在情性、認知、人際關係及社會智力上都會有好的表現（莊耀嘉、楊國樞，1991）。

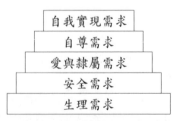

自我實現需求
自尊需求
愛與隸屬需求
安全需求
生理需求

圖 13-1　馬斯洛人類基本需求層次關係圖

三、社會智力研究的起源與定義

　　無可否認的現代人所持的智力觀深受傳統智力測驗的影響，而造成所謂「狹隘的智力觀」。往往我們很自然的會將智力與學業成就連結在一起，總認為智力是單指一種課業上的學習潛能。其實不然，學業智力只不過是智力組成的一部分，並非全部。美國學者 Brown 及 Sternberg 皆主張智力應包括社會學習認知能力，Zizlor 和 Tricket 認為我們應該由社會能力的角度去探討智力的組成。

　　到底什麼是社會智力？早在 1936 年，美國學者桑戴克即主張社會智力和學業智力是兩種獨立存在的智力型態。智力研究專家包括 Strang（1930）、Wedeck（1947）、Wechsler（1958）及近代的 Sternberg（1984）及迦納（Gardner, 1983）等多位學者都強調社會智力的重要性。他們對於社會智力在定義上有少許的不同，但基本上他們認為社會智力是：

　　1.洞察別人心思，察言觀色的能力。

　　2.與人相處，建立友善關係的能力。

　　3.了解社會規範，言行舉止表現合乎時宜。

　　4.適應新環境的能力。

　　5.對於社會活動的參與力。

　　6.適應社會的一種生存能力。

　　7.善解人意，易於與他人相處的能力。

　　8.自我認識的能力。

　　簡言之，社會智能是一種適應社會生活及與人相處的能力。

多位學者（Beardslee, Jacobson, Hauser, Noam, & Powers, 1985）指出，社會智能是一種適應（adapt）的能力，而適應本身是一錯綜複雜的個體與環境問題的動態協調過程，這其中包含壓力的因應、問題的解決及有效策略的應用，適應的歷程除了可促進個體對環境的適應外，也可激發個體自身的發展。首先，我們必須對「適應」一詞的涵義加以釐清。基本上適應可分為主動及被動兩個層面，主動的去適應社會環境，意指以較積極的態度試圖去掌握自己生活的命脈，嘗試改變自己認為不合理或不滿意的生活情境。這除了需要應用高度的社會智能之外，也需要有相當的道德勇氣。一個人除了必須對於自我的能力、優缺點有充分的了解外，也需要對整個外在客觀的情境有深入的了解，如此方能在評估得失時懂得拿捏，而不致於在面對太多挫折之後有社會適應不良的現象。被動的去適應社會，意指改變自己（主體）去適應任何外在（客體）的情境。被動適應社會的人往往被誤解是社會適應力強的人。事實上，這種人未曾嘗試改變周遭環境，只是被動的承受不同的人生際遇。嚴格說來，這種被動式的社會適應力，在社會智力的應用上並不及主動式的社會適應力。

多數學者強調社會智能是我們在邁向成功人生上的不可或缺的能力（Goleman, 1995; Jones & Day, 1997）。長久以來在教育機構裡，社會智能往往被認定為是一種重要的，但卻被忽略的能力（Wong, Day, Maxwell, & Meara, 1995）。美國學者 Greenspan 在1979 年指出社會智能是個人對社會和人際事物的了解與有效處理的能力，社會智能包含了三項能力：社會敏覺（social sensitivity）、社會洞察力（social insight）、社會溝通（social communication）（引自邱金滿，1998）。學者 Albercht 針對過去關於社會

智能的文獻做出了統整,他提出社會智能是能與人相處融洽並讓他人與自己合作的一種能力,包含了社交技巧、自我覺察及與人互動方式的自我評估(引自Salopek, 2004)。

社會智能同時也是一種自我效能的表現,它也包含了「自尊」的部分,也是一種「自我評價」,主要是針對自己的表現是否符合預期,是否達成所設定的目標;另一方面是伴隨著自我評價的結果而產生對自己正負向的心理感受,是屬於自尊的情感層面(Hoyle, Kernis, Leary, & Baldwin, 1999)。高自尊的人對自己的評價較正向,喜歡自己,對自己感到接納與滿意。Deci與Ryan在1995年指出個體自尊是決定一個人生活適應能力的重要因素,自尊除了反映人對自己能力及價值感的肯定外,也幫助個體適應挫折帶來的影響與衝擊(引自劉樹斐,1999)。

研究顯示內外控信念會影響自我肯定,內控者傾向於較自信、獨立的、有洞察力且對自己較了解。自我肯定者的行為表現在於能同時兼顧自己和他人的權利,能適當的表達個體內在情緒並尊重他人意見,擁有較積極的人生態度(林彥如,2002)。Alberti與Emmons(1992)也指出,一個人經常表現出害羞、膽怯、讓別人替他做決定、自尊較低、經常感到焦慮等等,都不是自我肯定的表現。

著名的智力學者迦納所提出多元智能理論,其中「內省智能」是一種自知與自處的能力,側重於對自己的了解與自我省思的能力,同時也是對自己情緒的了解與掌控的情緒管理能力(吳毓瑩,1997;魏美惠,2002;Jones & Day, 1997);而「人際智能」是指與別人相處的能力,是一種了解別人、洞察別人心思及意圖的能力。內省智能及人際智能皆屬於做人的能力,也是廣義

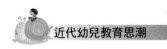

社會智能的一部分（蘇逸珊，2002；Romney & Pyryt, 1999）。

　　社會智能所含蓋的範圍廣泛，包含了社會覺察（social perception）、社會知識（social knowledge）與社會行為（social behavior）（Wong, Day, Maxwell, & Meara, 1995）。Stenberg 與 Caruso 在 1985 年也曾提及，社會智能尚需包含實踐的能力，即社會智能不僅止於知識層次，也是一種可以適當回應工作目標的技能（real-word competence），徒有知識卻不能應付實際狀況的人，還不能算是具備了社會智能（引自臧國仁、鍾蔚文、楊怡珊，2001）。是故，社會智能包含個人已內化的知識經驗，也包含了實際行為的表現。社會智能較高者，無論是處理日常生活事務、經營人際關係、達成工作目標或是適應生活及自我情緒管理上都會有出色的表現。

　　美國學者 Ford 與 Miura（1983）的一項研究報告裡指出社會智力主要包括四種能力：第一種能力是能察言觀色，知道別人的需要是什麼，也就是能重視別人的存在，這種能力他們稱之為「利社會性行為」（prosocial skills）。第二種是指處理事情的一種決策能力，也就是處事果斷，不至於優柔寡斷、拖泥帶水，能克服困難。擁有這種能力的人往往會是團體中的領袖人物。這種能力稱之為「社會建設性行為」（social-instrumental skills）。第三種能力指「社會適應力」（social ease），泛指一個人對社會的參與力及這個人是否熱衷於社會活動。擁有這種能力的人能與各種不同性格的人相處，也能與人分享生活的點滴。最後一種稱之為「自我肯定的能力」（self-efficacy），也就是說一個人是否擁有自信心，是否能肯定自我的存在價值，並勇於嘗試新的人生經驗，而不致於固守成規，退縮不前。表 13-2 是 Ford 與 Miura 研

表 13-2　社會智力成熟的要素

利社會行為	是否注重別人的感覺（善解人意，有同情心）。 尊重別人及他們的看法（心胸開闊，寬容，不論斷別人）。 具有社會責任感（樂意去面對或適應大眾認同的社會規範及道德標準）。 重視別人的需要（樂意幫助人，友善，心智成熟）。 是否真心關懷別人。 是否能給與別人精神上的支持（溫暖、有愛心）。 可以相信的人（值得信賴、誠實）。
社會建設性行為	知道如何處事（有能力、聰明、博學多聞）。 有好的溝通技巧（能傾訴，表達自己的意見）。 有積極的人生觀（自我成長、有人生目標）。 能處理困境（冷靜，能接受批評，承認錯誤，面對失望）。 有領導能力（可以控制情境，肯定，堅強）。
社會適應力	是否易於相處（友善，欣愉，自在）。 是否能適應群體生活（能和不同性格的人相處，可以很容易的適應不同的社交場合）。 喜好參與社會活動（喜歡人群，也喜歡和他們相處）。 坦誠面對別人（願意與別人分享自己的感覺）。
自我肯定的能力	能自我認同，有自己的價值觀（獨立、自主、自我依賴）。 有好的自我形象（喜歡並尊重自己，肯定自我的存在價值，有自信心）。 是否樂於接受新的情境（喜歡挑戰性，不斷學習，自我成長）。 對人生有好的憧憬（樂觀、肯定、熱心）。

資料來源：Ford & Miura（1983: 192）。

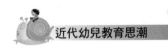

究結果所整理出來關於社會智能應具備的不同要素，可以幫助我們對社會智力有更一步的認識。

🎈 四、社會智力的評量

在社會行為智力的研究上，有兩派學者持不同的見解。Gesell 和 Amatruda 這兩位醫學專家以醫學的觀點主張，社會智力的高低主要決定於個體內在的基因。高度社會行為的表現，是一個人內在情性成熟的表徵。他們認為這種內在的特質並非每一個人都能達到成熟的階段。這種論點和皮亞傑的智力理論有點雷同，皮亞傑主張人的智力成長必須經由四個階段，即「感覺動作期」、「前運思期」、「具體運思期」、「抽象運思期」。但皮亞傑認為並非每個人都能達到最後一個階段。另一方面 Gesell 和 Amatruda 也指出一個人是否適應社會，易於與人相處，又是否擁有正面的社會性行為，包括合群、進取、友善、誠實等，主要在於內在控制這種情性發展的基因是否成熟。而這種基因的成熟與否和腦神經系統的成熟度有很大的相關（Gesell & Amatruda, 1941）。

Doll（1953）也指出，人基本上有一種內在的動能促使社會智力的發展。這和 Spearman 智力理論裡控制智力高低的智力遺傳基因相似。他們的主張較接近先天論者，也就是他們相信遺傳基因掌控了我們的外在行為表現。總之，這派學者主張外在環境並不會對一個人的智力成長有太多的影響，只要一個人內在的社會智力成熟，不論處於任何不同的環境，即使不同的文化背景，接觸不同的民情風俗，也會表現出相當成熟度的言行舉止。基於

以上這些論點，他們認為人類有很多內在的情性特質可以經由適當的量表評量出來，如合群性、自我肯定的程度、人生觀等，經由這些特質可以預測出一個人社會智力的高低。早期廣為引用的「文蘭社會成熟量表」（Vineland Social Maturity Scale）（Doll, 1965）即是一種評量社會智力的指標。

　　另一派學者則從另一個角度去探討社會智力，他們較強調個人外在的行為表現是否合乎社會規範，而不去探討內在特質是否成熟。這派學者認為社會智力深受文化因素的影響，社會智力是一種對不同環境的外在學習能力。他們認為不同的社會制度、家庭結構及教育體制會導致不同的社會期盼、道德規範及價值觀。每一個大社會之下會有不同的組成單位，如學校、家庭、教會、公司等等，這些不同的小團體有不同的道德行為準則，例如：在臺灣適應良好的人不見得能在美國社會生存的很好，都市長大的孩子不見得能適應鄉村生活，反之亦然。一個人對於外在環境的適應力即是這個人的社會智力。這裡必須加以澄清的是，這兩派對社會智力研究的學者雖持有不同的見解，但基本上他們是相輔相成，並不是彼此對立的（Sternberg, 1986），我們可以看得出他們試圖從不同的角度了解社會智力的意義。

　　一般說來，如果你對社會智力有所認識，那麼要去判斷一個人社會智力的高低並不難。不曉得你是否曾經有過這種經驗，那就是當你與某人在一起時，即使是第一次見面或是在較正式的場合，他都會主動打開話題，他能洞察你的心思，懂得察言觀色，他甚至給你一種一見如故的感覺，這種人能很快的與人建立良好友善的關係。相反的，也有一種人不管你們認識多久，你總會想避開他們，原因可能是這個人太退縮，讓你有不自在的感覺或者

是常常喜歡在言語上攻擊別人，或是與之相處時會有不受重視或不被尊重的感覺。

評估社會智力其實並非不可能，有很多的社會成熟量表、社會適應力及人格量表都可以有效的評量出一個人的社會智力。當然前提必須考慮這些量表使用在不同文化時，是否仍然有很高的信度及效度，也就是量表本身的穩定性及正確性。有很多學者專家不贊成我們可以如學業智力般的利用量表評量出一個人的社會智力，他們認為社會智力並不是一種經久不變的特質，我們如何能利用量表去評估一個人是否適應良好。適應的好壞具有很深的文化色彩，例如一個自我中心較強的人，可能在一個學術研究機構可以適應得不錯，但如在軍中服役可得吃上不少的苦頭，而顯得適應不良。誠如美國一些學者專家（Cleary, Humphreys, Kenrick, & Wesman, 1975）所說的，社會智力往往會因時間及地點而有不同的標準，利用量表去評量社會適應力顯然會缺乏效度。而且這些量表的題目出得太大，所測量的特質涵蓋的範圍太廣，則會顯得太籠統而失掉測量本身的意義，例如：類似「我具有社會責任感」這樣的題目。反之，如果將題目訂得太細，則許多情境題並不適用於每一個人的現況。

雖然很多學者專家對一般社會智力量表的信度及效度抱著質疑的態度，但卻也有很多研究肯定了社會智力量表能有效的評估出一個人的社會適應力。Ford 與 Miura（1983）的研究裡發現，自我肯定的程度與社會智力有很大的正相關。自我形象較高的人對社會的參與力較強，而擁有較負面自我形象的人往往是學校輔導老師需特別關懷的對象。研究報告更進一步指出，利用「兒童適應行為量表」（Adaptive Behavior Inventory For Children）能有

效的評量出具有不同文化背景受試者的社會智力。美國學者 Mercer 和 Lewis 同時給三個不同文化背景（美國、墨西哥、美墨混血兒）及不同年齡的受試者做「兒童適應行為量表」（ABIC）及「魏氏兒童智力測驗」（Wechsler Intelligence Scale for Children），研究結果發現「兒童適應行為量表」的穩定係數，也就是信度，並不比傳統「魏氏兒童智力量表」低，兩種量表並不受限於文化差異，他們都具有相當高的信度（Mercer & Lewis, 1977）。

我們可以有效的評量出社會智力，也有可能會徒勞無功，重要的是我們是否慎選我們的評量工具。這種量表可以幫助我們自我認識及當做學校老師輔導學生的指標之一。學校可以同時引用多種社會智力量表去評量學生的社會智力以增加測驗的同時效度，讓這種測驗更加的客觀，而不至於成為智力測驗以外的另一種枷鎖。

五、情性發展與社會智力的關係與重要性

（一）情性發展與社會智力的關係

基本上，情性發展（affective development）包含了社會（social）和情感（emotional）兩方面的情性需求，它與社會智力可以說是一體兩面，指同樣的一種特質，只不過學者專家們試圖從不同的角度去剖析人類的特有需求及能力。學者 Salovey 與 Mayer（1990）把情緒智力視為社會智力的一種，而情性發展是社會智力的基礎，他們認為社會智力就像是設置在我們體內的人際

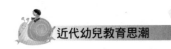

探測分析儀，它可以讓我們了解他人的感受，並做出適切的回應，社會智力能增進我們與他人有良性的互動，與他人維持良好的關係。

情性發展強調個體內在的一種特質，它是人格健全發展的要素之一。依據佛洛依德、艾瑞克森及馬斯洛的論點，個體情性是否能健全發展，端賴外在環境是否能滿足各個發展階段的特有需求，尤其是兒童階段。情性發展除了強調個體情緒的宣洩及情感的需求之外，也同時強調在社會中與人相處中所具備的特質，包括人生觀、合群性、價值觀、社會適應力等等。

社會智力的高低端賴個體情性發展是否成熟，它們兩者之間有著密不可分的關係，我們可以說情性發展是社會智力的基礎。當然遺傳先天論者可能會認為社會智力的高低可以決定一個人的情性發展。根據一些學者專家的說法，個體情性發展的情形及社會智力的高低是可以經由一些人格及態度量表評量出來（Ford & Miura, 1983）。

（二）情性發展與社會智力的重要性

在 21 世紀的今天，人類科技昌明，資訊發達，然而在人性的考驗上卻面臨極大的挑戰，工業及科技高度發展的結果，使得人與人之間的關係顯得格外的疏離與冷漠。尤其是犯罪率的提高及犯罪年齡逐年降低給社會帶來無限的隱憂，檢討其主要的因素在於，一般民眾漠視情性發展的重要性。家庭、學校及社會不能提供一個激發正向情性發展的良好環境，教育也沒有發揮啟迪人性、培養身心健全國民的功能。人與人之間缺乏相互關懷及互相信任的情誼。社會道德的淪喪使得社會上層出不窮的變態行為出

現：弒親、吸毒、兒童虐待、亂倫、青少年飆車殺人事件等等，這都是個體情性負面發展之下的結果。

　　近年來，由於國內社會亂象與治安敗壞，品格教育日益受到教育界關注。愈來愈多的研究顯示，早年情性發展及個人角色認同未能得到充分的發展，未來將會對個人、家庭及社會帶來嚴重的問題（Kessler, 2000; Plotkin, 2003）。日本一大企業家說：「你的專業能力不好，我可以教你；你的品格不好，我不敢用你」。社會智能會影響個人的社會適應能力，社會智能較高的人，不論在生活事務的處理、人際關係的經營、生活環境之適應，人生觀，工作目標的達成及情緒管理上都會有較出色的表現（魏美惠、梁馨孺，2008）。教育的功能除了在傳道、授業、解惑之外，也肩負起啟迪人格、發揚人性的重要功能。未來決定孩子一生快樂幸福的，並不是他的學歷或是事業上的成就，而是在面對挫折時，依舊能自信樂觀。然而，環顧今朝世界各國在教育功能的發揮上往往侷限於認知的學習及知識的傳授。事實上，教育至少具有認知、情感及技能等三個主要的領域（Krathwohl, Bloom, & Masia, 1964）。「情感」所涉獵的就是所謂的「情性發展」，通常我們在教育機構會經由「情意教學」及「品格教育」來達成。

　　近幾年來，我國大力提倡教育改革，致力於培養學生帶著走的能力，但可惜的是我國教育偏重於認知能力的發展，而忽略了學生在情意及品格方面的養成。九年一貫課程改革後，由於只強調學生課業，而將德育放入綜合活動中，品格教育明顯被邊緣化。然而，品格教育是學校教育中非常重要的一環，擁有良好的品格是建構優質善良社會的基石，也是教育人員與家長首要的教

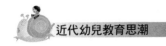

育課題（黃德祥、謝龍卿，2004）。

重視學業成效甚於品格教育的現象是目前世界共同的趨勢。現今多數家長在意孩子的考試成績與才藝學習，明顯的忽略孩子的品格教育、生活紀律與規範。美國國家教育協會（National Education Association），一再呼籲學校的職責不應輕品格而重視學業，可悲的是多數的學校仍以學業表現為辦學成功的指標，很少有學校能肩負起品格與學業兩種教育功能（Benninga, Berkowitz, Kuehn, Smith, 2006）。

綜合上述，我們知道未來教育走向必須以「人」為中心，教育應注重個體情性發展，以人為教育的根本、教學的中心。同時也應培養學生適應社會生活的社會智力。著名的人本心理學者羅傑斯認為教育界目前面臨到極大的挑戰，而如何教出具有愛心及正義感的下一代，則關係到國家及全人類未來的發展。然而，令人擔憂的是教育制度變化有限，無法順應時代潮流的趨勢，也未能順應社會的真正需要。羅傑斯主張人本教育，將「人際關係」融入教學內容及過程中，並重視情感及認知雙方面並行的學習，使學校成為肯定個人存在價值及發揮人性光輝的場所（引自許惠珠，1987）。

六、如何在幼兒園階段有效實施情意教學

情意教學是指能啟發兒童正向情性發展的教學內涵，其目的在於把握幼兒情性發展的關鍵期，培養其正確的人生觀及良好的生活態度，同時也希望為將來儲備社會生存及與人相處的能力。情感教育（affective education）、情意教學（affective teaching）

或品格教育目的都在促進人格健全成長及激發個體情性朝向光明面發展。佛洛依德主張兒童階段是個體情性發展的關鍵期，幼兒的經驗足以影響一生的人格發展。今日的兒童雖然在物質生活上非常富裕，然而精神生活上卻顯得相當匱乏，職業婦女的增多、單親家庭的危機、生存競爭的壓力、自然資源的減少導致生活空間受到限制，小家庭增多及家庭功能的喪失等等各方面的壓力造成兒童情性發展受到極大的考驗（黃月霞，1989）。幼兒園的學習應以情意教學及品格教育為重點，以利於兒童情性發展，奠定將來各方面的學習基礎。以下將分別針對我國幼兒園階段的課程規劃及教學原則提出建議。

（一）課程設計應以啟發學童情性發展為主，認知學習為輔

國內一般中小學，甚至大學階段都有輔導學生情性發展相關的課程，例如生活與倫理、公民與道德，也有導師的制度，以輔導學生在學習及生活上的困難。然而很明顯的，在整個學校的學習過程中，這些與情意教學相關的科目往往流於形式，無法發揮其真正的功能，而導師制度也往往偏重於課業學習上的輔導。

幼兒園階段不同於其他階段的學習，學校除了不該教授寫字及算術之外，在課程的設計上應以兒童情性發展及社會智力的培養為主，而以認知學習為輔。換言之，課程內容應儘量讓兒童能自由的表達自己的情感或增進與同儕之間相處的能力，例如：兒童戲劇、幼兒遊戲、律動、工藝及體能活動……等等。除此之外，教師也可以每天利用一些時段讓小朋友們分享家庭生活的點滴，除了可以藉此增進彼此之間的感情，教師也可以藉由「分享

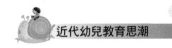

時間」進一步了解幼兒的家庭生活狀況。

（二）教師必須具備有人本教育的精神及敏銳的觀察力

　　幼兒園老師是否能善解人意、主動的關懷學生、是否具備有人本教育精神及敏銳的觀察力是推行情意教學成敗的關鍵。羅傑斯主張教師必須具有人本教育的三種精神，即真實、尊重及了解，他認為這三種精神是促進學習的三大要素。換句話說，一位言行一致、不刻意塑造老師的權威、能真實表達自己感受及情緒、能信任、尊重學生及感人之所感、具備有同理心的老師是施行情意教學成敗與否的關鍵。具有人本教育精神的老師較能接受學生的意見，尊重學生的個別差異性，較易讚美及肯定學生的表現，同時上起課來較為生動、活潑，這些都是「情意教學」不可缺乏的催化劑。其次，老師必須能具有敏銳的觀察力，能從兒童的言行舉止中評量其情性發展的狀況，主動關懷並給與適當的啟發及輔導。

（三）多方面建立對「情意教學」重視的共識

　　情意教學的推廣及其目標之達成不能只靠老師孤軍奮戰，必須幼兒園負責人、全體師生，尤其是家長們極力的配合並給與支持。不可忽視的是，現今社會和媒體到處充斥著血腥和暴力的畫面，電視新聞常傳播的是不健康的訊息，在耳濡目染的環境下，成為孩子品格教育的負面教材。尤其近年來由於家庭結構的改變、單親家庭的增多、社會的變遷，家庭功能的式微。因此，情意教學及品格教育的實施更是當務之急（魏美惠、戴秋蓮，2012）。然而，推廣「情意教學」的最大阻力在於國人長期處於

學業競爭及升學壓力的環境下，忽略了「情意教學」的重要性。事實上，情性的正面發展有助於認知學習，不論其先後秩序及其重要性，情意教育都應居於優先被重視的地位。

　　學校必須以教育人員的身分主動的經由各種管道宣導「情意教學」的重要性，以建立共識，例如：可以利用親職研習或座談的機會加以推廣，如此才能有效的實施「情意教學」。

七、品格教育的內涵及實施方式

（一）品格教育的內涵

　　品格教育在於教育學生知善、行善，並內化成習性的歷程（黃德祥、謝龍卿，2004）。品格教育主要的目的在於幫助孩子表現個人特質，積極開發自己的潛能，並進一步從學習中促進自我了解、尊重他人、關懷社會。在幼年階段若能建立良好的品格，未來就能適應新環境、應付生活中的許多挑戰（陳密桃、陳埩淑，2003）。學者曾志朗也強調，塑造學生具備積極樂觀、奮發向上等正向特質與生活態度，是優良品格的最基本要求（引自黃德祥、謝龍卿，2004）。

　　品格教育是一項長期的道德教育過程，需要透過持續的教學、示範、學習與實踐，以涵化個人的心性。家庭、學校是培養良好品格的場所，尤其以學校為個體社會化最重要的場所，在道德養成與品格塑造的過程更扮演關鍵的角色。成功的品德教育可減少學生問題，促進社會和諧發展。品德教育是教育的一環，也是教師的職責，藉由品德與學業發揮相輔相成之成效，更能成就

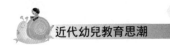

卓越優質之個人與和諧互助的社會（李琪明，2004；邱紹一、李
介至，2004）。

（二）國內幼教界品格教育之實施現況

魏美惠（2002）指出，教育的功能不應只侷限於知識的傳
達，亦應著重於道德、品性的提升。然而，目前坊間多數幼兒園
為了符合家長望子成龍、望女成鳳的期望心態下，教學課程的安
排被迫以家長需求為導向，捨棄了幼教專業真正的意涵，品格教
育的實施相對顯得不足。目前國內幼教界實施品格教育較常採用
的方式，說明如下。

1. 靜思語

靜思語教學是慈濟教師聯誼會老師以「靜思語」為主軸所研
發出的道德教學方法，宗旨在於啟發孩子向善，懂得惜福、感恩
（馮厚美，2001）。此教學強調以淺顯易懂的「靜思語」讓學生
領悟做人做事的道理，範圍涵蓋生活教育、品格教育、生命教
育。教師運用簡單、好記的「靜思語」，藉由體驗、故事講述、
省思、靜思及生活體驗，教導孩子懂事講理，並能將所學落實於
生活中，是一種潛移默化的教育方式（洪素芬，2000；慈濟教師
聯誼會）。

2. 兒童讀經

兒童讀經是藉由經典的背誦過程中，學習聖人為人處世之
道，由聖賢書教導小朋友達到見賢思齊之效。王財貴（1985）指
出，讀經的步驟可分為複習、驗收及教讀三部分。讀經的方法主
要以朗讀方法為主，教師帶領孩子反覆唸誦，再熟背內容，讀經
過程中，著重的是多唸少講解。目前學校教師推動讀經除了上述

由教師帶領學生跟著唸之外，也發展出以接龍或分組唸誦的方式，避免讓學生對讀經感到枯燥乏味而減低學習興趣。

3. 繪本教學

　　繪本教學不但可增進幼兒的語文能力，在富有童趣的插圖與精彩的情節中，往往能吸引、感動孩子。美國學者 Lenox（2000）認為以繪本「說故事」（storytelling）的方式是種強而有力的學習方式，可以藉此幫助幼兒了解自己，學習如何與他人互動。繪本中的故事情節不僅能融入生活中，更能在孩子的內心散播尊重、欣賞與合作的種子（林敏宜，2000），例如《小恩的秘密花園》藉由故事描繪讓幼兒學習主動關懷別人，付出愛心去對待需要幫助的人。《花婆婆》藉由故事的呈現讓幼兒學習「分享」的美德。

　　研究指出運用繪本在國小或幼兒園實施品格教育，對學童的道德、情感及正向行為的提升具有正面的效益（張燕文，2006；許玉珮，2007）。國內目前以繪本融入教學實施品格教育有愈來愈多的趨勢（林慈瑋、林炎旦，2008）。同樣地，在美國教師以藉由繪本、文學著作及小說等途徑傳達「核心價值」、「良好品格」及「民主素養」的傳統，早已是不爭的事實（Bennett, 1995; Edgington, 2002）。

　　品格教育首重其在日常生活中實踐，教師不宜僅以說教的方式來教育學生，應為幼兒營造一個良好的品格學習情境。蔡孟錡（2006）的研究指出，家庭教育、學校教育及社會教育都是影響學童品格教育發展的因素，因此推行品格教育，若能結合學校、家庭及社會共同努力，必能獲致最大成效。身為幼教工作者，應深知自己肩負著對幼兒施予品格教育的使命感，自己的一言一行

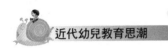

都應為幼兒樹立良好的典範，在教學活動設計時，也應適時融入品格教育課程，讓幼兒在耳濡目染的學習氛圍，建立良好的品格。

八、父母教養方式與孩子社會智力及情性發展

人是社會的產物，我們會隨著先天的差異及周遭環境的不同而發展出獨特的人格特質。不可否認的，當今的社會生活型態及家庭結構在工商業的衝擊下有了急遽的變化，為人父母在面臨子女的教養問題時，責任也就相對的加重。傳統社會中所認為「稱職的父母」，不見得可以被認同於當今的社會。現今職稱的好父母不但要提供子女良好的生活及教育環境，同時必須不斷的充實自己，吸收新的教育理念，並對子女的管教方法及態度做適時的調整，使子女能在「愛」中成長茁壯。

美國學者 Baumrind（1967）基於多年的研究心得將一般管教子女的方式分為權威式（authoritarian）、溝通權威式（authoritative）及自由放任式（permissive）等三種類型。這三種管教子女方法的不同類型與日後子女人格特質、社會智力及情性發展有極其密切之相關。以下將針對權威式、溝通權威式及自由放任式的教養類型加以探討。

（一）權威式的教養類型

這種類型的父母傾向於依據自己所定下僵化的原則去限制或約束孩子的行為。往往這種父母本身的成長環境也是屬於較嚴苛的，他們價值觀的形成常受較具權威的長者所影響。他們喜好塑

造小孩子的人格，而將服從視為一種高尚的節操，當孩子們的意見與自己相左時，這類型的父母會依據自己所認為「正確的抉擇」而予以糾正。他們講究紀律、秩序，也同樣的要求孩子們遵守紀律，對於孩子錯誤的行為，傾向於以懲罰的方式處理。根據學者 Sears、Maccoby 及 Levin（1976）的論點，為人父母者常以這種教養的方式試圖培養孩子的責任感及遵守紀律的觀念，除了藉此增加孩子的社會性（socialization）之外，也教導孩子適應家庭生活。基本上採權威式教養方法的父母較相信人性本惡的論點，他們相信人類存有劣根性必須藉由外力加以壓抑、控制及矯正，因而特別強調子女自制力的培養，例如：一個天黑不回家而在外面遊蕩的孩子，或在牆壁上亂塗鴉的孩子是基於人性好玩的本性，他們認為這種行為如不及時經由外力強加以糾正，日後易養成不負責任、不守紀律的人格，他們不認為這種行為會隨著年齡的增長而消失（Hall, Perlmutter, & Lamb, 1982）。

由於採權威式教養方式的父母較注重權威及服從觀念的灌輸，因此與子女之間的相處缺少雙向溝通的管道。這種父母基本上較不溫暖，對孩子的表現較不易滿足，不易信任孩子，並且認為自己是不會犯錯的。根據 Lamb 與 Baumrind（1978）的研究指出，這種管教方式下的孩童較易產生過分依賴的性格。女孩子在遇到挫折時容易有畏縮的傾向，而男孩子則對周遭的環境有不滿的傾向，並尋求父母保護或代為解決問題。由於這種父母處處以自己的意見為意見，對於很多社會規範及社會行為的培養並非採身教的方法，而是以教導及傳授的方式，沒能讓孩子在家庭中真正培養社會性的機會。雖然此類型的父母也非常強調負責任行為的表現，但由於強調透過懲罰以糾正錯誤行為，因此對於培養孩

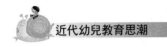

子承擔錯誤的勇氣及擔當能力較為匱乏。

（二）溝通權威式的教養類型

　　這類型的父母試圖以理性、就事論事的態度去引導孩子的行為。他們鼓勵孩子發問及參與家庭事務決策商議的過程，同時重視孩子個別差異及興趣，他們不認為一套規則可適用於所有的孩子。這類型的父母同樣的也為孩子擬定行為的準則，但會考慮孩子本身的能力及差異性。他們會以理性的溝通激發孩子正確行為的表現，而不會因循自己的情緒或孩子任意的要求而改變自己的原則。雖然溝通權威式的父母認同了權威教養方式的觀點，認為孩子的行為是該有準則而必須適當的加以規範，他們對於所訂出來孩子行為的標準，在實施上雖然嚴格，但並不主張施以強壓式的手段。懲罰孩子的不良行為雖也見於這種類型的父母，但他們同時更重視懲罰背後理由的陳述，以培養子女為自己行為負責的能力。比較起權威式的教養方式，此類型的父母較注重子女的意見，他們除了重視身教外，也會適時反省及調整管教子女的方法及態度，基本上他們並不認為自己是不會犯錯的。

　　Baumrind指出溝通權威式教養類型的父母自制力及自省力最強，他們雖對孩子有明確要求及期望，但由於講究與孩子溝通的技巧，因此這種家庭父母與子女之間往往有良好的親子關係。Baumrind（1967）在多次的研究調查中皆支持了他對這類型教養子女的見解，那就是這類型的教養方式較易培育出具有社會性和獨特性的子女，不但可以使孩子適應社會之規範，也同時不至於喪失自制力及自主性。Baumrind更進一步指出這種家庭培育出來的兒女較具有獨立自主性及責任感，在日常生活的態度上也較友

善、合作並具有學習動機。

（三）自由放任式的教養類型

此類型的教養方式完全接納、信任孩子，對於孩子的要求、表現均給與肯定及支持。他們避免用外力去限制孩子的思想、言行，並不鼓勵孩子去遵守成規。基本上此類的父母認同了盧梭的教育理念，相信人性本善，教養孩子以激發孩子內在本性的自然發展為依歸。盧梭本身就是這一類型教育家的代表，他認為教育應以兒童為本位，孩子內心具備真理，而保護兒童純真的心靈是教育的主要任務。盧梭在《愛彌兒》一書中曾語重心長的說：「無論何物在造物者手中為善，一經人手就變惡。」他極力主張教育應順應孩子內在慾望，不必加以干涉。由於相信人性本善，因此以自由放任態度教養孩子的父母，在角色的扮演上只是一個輔導者的角色，而不是一種權威形象的塑造。他們相信孩子的錯誤行為只要給與機會，即會有自我提升的自然本能。這類型的父母不主張懲罰，儘量配合孩子的個別差異，給與孩子自由成長的機會。

根據 Baumrind 和他同事共同參與的一項專業研究發現，這類型的父母親和權威式管教子女的父母親一樣較易培育倚賴心強的子女。由於任由孩子自我發展及過分保護兒童的心理，沒能適時激發孩子各種學習潛能，當孩子遇到挫折時較易退縮，而喪失了自我肯定之機會（Lamb & Baumrind, 1978）。

以上三種管教子女的方式是美國學者 Baumrind 依據多年的研究而加以分類歸納的。Baumrind 從這三種類型中也進一步的區分出較明細的組別。他的研究指出溝通權威式的管教方式比其他

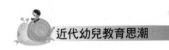

兩類型的管教方式更易培養出具有正面性社會能力（instrumental competence）的子女。換言之，孩子的行為會較友善、負責、獨立、合作、有主見並且較有上進心。

九、為人父母應有的認識

子女日後的人格特質很多是來自於父母親的教育理念及其對子女的期望。注重孩子成就表現與重視子女人格健全成長的父母，其管教子女的方式當然會有所差異。幾乎所有的父母除了希望自己的孩子健全、快樂之外，也常希望他們能出人頭地。由於我們所處的是一個急遽轉變、競爭非常激烈的社會，父母親對子女的要求與期盼也就相對的增加。不管為人父母所傾向的是權威式、溝通權威式或自由放任式的管教方式，為人父母者應有以下幾項認識。

（一）重視人格健全成長勝於學業成就

由於傳統士、農、工、商對個人成就的評價標準，再加上聯考制度的導引，中國社會特別注重學業表現，為人父母者往往期盼自己的子女能在學業上表現突出，因而加諸予過多的壓力，學校成為孩子們所不樂意去的地方。加上有很多父母甚至希望藉由孩子去成就自己所沒能達成的心願，這種過分重視學業成就的父母往往忽略了孩子人格健全成長的重要性。一位明智的父母親應將自己的責任定位在孩子健全人格及情性的發展上。對於學習環境的安排也應配合孩子的心智成長，以激發孩子的學習潛能。根據皮亞傑的論點，人的發展是具有階段性的，激發孩子內在的學

習動機遠比施加外力強迫學習來得有效。得失心太重的父母往往忽視了孩子的感受及能力，以至於增添孩子的挫折感，對於日後社會智力成長及情性發展有相當大的阻力。

（二）應用同理心的溝通技巧

　　所謂的同理心（empathy）即是能設身處地的以別人的立場去體會當事人的心境，並將個人的感情融入於客體的情境裡，且必須「感人所感」、「知人所感」。同理心的建立除了必須靠豐富的生活體驗也需有敏銳的認知能力（Carkhuff, 1969; Mayeroff, 1971）。在權威式管教子女方式的家庭中，遵守服從是父母親所認為極為高尚的情操。但由於時勢所趨，這種較冷淡的管教子女方法面臨極大的考驗，父母親在管教子女時必須適度的應用同理心的溝通技巧，也就是為人父母者對孩子有所要求時能將心比心，以孩子的立場、能力、喜好為出發點，並且能具有開放的胸襟，無條件的接納孩子。時下有很多的父母常常不辭辛苦的替孩子的前途著想，並預先安排他們人生要走的道路，雖然用心良苦但往往適得其反。父母主觀意識裡所認為最適合孩子的不見得是其志趣所在，也因而造成兩代之間無形的牆，代溝因而產生。有效的應用同理心的溝通技巧可縮短親子之間的距離，藉以增進彼此之間的融洽關係。

（三）注重孩子的學習及生活環境

　　有些父母在孩子的行為表現有所偏差時，常責怪孩子不學好，辜負他們望子成龍、望女成鳳的苦心。在此時，為人父母者不妨捫心自問，是否在孩子的成長過程中提供了他們很好的學習

環境。臺灣目前在工商業快速發展的衝擊下，自然生態環境被破壞無遺，而人文環境的污染可以說是為人父母者不可不注意的。一般父母往往低估了幼兒時期的成長經驗對日後人格發展的影響力。根據佛洛依德的論點，兒童階段在整個人格成長中扮演了極為重要的角色。有健全的輸入才有健全的輸出；不健全的輸入，當然也就產生不健全的輸出，這是教育學者專家的共識。教育子女的主要盲點在於一般為人父母者缺乏警覺性，例如：常常父母親為了敷衍打發孩子，而不經選擇的讓孩子看電視或使用3C產品玩線上遊戲、觀看影片等等。他們對孩子從影片中所學來的攻擊性行為總以大而化之或無關緊要的態度面對，這種父母顯然是不夠關心自己的子女。一位負責的家長，不該只將自己的孩子送去學鋼琴、電腦或英文就了事，還必須隨時注意孩子所接觸的學習環境。很多家長只重視孩子認知上的學習，忽略幼兒正向情性特質及良好學習態度的養成，這些家長怕孩子輸在起跑點，但最終可能會讓孩子輸在終點（魏美惠，2002）。

此外，父母親的言行舉止、道德標準、價值判斷、管教子女的方法及夫妻間的溝通方式對於孩子日後的人格成長都會有極顯著的影響。所謂的「身教重於言教」，我們希望自己的孩子健康快樂，那麼先決條件即是自己必須先具備有健康、快樂的人生觀。

（四）幫助孩子擁有健康的心理

中、西以往的社會皆重視權威，在師生之間及父母形象的塑造上較為嚴肅。西方有所謂「斯巴達」的管教方式，而中國傳統講究倫常，為人子女者不可挑戰權威，也就是盛行「權威式的管

教類型」。近年來國人廣受人本心理學的影響，重視個人的存在價值，講究人人平等，並提倡啟發開導式的教養方法，在人本心理學的導引下，社會上彌漫一股自由、民主的風氣。面臨教育子女問題時，不再以權威式的態度來控制或支配孩子的言行舉止，並鼓勵藉由融洽的親子關係中減低孩子們的焦慮，使他們能在自由、開放的環境中成長，充分發揮人性良善的一面，如接納、自信、誠懇、責任感、公正信任……等。

　　無可否認的，在現今競爭劇烈的大環境之下，要擁有健康的心理並不是一件容易的事。明智的父母親應幫助孩子從自我認識中了解自己個性的優缺點及能力上的長短處，鼓勵孩子選擇適合自己個性及能力的發展方向，如此方能達到自我實現。挫折感及其他負面的人格特質如退縮、不信任、自卑、疏離……等才不易產生。孩子也可經由自我實現中得到自我肯定的機會，進而建立自信及健康的心理。唯有擁有健康心理的人才能熱愛生命，享受快樂的人生。

十、重視幼教師的情性發展與社會智能

　　所謂「師者，所以傳道、授業、解惑也」，教育的功能首重道德的傳承，然而當我們檢視當今大學高等教育課程的內涵時，卻充分顯現出我們的大學教育明顯缺乏能提升學生人文素養及充實學生社會智能的相關課程。我們對專業教師的養成教育中，除了以考試做為篩選老師的公平指標外，在課程中也強調專業能力及專門知識的培訓，但卻忽略了一位專業教師最重要的應該是正向情性特質及良好社會智能的養成。

　　學校是大部分人在出社會之前最為熟悉的地方，老師與學生的關係更是密不可分，師生在學校中是相互依賴共存的，學生有待老師教導，教師因學生學習而存在。教學的過程中，老師所教授給學生的，除了認知、技能的學習，更包含了情意的部分，教師的一言一行，都應是學生的表率與榜樣。對於中小學教師來說，國人希望教師不僅為「經師」，也要為「人師」，老師不僅要教學生知識，同時也要培育他們的人格與生活習慣（王叢桂，1998）。

　　幼兒階段是人格奠基的時期，幼教老師與孩子朝夕相處，幼教師的人格特質、舉手投足往往影響孩子於無形中。一位優質的幼教專業人員，除了要有專業的知識外，更重要的是要擁有健康的心靈。身為幼兒的啟蒙教師，他們必須扮演幼兒心靈的保護膜，教師的言行舉止都是幼兒學習的榜樣，必須以負責的態度、真誠、關愛的心面對幼兒。國內學者葉郁菁（2004）指出，幼教師在面對幼兒時如果表現出沒有耐性、恥笑、羞辱、恐嚇等行為，或者因為老師的情緒失控，對幼兒做出違反教育工作倫理的行為，將會對幼兒的人格造成嚴重的傷害。

　　幼教老師是否必須具備某種人格特質？一位成功的幼教老師除了必須熱愛幼教工作外，他本身也必須擁有成熟健康的性格。有些教師本身情緒管理不佳，常不自覺的違反教育專業倫理（王叢桂，1998）。親師間由於目標、次文化及價值觀的差異，衝突自然無可避免，若發生親師衝突，將影響教師工作的士氣，甚至可能會使教師對自身的角色定位、專業能力感到疑惑。幼教老師在工作上面臨的問題較為繁瑣，除了處理孩子的問題，家長合理、不合理的要求也需兼顧。幼教老師由於與家長立場的不同，

許多父母總希望自己的孩子會是老師注意力的焦點；事實上，老師必須負起教育孩子及公平對待所有孩子的責任。因此，如何避免親師衝突也是幼教老師需要增長的社會能力（邱瓊蓁，2002）。

由於幼教老師在當今社會必須擔負較大的責任，而一般人對幼教老師的社會評價又不高；幼教老師處在這種不利的環境下，他們是否能擁有健康的性格顯得非常重要（魏美惠，2012）。換言之，幼教老師必須能樂觀開朗、積極進取、自我成長、關懷別人、有自信、能接納、肯定自己。以下將針對幼教老師必須具備的成熟屬性進行探討。

（一）自我擴展、不斷的充實自己

人本心理學家馬斯洛及羅傑斯主張我們應該當個完整人，我們所要追求的是一種動態的人生觀，每一個人都能夠充分發揮個體的能力，追求自我實現（Maslow, 1970; Rogers, 1961）。幼教老師必須能夠重視歷程式的生活，不斷的充實自己、從豐富的生活經驗中去成長；唯有具備這種創發性的人格，老師們才能在工作中成就自己，找到生活的樂趣（Fromm, 1974）。

（二）能自我肯定、有自信心

身為人師者必須能重視自己的存在價值，他必須能自我肯定、有好的自我形象，能充分展現自信心。有自信心的老師較能掌握、熱愛自己的教學，而且不只對自我的成長具有責任感，同樣的對外在所處的環境及不同的人事物也都能盡心盡力。他能夠清楚的知道自己應負的責任，也相信自己有足夠的能力做好自己

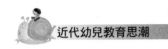

份內該做的事。

（三）有安全的心理環境、穩定的情緒

安全的心理環境是構成健康性格發展的重要因素，一個安全的成長環境較容易培養出健康的性格。對於幼教老師而言，這種特質非常重要，擁有安全心理環境的老師本身較具安全感，較相信自己，也容易信任別人。許多研究指出較具安全感的個體，同時會有較穩定的情緒；他不只能與自己的情緒和平相處，懂得處理自己負面的情緒，也易於與周遭的人相處（Allport, 1937）。對於幼教老師而言，老師懂得管理自己的情緒，具有情緒上的安全，對於兒童正向人格的建立會有關鍵性的影響。

（四）有溫暖的社會關係

任何一位擁有健康性格的個體，一定具備有與人建立良性互動的能力，他能夠重視別人的感覺，能給與別人精神上的支持，能真心關懷別人；除此之外，他樂意去面對或適應大眾認同的社會規範及道德標準，他具有所謂的社會參與力。這種利社會性的行為有助於幼教老師建立良好的人際關係，也是一個成熟特質重要的指標（Ford & Miura, 1983）。

（五）能自我反省、勇於接受批評

一位優秀的幼教老師必須能虛心學習，隨時自我反省，勇於接受批評，將別人對他的批評視為自己的成長機會，能以寬容的態度對待別人。他能從自我反省的過程中，了解到自己的優缺點，且對自己的行為及言論能負起責任，隨時檢討、充實自己

（Allport, 1937）。

（六）具有責任感

　　教育是一種良心事業，老師的責任感會影響到老師教學的品質，一位具有責任感的老師較容易教出具有責任感的學生；德國教育家 Gordon 認為教師往往扮演著一位「引導者的角色」，教師在引導的過程中，除了需要有引導的能力外，還需要有責任意識，他能清楚的知道他對學生的責任，對家長及對社會整體的責任（Gordon, 1974）。

　　一位優質的幼教從業人員必須具備有上述人格特質中成熟的屬性，如此他們的言行舉止、做人處事才是孩子們學習及效法的對象。在現今的社會中，我們看到許多情性特質明顯出現問題的老師；以老師體罰學生為例，已故的臺大心理系教授程小危認為，教師對學生的懲罰應針對行為而非針對人，因此不應有洩憤和刻意羞辱的成分。但有些教師往往會因學生做錯事一時的氣憤，或個人的情緒因素而把學生當出氣筒，這種教師即便是有了合格教師證也無法稱為一個真正適任的教師。

　　國內幼教師資培訓機構對於幼教師的養成過程中，明顯的缺乏提升幼教師正向情性特質，或增加幼教師社會智能的相關課程。研究者蒐集全國幼教系所開的課程發現，有關培養教師人格的情意的課程包括自我成長、生命教育、人際關係與溝通、社會智能與心靈提升的課程科目只占了一位專業幼教師所需修畢 148個學分數中不超過 8% 的學分。此外我們所列舉出的這些課程幾乎皆為選修課程，只有少部分學校將「教育哲學」列為必修課程。由此可知，現今專業幼教老師的養成階段重視教學方法、教

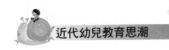

學技巧、教育理論基礎等學科專門及專業知識，反而忽略了學生情性方面的陶冶，人格及心靈層次的提升。

　　一個幼教師資培訓機構的課程架構及內容，攸關著學生的學習及未來的生涯規劃。在前面的論述中，我們都知道幼教師的流失率相當高，筆者認為這與學生本身的自我認同及自信心的建立不無關係。雖然社會的環境、價值觀、生活方式急遽變遷，以學生的角度而言，因應社會所需學習的課程日益多樣化，不管社會、人文、文化、經濟、政治、理工、資訊等各學科的領域知識，都是現代人應該有所涉略及關心的。但對於一位專業幼教師而言，正向情性特質及積極的思考方式等，不只是人生重要的課題，也是構成一位專業幼教師的必要條件。若我們在師資培育階段沒有機會培養學生良好的品德操守、關懷別人的心、穩定的情緒、思考判斷能力，那又如何能要求他們在職場中教育出身心健康的下一代呢（魏美惠、梁馨孺，2008）？

十一、結語

　　教育是否應具備有匡正人心之功能，當一個國家出現社會問題時，我們會質疑是否教育功能不彰而導致人心不古、社會道德敗壞。的確，在每天的新聞報導中，總有許多負面社會案件的報導，例如兇殺案、綁架案、父母因欠債攜子自殺、家暴、尋仇鬥毆事件、學生自殺……等等。除此之外，就連為人師表的老師們，也常有體罰導致學生受傷的情況發生，這不禁讓人感嘆我們的社會變了嗎？病了嗎？為何在科技發達、生活水準提高的今天，我們的心靈沒有跟著一起提升？

　　現今科技昌明，資訊發達，科技將人類的心智引入新的境界，揭露了生命世界的繽紛與多樣，開顯生命的豐富與奇妙，但另一方面，科技膨脹也遮蔽了人對生命的感知，在無形中切斷了我們與外在世界的真實互動與聯結（林秀珍、徐世豐，2002）。人與人之間的關係顯得格外疏離與冷漠，尤其是犯罪率的提高及犯罪年齡逐年降低給社會帶來無限隱憂。檢討其原因在於一般民眾漠視情性發展的重要性，家庭、學校、社會也不能提供一個激勵情性發展的良好環境，且教育也沒有發揮啟迪人性、培養身心健康國民的功能。

　　優質的幼兒教育應該以啟迪孩子的正向情性特質、增長孩子的社會智能為教學的重點。很多家長只重視孩子的認知學習，忽略了幼兒情意課程及品格教育的重要性；同樣的許多幼教機構為了順應家長的需求，而提供各種認知及才藝課程，反應市場需求。事實上，孩子主動探索的學習態度及積極的人生觀才是幼兒教育的重點，然而這種理念需要家長、園方及老師達成共識才能落實。當然我們也期許政府能有魄力的將國家的「人文建設」及「心靈重建」列為首要的教育目標，強化學生的情性發展與社會智能的提升，不論是在幼兒發展階段或是大學的高等教育都應以「健全自我」為首要課題，尤其是幼兒階段更應該正視其健康性格的養成，如此也才可以營造出一個祥和、健康的社會（魏美惠、梁馨孺，2005，2008）。

參考文獻

中文部分

王財貴（1985）。童蒙養正：怎樣教孩子讀古書。**國文天地，6**，32-35。

王叢桂（1998）。**父職的實踐及影響因素的研究：社會心理學角度的分析**。行政院國家科學委員會計畫（NSC87-2413-H031-001）。

吳毓瑩（1997）。情緒智力的構念：想法與方向。**教育資料與研究，19**，11-17。

李丹、劉金花、張欣戊（1991）。**兒童發展**。臺北市：五南。

李琪明（2004）。我國國中小校園道德氣氛之調查研究。**師大學報：教育類，49**（1），1-20。

周天賜（1988）。情意教學目標的理論及其評量方法。**測驗年刊，035**（000），0167-0180。

林秀珍、徐世豐（2002）。生命教育：現代科技危機的出路。**中等教育，53**（6），14-29。

林彥如（2002）。**自我肯定訓練對國防醫學院學生自我肯定、自尊、人際溝通滿意度之影響**。國防醫學院碩士論文，未出版，臺北市。

林敏宜（2000）。**圖畫書的欣賞與應用**。臺北市：心理。

林慈瑋、林炎旦（2008）。「悅讀不說教」：運用繪本教學進行品格教育。**網路社會學通訊，70**。

邱紹一、李介至（2004）。西方品格教育對我國中學品德教育的啟示。**教育研究月刊，120**，44-52。

邱瓊蓁（2002）。真愛密碼：探討幼稚園裡的親師衝突。**幼教資訊**，137，19-24。

洪素芬（2000）。**一個研究者探索靜思語教學的反省歷程：兼論整合觀點的德育模式**。臺北市立師範學院碩士論文，未出版，臺北市。

張燕文（2006）。**繪本應用於品格教育之行動研究**。國立臺南大學碩士論文，未出版，臺南市。

莊耀嘉、楊國樞（1991）。傳統孝道的變遷與實踐：一項社會心理學之探討。載於楊國樞、黃光國（主編），**中國人的心理與行為**（頁161-169）。臺北市：桂冠。

許玉珮（2007）。**以繪本教學提升學生品格教育之行動研究：以「關懷」與「尊重」品格核心為例**。國立臺中教育大學碩士論文，未出版，臺中市。

許惠珠（1987）。**音樂對廣告效果影響之研究**。國立臺灣大學碩士論文，未出版，臺北市。

陳密桃、陳埩淑（2003）多元智能理論在幼兒品格教育教學上的探討。**教育研究月刊**，110，48-56。

馮厚美（2001）。**靜思語教學對提升國小兒童生活適應之研究**。國立屏東師範學院碩士論文，未出版，屏東市。

黃月霞（1989）。**情感教育與發展性輔導**。臺北市：五南。

黃德祥、謝龍卿（2004）。品格與道德教育的內涵與實施。**教育研究月刊**，120，35-43。

葉郁菁（2004）。澎湖離島地區東南亞女性外籍配偶暨子女生活狀況與福利需求調查。**兒童及少年福利期刊**，6，55-85。

臧國仁、鍾蔚文、楊怡珊（2001）。新聞工作者的社會智能：再

論記者與消費來源之互動。**新聞學研究**，69，82-87。

劉樹斐（1999）。**自尊的多面向對大學生憂鬱與攻擊行為的影響**。國立政治大學碩士論文，未出版，臺北市。

蔡孟錡（2006）。**國民小學品格教育的內涵與實施之研究**。東海大學碩士論文，未出版，臺中市。

魏美惠（2002）。剖析臺灣幼兒教育的生態環境。**幼兒教育年刊**，14，113-124。

魏美惠、梁馨孺（2005）。**幼教系與非幼教系大學生社會智能之調查研究**。論文發表於臺中教育大學舉辦之「幼兒情意教育與師資培育學術研討會」，臺中市。

魏美惠、梁馨孺（2008）。中部地區大學生社會智能之調查研究。**通識教育學報**，13，167-201。

魏美惠（2012）。幼兒教師幸福感研究。**教育科學期刊**，10（2），173-194。

蘇逸珊（2002）。**大學生依附風格、情緒智力與人際關係之相關研究**。國立屏東師範學院碩士論文，未出版，屏東市。

英文部分

Alberti, R. E., & Emmons, M. L. (1992). *Your perfect right: A guide to assertive behavior* (20th ed.). San Luis Obispo, CA: Impact Press.

Allport, G. W. (1937). *Personality: A psychological interpretation*. NY: Henry Holt.

Baumrind, D. (1967). Child care practices anteceding three patterns of preschool behavior. *Genetic Psychology Monographs*, *75*, 43-88.

Beardslee, W. R., Jacobson, A. M., Hauser, S. T., Noam, G. G., & Powers, S. I. (1985). An approach to evaluating adolescent adaptive processes: Scale development and reliability. *Journal of the American Academy of Child Psychiatry, 24*, 637-642.

Bennett, W. J. (1995). *The children's book of virtues*. New York, NY: Simon and Schuster.

Carkhuff, R. R. (1969). *Helping and human relations* (Volumes 1 & 2). New York, NY: Holt Rinehart & Winston.

Cleary, T. A., Humphreys, L. G., Kenrick, S. A., & Wesman, A. (1975). Educational uses of test with disadvantaged students. *American Psychologist, 30*, 15-41.

Doll, E. A. (1953). *Measurement of social competence: A manual for the Vineland Social Maturity Scale*. Minneapolis, MN: American Guidance Service.

Doll, E. A. (1965). *Vineland Social Maturity Scale: Manual of direction* (condensed rev. ed.). Minneapolis, MN: American Guidance Service.

Edgington, W. (2002). To promote character education, use literature for children and adolescents. *The Social Studies, May/June*, 113-116.

Ford, M. E., & Miura, I. T. (1983). *Prototypical conceptions of socially competent children and adults*. Paper presented at the annual meeting of the American Psychological Association, Anaheim, CA.

Fromm, E. (1974). *Man for himself*. New York, NY: Holt, Rinehart and Winston.

Gesell, A., & Amatruda C. S. (1941). *Developmental diagnosis: Normal and abnormal child development*. New York, NY: Hoeber.

Goleman, D. (1995). *Emotional intelligence*. New York, NY: Bantam.

Gordon, T. (1974). *Teacher effectiveness training*. New York, NY: Wyden.

Hall, E. P., & Lamb, M. (1982). *Child psychology today*. New York, NY: Random House.

Kessler, R. (2000). *The soul of education*. Alexandria, VA: Association for Supervision and Curriculum Development.

Kohlberg, L. (1976). Moral stages and moralization: The cognitive developmental approach. In T. Lickona (Ed.), *Moral development behavior: Theory, research and social issues*. New York, NY: Holt, Rinehart &Winston.

Krathwohl, D. R., Bloom, B. S., & Masia, B. B. (1964). *Taxonomy of education objectives: Affective domain*. New York, NY: David Mckay.

Lamb, M. E., & Baumrind, D. (1978). Socialization and personality development in the preschool years. In M. E. Lamb (Ed.), *Social and personality Development*. New York, NY: Holt, Rinehart and Winston.

Lenox, M. F. (2000). Storytelling for young children in a multicultural world. *Early Childhood Education Journal, 28*(2), 97-103.

Maslow, A. H. (1970). *Motivation and personality*(2nd ed.). New York, NY: Harper and Row.

Mayeroff, M. (1971). *On caring*. NY: Harper Perennial.

Mercer, J. R., & Lewis, J. F. (1977). *SOMPA: Parent interview manual*. New York, NY: The Psychological Corporation.

Miller, R., & Pedro, J. (2006). Creating respectful classroom environments. *Early Childhood Education Journal, 33*(5), 293-299.

Plotkin, W. (2003). *Soulcraft: Crossing into the mysteries of nature and psyche*. Novato, CA: New World Library.

Rogers, C. R. (1961). *On becoming a person*. Boston, MA: Houghton Mifflin.

Romney, D. M., & Pyryt, M. C. (1999). Guildford's concept of social intelligence revised. *High Ability Studies, 10*(1), 137-142.

Rutter, M. (1981). Socioemotional consequences of day care for prseschool children. *American Journal of Orthopsychiatry, 51*, 4-28.

Sears, R. R., Maccoby, E. E., & Levin, H. (1976). *Patterns of child rearing*. Stanford, CA: Standford University Press.

Sternberg, R. J. (1984). What should intelligence tests test? Implication of a triarchic theory of intellgence for intelligence testing. *Educational Researcher, January*, 5-15.

Sternberg, R. J. (1986). *Practical intelligence*. London, UK: Combridge Univeisity Press.

Strang, R. (1930). Measures of social intelligence. *American Journal of Sociology, 36*, 263-269.

Wechsler, D. (1958). *The measurement and appraisal of adult intelligence*. Baltimore, MD: Williams and Wilkins.

Wedeck, J. (1947). The relationship between personality and "psychological ability". *British Journal of Psychology, 37*, 133-151.

Wong, C. T., Day, J. D., Maxwell, S. E., & Meara, N. M. (1995). A mul-

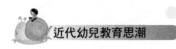

titrait-multimethod study of academic and social intelligence in college students. *Journal of Educational Psychology*, *87*(1), 117-133.

14 創造力的認識與培養

一、前言

　　人類常自詡為萬物之靈，因我們除了具有較高等的智力之外，我們還具有其他動物所未擁有的創造力。雖然各個民族都會非常珍惜自己的文化，將它視為薪火相傳的延續，然而，一個民族是否能執世界之牛耳則端看這個民族是否具有高人一等的創造力。創造力的發揮可以將人類文化帶入一個新紀元，這是從盤古開天以來人類一直不斷努力的目標。

　　我們如以世紀來論，則可發現16世紀文藝復興時期，由於對藝術創作的提倡，因而產生了諸如米開朗基羅之類的大師；18世紀對音樂創作的重視給與貝多芬及莫札特發展的空間；而19世紀英國大文豪莎士比亞又豈不是受到當時社會重視文學戲劇創作的鼓舞。又觀看21世紀的今天，人類科技昌明，進入太空紀元，這何嘗不是人類發揮創造力之下的一種成果（Gallapher, 1985）？既然創造力如此的重要，那麼是不是每一個人都了解創造力的真諦呢？所謂的創造力人格特質具有哪些屬性？創造力是否可經由後天環境加以培養？怎樣的環境可以激發兒童創造力的發展？又阻礙創造力發展的因素有哪些呢？針對以上的種種疑惑，本章將加以釐清，同時也將探討父母親及幼教老師們對於兒

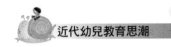

童創造力培養過程中所扮演的重要角色。

二、何謂創造力

　　一般說來，創造力的表現可分為生活上自我提升的創造力、科學（包括醫學）的創造力，及特殊才能的創造力，如文學創作、音樂創作等等。美國心理學家Guilford（1956）指出創造力是人類一項重要的心智活動，在他的智力結構理論中，將智力的運作型態分為以下的幾種功能：

1.認知（cognition）。

2.記憶功能（memory）。

3.擴散性思考（divergent）。

4.聚斂性思考（convergent）。

5.評鑑性思考（evaluation）。

　　依據Guilford的論點，他所謂的創造思考即是指擴散式的思考方式，也就是聯想力、想像力。聚斂性的思考則指組織、歸納的一種能力。評鑑性思考能力則是一個人的獨立思考及批判的能力。在這五種智力型態的功能運作中，國人一向較為強調記憶性功能和聚斂性思考的訓練，而對於擴散性思考及評鑑性思考的啟發卻微乎其微，這種現象與歐美國家有很大的差異性。英國學者De Bono（1970）認為創造力思考是一種水平性的思考（lateral thinking），這種思考方式是感性的、非邏輯性、直覺反應的。水平性思考不同於垂直式思考的講究邏輯推理、循序漸進、分析及組織的思考方式。

　　美國學者Williams（1972）主張我們可以從一個人的認知思

考方式及情意特質中了解創造力。威氏所指的認知性行為包括了思考的流暢性、變通性、開放性、獨特性及精進性，而情意特質指的是創造性人格特質，包括這個人是否具有好奇心、想像力、冒險的精神、喜歡接受挑戰及是否不畏繁雜等等的人格特質。總言之，我們可以從不同角度去解析創造力，以下綜合 Williams 及其他學者的主張對於創造力的詮釋加以說明如下：

1.流暢力：指思考的量及反應，能在短時間內針對問題提出許多建議及構想的能力。

2.變通力：可以算是一種解決問題的能力，能突破思考上的限制，並從多元的角度找出應變的方法。

3.獨創力：指思考的獨特性，意即想法與眾不同，想出來的是別人想不到的，想法不平凡、獨特、新穎。

4.精進力：是一種精益求精的能力，也是一種補充概念，在原來的構想上再加上新概念，使其更加完美。

5.敏覺力：指對問題或周遭事物的敏感度，能很快察覺事物的差異性、缺失及不尋常的地方。

6.冒險性：是一種勇於嘗試，不會自我設限，能面對新情境時，並能承受批評、失敗的態度。

7.挑戰性：不畏煩瑣，不怕失敗，能勇於面對複雜、未知及困難情境的態度。

8.好奇心：喜歡嘗試新的事物，能思索、調查、不怕困難，以明白事情真相的態度。

9.想像力：總是能突破限制，在腦海中將各種意象構思出來，並加以具體化，思索問題的無限可能。

Torrance（1979）認為創造力是一連串的思考歷程，當我們

面對一個問題或情境時能有敏銳的觀察力去察覺到問題的缺失，進而去尋求解決之道，並將改造之後的成果分享世人。他和Williams 皆認為一個人創造力的高低是可以評估出來的，也可以經由後天的訓練加以培養。綜合上述，我們知道創造力是一種水平式、擴散性的思考方式，它同時也是對周遭環境的一種敏覺力、流暢力、變通力、獨創力及精進力的表現。總之，一個創造力高的人思考流暢，想法獨特、細膩，懂得變通，個性上不拘泥於外在形式，勇於冒險，具好奇心及想像力。

創造力是人類智慧的泉源，它是推動文明的原動力，每個人生來就俱有創造發明的潛能，只是有待個人去發掘而已。基本上，一個有創造力的人應該是一個較能自我充實、懂得自我提升的人。馬斯洛認為「生命即創造」，如果生命歷程中少了創造力，那麼生活將會是枯燥乏味的。當我們在日常生活中充分發揮創造力時，則生命會因而增加許多的色彩及趣味。有一位小學教師曾與筆者分享一則故事。她說當她第一次看到學生把一大片草地彩繪成火紅色，而站在水池裡的人卻全身都是藍色時，頓了一下，心中想著：「這是什麼東西呢？」「顏色怎會如此的怪異呢？」當這位老師正在思索這個問題時，一位小朋友靠過來告訴她說：「老師，天氣好熱，草都曬紅了，我和哥哥跳到池裡，好涼快，像海水一樣藍藍的！」這一番話帶領著她回到失落已久且充滿神奇、想像的童年世界。我們發現隨著年齡的增長，我們的想像力不再像孩童時代般的豐富。

從上述這一則真實故事中我們不禁要問，是否小孩子的創造力比成人高呢？果真如此，那為何許多的發明創作獎都是落在中年以後的人呢？很多的文學、藝術創作及科學上的新發明，其創

作人都不是小孩子或青少年？其實創造的本身是一個歷程，如果一個人在孩童時代就相當的富有想像力，而在整個成長過程中，不管是家庭環境或學校環境都能提供很好的創造力思考及發展的空間，那麼這個孩子長大後自然會極富創意。相反的，如果孩童時代或成長過程中未曾有任何機會鼓勵創造性的思考，那麼自然地這個孩子長大後是不可能一夜之間成為發明家或是文學藝術的創作者。

三、詮釋創造力的多元角度

　　國內外對於「創造力」的解釋莫衷一是，甚至是大相逕庭，不同領域的學者，對於創造力的所下的定義也多有所不同。有些學者認為創造力是一種能力（陳龍安，2002），早期的學者試圖從四 P 的角度，即歷程（process）、個人的特質（persons）、產品（product）及壓力／環境（press/place）四個向度來探究創造力（張世彗，2007）；近年來學者專家對於創造力的研究趨向多元，甚至從社會動態性的互動角度詮釋創造力（葉玉珠，2006）。以下綜合國內陳龍安（1994）、毛連塭（2000）、葉玉珠（2000）、邱皓政（2005）、蘇芷玄（2007）等幾位學者，對於創造力定義將之分類如下。

（一）創造力是一種能力觀點

　　在國內 "Creativity" 被翻譯成創造力，說明了多數人將創造力視為是一種能力（邱皓政，2005）。學者 Guilford（1956）曾提出，創造力是一種擴散式思考的能力，也是一種傑出創意表現

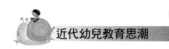

的能力。國內學者陳龍安（1994）指出，創造是一種可以透過測驗或評量者觀察出來的能力，約略可分為敏覺力、流暢力、變通力、獨創力及精進力等五種能力。李德高（1990）認為創造力包括原創性的想法、流暢的思考力、彈性適應與精細的思考等能力。知名的創造力學者陶倫斯（Torrance, 1969）亦認為創造力是一種發明、產出、擴散思考的能力（引自毛連塭、郭有遹、陳龍安、林幸台，2000）。

（二）創造力是一種歷程的觀點

這派學者主張創造力是一種歷程，他們將重點放在創造力產生的過程，其中 Wallas（1926）主張創造力是一連串的創作思考歷程，包含準備期、醞釀期、豁朗期及驗證期四個階段。他認為任何產品的產生皆需經由這四個歷程。Csiksentmihalyi 和 Davis 亦認為創造力是一種思考解決問題的歷程，當知覺運轉有所改變時，具有創造力的人就能想出新的點子與方法（引自胡夢蕾，2006）。楊坤原（2001）將創造力界定在個人運用認知、情意特質與環境有所互動下，問題獲得解決後進而產生新作品。創造力是一種訊息處理之歷程。

（三）創造力是一種作品產出的觀點

持此論點的人是以作品、產品或創作結果來評斷一個人是否具有創造力，能產出前所未有、新奇且獨特的產品即是富創造力的人。Amabile 在對於創造力評量的研究中，指出評估創造力高低的依據應該是看其創作或作品（引自邱皓政，2005）。Jackson 與 Messick 認為具創造性產品是獨特、創新，不但能產生新的形

式，而且兼具簡單性與複雜性等特質，會令人感到驚奇與滿足（引自葉玉珠，2000）。Sternberg與Lubart認為創造力是指當一個產品具有新穎的特徵與適當的功能性時，我們可以說產品是非常有創意的，因此我們判斷一個人創造力的高低可以從其作品論定（李乙明、李淑貞譯，2005；洪蘭譯，1999）。

（四）創造力是一種個人特質的觀點

個人特質論者主要在探討創造力高低與其人格特質之相關性。Sternberg與Lubart提出創造力「投資理論」中的六大資源其中一項就是「人格特質」，包含願意成長、面對障礙時會去克服、在合理的範圍內冒險、能忍受曖昧不明、願意接受新經驗、對自己有信心（洪蘭譯，1999）。國內學者陳昭儀（2000）試圖從傑出理化科學家與音樂創作者之人格特質了解創造力。這派學者相信個體是否具有創造性人格特質會影響其創造力之表現。

（五）創造力是一種多元化觀點

近年來，專家學者對於創造力的探究，不再侷限於單一向度的觀點，愈來愈多的創造力研究是從多角度的互動觀點來進行探討，因此對於創造力的定義也就愈加完整與多元性。Runco認為創造力本身有許多的不確定性，例如創意藝術、創意產品、創意行為等等（邱皓政等譯，2008）。創造力除了是一種能力，也是一種產品，當我們將它視為能力時，他是特定個體的特徵，視為產品時，它又必須能得到社會的認同（吳靜吉、丁興祥、邱皓政，2002）。Ripple認為創造力起源於人們在生活中遇到需要解決的問題而構思出來具有獨特性的方法，它認為創造力的本質應

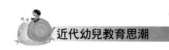

該是多向度的，有創意的行為是具有獨創性的（引自葉玉珠，2006）。陳龍安（1994）指出創造力是一種能力、一種歷程，同時也是一種人格特質，個體在支持的環境下，結合五種創新能力，透過思考歷程階段，賦予事物新穎獨特的意義。張世彗（2007）統整各個學者的看法，認為創造力是在個人心智運作時，與其他有關的動機、知識、人格特質、社會和文化環境因素交互作用，形成獨創性與價值性的構想，用來解決問題的能力或歷程。我們可以發現，創造力的意涵已經從單向度的能力、歷程、產品及個人特質等單一觀點，逐漸轉向多元化、多角度的綜合性觀念了。

四、創造力人格特質

國內學者葉玉珠、吳靜吉與鄭英耀（2000）綜合國外文獻歸納出創造力人特質包括興趣廣泛、學習動機強、獨立自主、喜愛冒險、適應能力強、喜歡質疑問題、人際互動與富有感情等八項。葉玉珠（2006）認為影響個體創造力發展的個人特質因素包括知識、意向與技巧／能力，缺一不可。郭有遹分析國外幾位學者對人格特質的說法，歸納出創造者人格特質的共同性包含好奇心、冒險性、挑戰性、挑戰性、想像力、獨立思考、直覺力、貫徹始終、自信心、開放性以及勇於面對困難，有較廣泛的興趣、具幽默感、自信心較強、反應敏捷、面臨生涯障礙時具有挑戰力、態度直接坦率（毛連塭等，2000；洪榮昭，2004）。事實上，我們可以發現創造型兒童的特質具有喜歡創造、有高度的興趣、觀察力敏銳、對事物喜歡求證、常有新奇的主意、充滿好

奇、有堅定的毅力、記憶力強、具有奇特的想法、喜歡分析組合、喜愛孤獨感、具有審美的能力、充沛的精力、多才多藝、詞彙豐富、抽象思考能力強、善於運用各種符號、閱讀早、注意力持久等特質。

陳昭儀（2003）在進行「創意人物研究之回顧與探析」時，歸納出國內對於發明家、科學家、科技人才、表演藝術家、西畫家以及文藝創作者等傑出人物之人格特質，歸納出以下五項人格特質的共通性：

1.具備創造力與新穎的想法。

2.抱持著堅持、專注、毅力及認真的態度。

3.對自己的能力有相當的自信心。

4.充滿熱誠、熱情與樂觀進取的人生觀。

5.擁有多方面的興趣並具有多項領域的才能。

楊坤原（2001）綜合各學者對於高創性者所顯現的人格特質包括有豐富的情感、具高度求知慾、有幽默感、獨立有自信、勤奮積極、肯定自我、願意冒險、有毅力、容忍模糊、對事物持開放態度與追根究底精神。Kwang歸納人格理論研究的結果，認為創意解決問題者具備了七項的心理特質：勇於承受問題風險、生活層面寬廣、喜歡尋找不同經驗、獨立有自信、對工作具高度熱情、願意投入時間與精力及對問題情境有高度忍耐力（王葳真譯，2003）。

胡夢蕾（2006）蒐集國內近年有關創造力人格特質之研究，並分析歸納出創造力之人格特質共有7大構面、12個構念與26項描述，如表14-1所示。

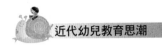

近代幼兒教育思潮

表14-1 創造力人格特質表

七大構面	十二項構念	二十六項描述
獨立挑戰性	獨立性	獨立的
		自動自發的
	挑戰性	堅毅執著的
		對挑戰正面回應的
積極性	積極性	動機強的
		願意冒合理的風險
	自主性	有主見的
		不為偏見就法束縛的
獨創性	突破性	堅持自己信念的
		主觀的
		突破傳統的
精幹性	自信性	自信的
		聰明的
	能力出眾性	擅於解決問題的
		喜歡獨立思考的
想像性	想像力	想像力強的
	敏銳性	敏銳直覺的
		具洞察力的
求知性	求知慾	學習動機強的
		期待進步的
	好奇心	好奇的
		興趣廣泛的
		對新經驗事物開放的
變通性	變通性	具應變能力的
		容忍模糊不確定的
		彈性的

資料來源：整理自胡夢蕾（2006：232）。

　　綜合國內外專家學者與研究者對於創造力特質的研究與歸納結果，不同研究領域與研究對象的創造力人格特質會有部分的差異性，但仔細觀察比較則會發現較具創造力者在創造力人格特質上仍然擁有許多共同的要素，其中，包括以多重構面涵蓋大部分個人的人格特質的有關量表與文獻內容分析的研究。這些要素包括對於個人性格方面的特質、學習態度的堅持性、思考的創意性、工作的積極性、行為的創新性、興趣的多元性、知識的豐富性及正向的人生觀等。

五、創造力的產生

　　創造力是如何產生的呢？針對這個問題有不少學派提出他們的看法，其中以下列四種較為普遍的觀點。

（一）精神分析學派

　　以佛洛依德為代表人物。此派學者主張創造力之所以會發生乃是個體潛意識裡一種逃避焦慮的方法。換言之，創造思考的產生乃是個體在極度不安的情況下的一種自我防衛方式的昇華作用。這種主張雖較難得到一般人的認同，但也不全無道理，很多時候我們需要有適度的壓力才會有創造力產生（Freud, 1959）。

（二）人文心理學派

　　以馬斯洛為代表。此學派者與精神分析學派的學者持完全不同的見解，他們主張唯有在極度安全的狀況下才能有創造力產生。他們強調一個健康、安全的心理環境有益於創造力的培養。

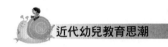

羅傑斯指出創造力的產生在於個體必須具有良好的心理安全感和心靈上的自由，方能有創造思考的表現。它是一種自我實現及自我肯定的方法。

（三）左右腦功能學說

此派學者對於創造力發生的看法較接近「遺傳先天論者」（Genatic Oriented）。他們認為一個人創造力的高低會與個體腦中結構及其功能組織有很大的相關。他們相信人的左右腦專司不同的功能，左半腦較發達的人，其抽象、分析、數學、邏輯、組織及語文能力較強，而右半腦較發達的人其審美、類化、統整、想像、自覺及對空間概念的掌握較強。他們相信創造力與後天環境較無直接的關係（Springer & Deutsch, 1981）。

（四）行為主義學派

此派學者主張創造力的高低與後天環境有相當大的關係，較強調外在刺激的學習方式。他們相信如果我們能提供一個良好的創造力思考的環境則可激發創造力的產生。他們同時強調創造力的發生必須以「知識」為基礎，而以「聯想」為媒介。創造歷程是運用聯想力，把相關的因素重新加以組合，以達到更理想的成果（Mednick, 1962）。

一般說來，行為主義學派所主張的創造力是可經由後天環境加以培養，及人本心理學派所主張的「提供一個良好安全的心理環境」得到較多的認同。然而，我們卻也不可忽視精神分析學派的論點。美國學者Mackinnon（1970）曾針對美國100位極富創意的建築師進行研究，他發現這些人成長的心路歷程及內心的衝

突比一般人艱辛，相對的他們克服這些障礙的能力也比別人強。許多研究指出，很多科學家或知名作家都曾有一個不甚愉快的童年，而這些不快的童年經驗卻成為日後創作的源頭（Goertzel, Goertzel, & Goertzel, 1978）。此外，Mellou（1996）的研究也指出，創造力的發展需要外在環境的刺激，如父母及師長的認同及同儕之間相互的激勵。

　　近年來各國的教育機構對於創造力教學非常重視，我國教育部積極推動創造力教育，並於 2002 年公布「創造力教育白皮書」，目的在建構一個有創意的臺灣，並以循序漸近的方式落實「打造創造力國度 ROC（Republic of Creativity）」之願景（教育部，2001）。然而，受限於許多傳統的包袱及不利的教育環境下，我國在推動創造力教學的過程中，難免遇到阻力。

六、阻礙創造力思考的因素分析

　　曾經有這樣的一則真實故事：

　　一位媽媽帶著她那約五、六歲的女兒到某百貨公司，當她們來到兒童部門時，正巧遇到一項彩繪活動正在進行中，小女孩看著其他小孩子玩得非常開心，於是也吵著媽媽讓她參加，這位媽媽禁不住女兒的要求，也就付了 100 元拿了一張圖卡給她的女兒作畫。這位小女孩很高興的拿起不同顏色的水彩開心地畫了起來，不久後站在旁邊的這位媽媽卻心急如焚地觀望著其他小朋友的作品，眼神不斷注意到自己女兒的畫，這位媽媽終於按捺不住坐在她女兒的旁邊指導她的女兒作畫，要求她不要將水彩畫到線外。小女孩臉上的笑

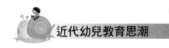

容漸漸消失，不久之後，這位媽媽索性將女兒手中的畫拿過來自己畫。

　　類似以上這種情形的例子層出不窮，很多時候父母親也會扮演著一位抹煞孩童創造力的角色。在此，綜合各家學說的論點，配合國內實際的情況，針對不利於創造力發展的因素進行一番剖析。

（一）社會文化因素

　　包括民情、風俗、習慣、傳統等等。中國具有五千多年的悠久文化，可惜的是往往我們會被傳統的包袱給牽絆住了。在中國的文化裡我們講究兄友弟恭、父慈子孝、長幼有序、尊師重道等等，固然這些都是傳統的美德，但由這些理念所引申的權威式教養類型，不容子女或學生向權威挑戰，視父母或教師為唯一真理，注重紀律、秩序，視服從為高尚節操，不容子女有自己的意見，這種單向灌輸性的教養方式，對創造力的發展有負面的影響。其次，是中國文化崇尚「整齊化一」及相信「沉默是金」的作法也會無形中抹煞我們的創造力。

　　在傳統文化的約束下，我們會去尋求社會的認同，遵守世俗的規範及合乎社會的期盼，例如：中國的社會自古以來就有重男輕女的觀念，對於社會上職業的選擇也深受性別觀念的影響，如男孩子當工程師、飛行員，女孩子當護士或幼教老師。同樣地，「習慣」的形成也不利於創造力的產生。人的思想及行為往往受限於自身的「習性」，而形成所謂的功能固著。國內學者彭震球（1991：72）指出：「年齡愈高的，積習愈深，懷舊的感情也愈

濃，所以習慣已定了型的人，常滿足於過去，而抵制任何變革與創新，他們不願去適應新環境，總覺得多一事不如少一事」。這種依附習慣的情形不只在個人身上顯現，也可從一般的行政單位及教育機構中，一些根深蒂固的官僚作風上察覺得出，例如：他們凡事喜歡依循前例，深怕有所創新之後必須負擔的行政責任。總之，中國社會裡強調守成、秩序與文化傳統是和創造力的運作邏輯相抵觸的。創造性所需的是人們從固定的思想模式中解放出來和對於現狀的不滿足，這對於大多數的中國人而言會有「亂」的感覺，因而不予鼓勵（彭邁克，1993）。

（二）個人的因素

　　包括情緒上及視覺、感官、精神的阻礙。人文心理學派的代表人物羅傑斯，強調良好的安全感及健康的心理環境才是創造力的發生泉源。缺乏安全感的人，較無法承擔別人的批評，當然這是由於本身信心不夠的原因。通常他們會有與別人相互比較的傾向，由於怕別人批評，因此不敢有新的嘗試，較墨守成規，在解決問題時會缺乏遠見，喜歡鑽牛角尖，同時得失心也較強。

　　個體情性上的發展會深受外在環境影響，我們都知道一潭死水是無法激起任何美麗的浪花，家庭社會及學校環境會塑造出不同人格特質的孩子。國人由於太注重學業表現，易養成不求甚解的學童，老師的思想如果缺乏變通性或思想過於僵化也會直接影響孩童創造力的產生。

　　阻礙創造力發展的個人因素裡還包括了視覺、感官及精神上的障礙，屬於這種群體的人，由於精神狀況欠佳，而有所謂的「官能失調症」，也就是感官功能不平衡，會有焦慮、不安的情

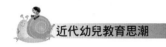

況出現，容易小題大作，同時會產生視覺及感官上的障礙。他們無法改變自己的舊習性，有排斥新經驗的傾向，生活上一成不變，思想較為保守，在日常生活起居方面，他們喜歡將環境整理得乾淨、整齊，唯獨會較欠缺美感及創意。他們無法接受有礙他們視覺及感官上的情境布置，例如：所有的東西都必須依循他們所定出來的一套順序加以排列，他們較無法容忍牆上掛著兩幅高度不一致的圖畫或是圖畫中的花只有一邊長葉子。他們強調「平衡」及「整齊」。這種人是屬於精神上的官能失調而阻礙了他們創造力的發展。

除此之外，心理障礙也值得重視，筆者曾針對一群幼兒園老師及大班的學童以「威廉斯的創造性思考活動」（Williams' Creativity Assessment Packet of Divergent Thinking Test）評估他們的創造力，在評估的過程中，他們被要求將 12 幅未完成的圖加以完成並替每幅畫好的圖取一個名字。這兩組受試者之間有一個明顯的差別，那就是大班的學童很快的完成這 12 幅畫，他們的思考較為流暢，開放性、精密力及獨創力都較高。相反的，很多幼兒園老師在作畫時為求完美，常常反覆思索，不斷加以修正，分析其原因主要在於老師們怕與別人比較，得失心太重或抱著追求完美的心態。如何破除或避免這些心理障礙的產生，也是培養創造力需加以正視的問題。

（三）教育環境

包括整個硬體環境上的設備、教育原則、方式、體制及政策等等。創造力的高低與學校的教育有直接的關係，一個優良的創造力教學環境必須儘量避免教學的情境布置過於單調、死板。教

師也必須尊重學生的意見，不可一味的灌輸一些死的知識，應給學生保留一些思考的空間，必須注重學習的過程，對於學生的評量也需有多元化的評量方式。其次，在教育上應給與安全的學習環境，使其能在和諧愉快的氣氛中啟發創造思考的能力。雖然近年來臺灣的教育環境有所改善，但仍存在許多不利於創造力發展的因素，包括：課程的安排及教材的選擇缺乏彈性，填鴨式的教學及升學主義，不利的教學環境及評量標準的單一化等等。

美國學者 Mordkowits 與 Ginsburg（1986）指出，中國不論在文化背景、教育體制和家庭結構上都鼓勵學業表現而抑制了其他方面的能力發展。學校師長或家長們會限制孩子不要參加太多足以影響學業成績的活動，如交朋友或參加社團等等。在考試制度的推波助瀾之下更形成一股極大的升學壓力，學校往往只是在意升學率，而忽略了學生的個別差異及學習過程，更遑論耐心的去啟發學生的創造性思考能力。

北科羅拉多大學一位教授曾對臺灣教育界做了一場演講，題目是「如何扼殺孩子的創造力」，他指出其要訣就是：教室布置盡量單調，孩子才能專心學習；只要用一本教科書，免得分散孩子的注意力；訂一套嚴格的作息時間表，所有的學生一視同仁的給與同樣的作業；強調記憶性的考試測驗，只注意孩子的學科成就，不聽話的孩子加以訓誡，及獎勵聽話的行為等等（陳龍安，2008）。這位教授的這一席話值得國內教育界警醒。目前政府致力於教育上的改革，廣徵多方學者的意見，希望能將臺灣的中、小學教育推向一個更民主、開放的方向。同時也能激發學生多方面的潛能，相信上述這些不利於創造力發展的教育環境很快就能展現新機。

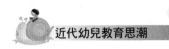

在一項跨國文化的研究，指出中國及美國的教師都認為學校教育必須負起培養孩子創造力的責任，老師及同儕對孩子創造力的表現具有舉足輕重的地位（Cheng, 1999）。傳統的教育方式過於強調教學進度及特定的學習教材，對於創造力的啟發會有不良的影響，尤其是過於重視學業表現也會抹煞孩子的創造力，畢竟並不是學業成績好的學生才會有創造力。雖然我們知道著名的精神醫生佛洛依德的確是一位成績優異的學生，但愛因斯坦及畢卡索在學校的成績則是相當低落（Gardner, 1993）。

七、創造思考教學的原則與策略

創造力是我們具有的學習潛能，只要不斷給予鼓勵，並運用適當的教育方法，就能激發創造與發明（蔡典謨，1992）。兒童階段是創造力發展的關鍵期，美國學者Dacey（1989）指出零到五歲是培養創造力最重要階段，沒有任何一位對創造力研究的專家、學者會否定這個見解。在幼兒純真的世界裡充滿了新奇、想像，有利於培養創造性的水平式思考。因此，如何把握這個階段適時激發孩子的創造力就成為學者、專家、父母及老師們共同努力的目標。以下將就創造力教學技巧、策略（王淑娟，2003；陳海泓，2001；陳龍安，2002；陳嬿如，2007；蔡典謨，1992；羅巧玲，2011）及培養兒童創造力的幾個要素加以論述。

（一）創造力教學原則

1.營造良好的學習氣氛：教室提供一處創造園地可以增加學生創造的動機並提升學習的興趣。其次，對於教室學童座位的安

排上應避免呆板。老師必須具備敏銳的觀察力，營造自由、互動、無拘束、相互尊重的環境氣氛，與幼兒建立良好互信的關係，讓幼兒勇於表達、與人討論，才能激盪他們在各方面的創造潛能。

2.提供適合的教學情境：為了增進幼兒的創造力，應配合課程主題引導幼兒進行教室內外的情境布置，在教室的角落裡擺放各式各樣自然、低結構性的材料與教具，讓幼兒從事探索、遊戲。

3.善用多元化的教學方式：教學方法應多樣化，設計活潑多元的教材與教法，讓幼兒親自參與活動，給與創造思考的機會，鼓勵幼兒思考並充分表達想法。在教學時的座位安排，也應該力求變化，讓幼兒坐在不同座位形式與角度的位子，對其創造力之啟發也會有所助益。

4.允許不同的學習方式：教師要了解幼兒間的個別差異，尊重他們的興趣與想法，給予充分的思考時間，提供適性化的學習方式，並鼓勵幼兒有嘗試新經驗的勇氣、允許他們的失敗或錯誤，引導從錯誤與失敗中學習。

5.鼓勵創造性行為：對於幼兒發現新奇的想法、超越現實的想像、發明了新的小玩意或嘗試新的遊戲方式，應該給與正增強，以強化他們的創造性行為發展。

6.運用各種教學資源：人類很多創造力的表現也取源於自然現象中，教師可利用戶外自然環境、學校圖書館、家長或社區資源，以提升教學成效。引導孩子走出戶外，充實生活經驗，由實物感官的接觸中去激發更多的想像力，是培養兒童創造力不可或缺的要素。

7.兒童玩具及教材教具的選擇：愈原始、自然與日常生活愈相關的玩具，其可塑性愈高，愈能激發小孩子的聯想力。一塊破布、一團泥巴、一堆沙石或媽媽廚房的鍋子、掃把等等，對幼兒而言都是頗具意義的，他們可以藉由這些玩具達到自我表現及提升創造力的功能啟發。坊間很多的教具都是為了訓練小肌肉及手眼協調而設計，例如著色簿或黏土模型等等，這些教具在使用上需特別小心，長期讓兒童使用模型教具會導致兒童思考功能僵化，減低他們的創造力。

8.鼓勵兒童戲劇遊戲：遊戲（play）是兒童生活的重心，而兒童戲劇則是遊戲的一環。遊戲是孩子們之間溝通的語言，藉由遊戲，兒童可以表達自己的情感，反映自己心智的成長（Cottrell, 1984）。兒童戲劇（children drama）是一種遊戲，藉由角色扮演，幼兒可以充分發揮自己的想像力，宣洩自己的情感，它是一種具有創造性的遊戲。兒童們所喜愛的「辦家家酒」即是一種最具創意的兒童戲劇（劉若蓁、魏美惠，2013）。

9.重視遊戲的價值：幼兒的感覺、認知、想像力等各方面的能力可以經由遊戲中統整，以使其得到更健全及充分的發展。遊戲是實施創造力教學所不可或缺的活動之一。為人父母者或教師們除了必須預備一個良好的遊戲環境之外，也需重視遊戲的價值，鼓勵孩子參與不同遊戲及戲劇以激發他們的創造力。

10.重視學校及教室情境的布置：實施創造力教學對於學習環境的布置必須力求變化，老師可以引導幼兒去進行環境布置。教室內的作品及四周牆壁的利用都應以幼兒的作品為主，可以在牆壁貼上各種顏色的壁報紙供學生塗鴉或創作。

（二）創造思考教學的策略

創造思考教學策略的途徑相當多，尤其歐美國家對於培養學生的創造性思考相當重視，他們所運用的創造力教學策略值得我們學習，筆者參考國內外相關著作將之整理如表 14-2 所示。

為提升幼兒之創造思維，教師不論是在團討時間或試教學活動時，可靈活運用上述之創造力教學策略，並將這些創造性的活動充分落實於幼兒學習活動中，如此便可掌握創造思考教學的成功之鑰。

八、結語

創造思考是一種擴散性、水平性的思考方式，它包括一個人思考的流暢、開放、敏覺及獨創性。創造力可以增進生活情趣，它是時代進步的原動力。我們必須把握創造力發展的最佳時機，從幼兒日常的學習環境中著手，營造一個輕鬆、活躍、自由的學習情境，鼓勵幼兒從戲劇遊戲中發揮其想像力。父母親及師長們必須能以民主溝通的方式，增進彼此互信、互賴的關係，幫助兒童們擁有積極、進取的人生觀，培養健康的身心。

幼兒創造力的培養需要多方面的配合，例如社會的認同、教師的成長、彈性多元化的教學方式及開放的學習空間等等。試想如果莫札特或是米開朗基羅出生在臺灣，必須面對聯考及升學的壓力，加上社會對藝術創作的評價不高，可能在這種文化下，再偉大的才華也得被埋沒了。因此創造力的培養必須有整個大環境多方面的配合及全民的共識方可水到渠成。在 21 世紀的今天，

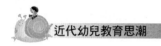
表 14-2　創造思考教學策略

策略名稱	說明
解凍或暖身	上課前教師接納與尊重的態度表現及引起動機的有趣活動。
腦力激盪法	教師利用學生集體思考的方式，相互激盪、產生反應，引導出創造思考的方法。
鼓勵與讚美延緩批評	當學生提出不平凡意見或問題時，教師給與鼓勵，以激勵其他學生提出各種不同的新構想鼓勵學生思考發言、延緩批評、尊重幼兒不同的意見，以達成師生互動。對學生的意見不亂下斷語，不給與批評。
屬性列舉法	先請學生列舉問題或物品的各種屬性，再根據屬性的缺點提出各種改進的辦法，產生新的用途。
六 W 檢討法	對現行的辦法或產品，從為什麼、做什麼、何人、何時、何地、如何六個角度來檢討其合理性，擴大產品的效用。
單字詞聯想	根據字或詞做連鎖聯想、分歧聯想訓練。
自由聯想	提供一個刺激，讓參與者以既有的知識經驗聯想，可以以不同的方式自由反應，目的在建立事物間新而有意義的聯結關係。
奔馳檢核表法	S 取代（Substituted）、C 結合（Comnined）、A 調整（Adapt）、M 修改（Modify）、P 其他用途（Put to other uses）、E 除去（Eliminated）、R 重新安排（Rearrange）。
推測可能	利用想像推測事物或事情的可能發展方向。
比較異同	就兩個或兩個以上事物或概念，比較異同點。
探究原因	就事物現象查究其產生的可能原因。
替換取代	以字易字或一物替換一物。

各行各業的分工愈為精細，幼教老師也由以前的保育功能漸漸走入專業教育的行業。一位優秀的幼教老師必須不斷吸收新知，以配合時代的腳步。專業的幼教老師需廣泛的吸取各種相關的幼教知識，避免使自己的教學流於呆板、形式。一位懂得自我成長的老師，會尋求各種機會去充實自己。幼教老師在啟發兒童的創造力上扮演著非常重要的角色，幼教老師如果對「創造力」的相關知識非常欠缺，那麼可能無法適時啟發孩子的創造力。因此每一位幼教老師都需要有主動積極的精神去了解何謂創造力，如何才能有效的施行創造力教學。

創造力教學尤其需注意教學氣氛的營造，老師必須具備敏銳的觀察力，靈巧的心思及敏捷的反應去配合學生並帶動整個學習的氣氛。一個創造力教學環境中，老師往往扮演著一個靈魂人物，他們必須極力去營造一份自由、活潑、安全及開放的學習空間，並與學生建立良好互信、互賴的關係，幫助學生營造一個良好健康安全的心理環境。如此，學童們才會無所顧忌的勇於嘗試，充分發揮他們的想像力。創造力教學環境並不是雜亂無章，也不是放任不拘。其真正的精神在於營造一個自由民主的學習環境，激發學生各方面的創造潛能，同時養成學生自治、彼此尊重的民主精神，且懂得自制、活潑而不流於放縱。

目前國內普遍存在著一種現象，父母親希望自己的孩子能多才多藝，因此很多的才藝中心如雨後春筍般的興起。當然，讓孩子多學些才藝其意甚佳，但父母親們應謹慎的做選擇，務必考慮所謂的「適性」及「適時」。孩子們所學的才藝如不是其興趣所在，或是時間不對，太早或太晚，都有可能適得其反的抹煞孩子的創造力。值得關心的是，絕大部分的才藝教學都是在室內進

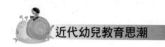

行，如此一來，可能會剝奪孩子接觸大自然的機會。如何引導孩
子走出戶外，充實生活經驗，由實物感官的接觸中去激發更多的
想像力，是培養兒童創造力不可或缺的要素。

參考文獻

中文部分

毛連塭（2000）。創造力研究的發展。載於毛連塭、郭有遹、陳龍安、林幸台，**創造力研究**（頁56-124）。臺北市：心理。

毛連塭、郭有遹、陳龍安、林幸台（2000）。**創造力研究**。臺北市：心理。

王淑娟（2003）。**兒童圖畫書創造思考教學提升學童創造力之行動研究**。國立臺南師範學院碩士論文，未出版，臺南市。

王葳真（譯）（2003）。Asian 創造力。臺北市：臺灣培生教育。

吳靜吉、丁興祥、邱皓政（主編）（2002）。**創造力的發展與實踐專題**。臺北市：五南。

李乙明、李淑貞（譯）（2005）。**創造力 I：理論篇**。臺北市：五南。

邱皓政（2005）。創造力的測量與共識衡鑑，**教育集刊**，30，50-73。

邱皓政等（譯）（2008）。**創造力：當代理論與議題**。臺北市：心理。

洪蘭（譯）（1999）。**不同凡想：在一窩蜂文化中開拓創造力**。臺北市：遠流。

洪榮昭（2004）。**知識創新與學習型組織（第二版）**。臺北市：五南。

胡夢蕾（2006）。我國創造力與人格特質研究之回顧與探析。**教育學刊**，26，215-240。

胡寶林（1986）。**戲劇與行為表現力**。臺北市：遠流。

張世彗（2007）。腦力激盪術。載於**創造力理論、技法與教學**（頁105-115）。臺北市：五南。

教育部（2001）。**創造力教育白皮書**。臺北市：作者。

陳昭儀（2000）。資優教育遠距教學加速方案的實施與應用。**資優教育季刊**，75，7-13。

陳昭儀（2003）。創意人物研究之回顧與探析。**資優教育季刊**，87，27-40。

陳海泓（2001）。Booktalks：增進學生閱讀和討論的有效班級閱讀教學。載於郭聰貴（主編），**兒童閱讀教育**（頁 1-30）。臺南市：國立臺南師範學院實習輔導處。

陳龍安（2002）。**創造思考教學策略**。中國北京：科學技術文獻。

陳龍安（2008）。**創造思考教學的理論與實際（簡明版）**。臺北市：心理。

陳嬿如（2007）。**創造性繪本教學方案對國小低年級學生創造力之影響**。國立臺灣師範大學碩士論文，未出版，臺北市。

彭震球（1991）。**創造性教學之實踐**。臺北市：五南。

彭邁克（1993）。**難以捉摸的中國人**。香港：牛津大學。

楊坤原（2001）。創造力的意義及其影響因素簡介。**科學教育月刊**，239，3-12。

葉玉珠（2000）。「創造力發展的生態系統模式」及其應用於科技與資訊領域之內涵分析。**教育心理學報**，32（1），95-122。

葉玉珠（2006）。**創造力教學：過去、現在與未來**。臺北市：心

理。

葉玉珠、吳靜吉、鄭英耀（2000）。影響科技與資訊產業人員創意發展的因素之量表發展。**師大學報**，45（2），39-63。

蔡典謨（1992）。美國國家資優教育研究中心簡介。**資優教育季刊**，42，22-27。

羅巧玲（2011）。**中部地區幼兒教師創造力人格特質與社會智能之相關研究**。國立臺中教育大學碩士論文，未出版，臺中市。

蘇芷玄（2007）。**大學生正向心理與創造力之相關研究**。臺北市立教育大學碩士論文，未出版，臺北市。

劉若蓁、魏美惠（2013）。教師實施創造性戲劇活動歷程之探究——以學齡前大班幼兒為例。**藝術研究學報**，6（1），71-94。

英文部分

Cheng, S. K. (1999). East-west difference in views on creativity: Is Howard Gardner correct? Yes and no. *Journal of Creative Behavior, 33* (2), 112-125.

Cottrell, J. (1984). *Teaching with creative dramatics*. Chicago, IL: National Textbook.

Dacey, J. S. (1989). *Fundamentals of creative thinking*. Lexington, MA: Lexington Books.

De Bono, E. (1970). *Lateral thinking: Creativity step by step*. New York, NY: Harper and Row.

Freud, S. (1959). *Creative writes and day-dreaming*. In the standard edition of the complete psychological works (Vol. IX). London, UK: Hogarth Press.

Gallagher, J. J. (1985). *Teaching the giftedn child*. New York, NY: Allyn & Bacon.

Gardner, H. (1993). *Creating minds*. New York, NY: Basic Books.

Goertzel, M. G., Goertzel, V., & Goertzel, T. G. (1978). *300 eminent personalities*. San Francisco, CA: Jossey-Bass.

Guilford, J. P. (1956). The structure of intellect. *Psychological Bulletin*, *53*, 267-293.

Mackinnon, D. W. (1970). The personality correlates of creativity: A study of American architects. In P. E. Vernon (Ed.), *Creativity*. Harmondsworth, Middlesex, UK: Penguin Books.

Mednick, S. A. (1962). The associative basis of the creative process. *Psychological Review*, *69*, 220-232.

Mellou, E. (1996). The two-conditions view of creativity. *Journal of creative Behavior*, *30*(2), 126-149.

Mordkouits, E. R., & Ginsburg, H. P. (1986). *The academic socialization of successful Asian-American college students*. A paper submit to American Research Evaluation Association, San Franscisco.

Springer, S. P., & Deutsch, G. (1981). *Left brain, right brain*. San Francisco, CA: Freeman.

Torrance, E. P. (1969). Prediciton of adult creative achievement among high school seniors. *Gifted Child Quarterly*, *13*, 223-229.

Torrance, E. P. (1979). *The search for satori and creativity*. New York, NY: Creative Education Foundation.

Wallas, G. (1926). Stage in the creative process. In A. Rothenberg & C. R. Hansman (Eds.). (1976). *The creativity question*. Durham, NC: Duke University Press.

Williams, F. E. (1972). *Identifying and measuring creative potential*. NJ: Educational Technology.

國家圖書館出版品預行編目（CIP）資料

近代幼兒教育思潮／魏美惠著.--三版.
--臺北市：心理，2014.02
面；　公分.--（幼兒教育系列；51171）
ISBN 978-986-191-596-8（平裝）

1.幼兒教育　　2.學前教育理論

523.21　　　　　　　　103001611

幼兒教育系列 51171

近代幼兒教育思潮（第三版）

作　　　者：魏美惠
執行編輯：高碧嶸
總　編　輯：林敬堯
發　行　人：洪有義
出　版　者：心理出版社股份有限公司
地　　　址：231 新北市新店區光明街 288 號 7 樓
電　　　話：(02) 29150566
傳　　　真：(02) 29152928
郵撥帳號：19293172　心理出版社股份有限公司
網　　　址：http://www.psy.com.tw
電子信箱：psychoco@ms15.hinet.net
駐美代表：Lisa Wu（lisawu99@optonline.net）
排　版　者：辰皓國際出版製作有限公司
印　刷　者：辰皓國際出版製作有限公司
初版一刷：1995 年 3 月
二版一刷：2005 年 9 月
三版一刷：2014 年 2 月
三版二刷：2016 年 3 月
I S B N：978-986-191-596-8
定　　　價：新台幣 400 元